石黒 圭【著】

よくわかる
文章表現の技術【新版】

文章構成編

明治書院

はじめに

私たちが文章を書こうとするとき、どんな文章を書きたいと願うでしょうか。きっと、書こうとする文章が報告ならば読者が一読してすぐに理解できる文章を、論文ならば読者を論理で説得できる文章を、エッセイならば読者が心から共感する文章を、小説ならば読者が深い感動を覚える文章を書きたいと願うはずです。

前巻で1文を書くセンスに磨きをかけた私たちがつぎに考えるのは、複数の文を連ねていかに文章を構成するかということです。文章構成がうまくいけば、その文章は、理解、説得、共感、感動といった、私たちが期待している表現効果を充分に発揮してくれるにちがいないからです。

文章構成というとき、私たちがまず思い浮かべるのは起承転結でしょう。あるいは序論・本論・結論という3部構成かもしれません。しかし、本書で紹介したいのはそうした固定的な文章のとらえ方ではありません。よりダイナミックな文章のとらえ方です。それには大きく分けて二つあります。一つは「文章の線条的性格」を意識したとらえ方、もう一つは「文章表現に必要な5要素」を意識したとらえ方です。まず、一つめの「文章の線条的性格」を意識したとらえ方から説明することにしましょう。

文章というものは普通紙のうえに書かれていますので、2次元的な存在と思われがちです。しかし、それは紙という媒体に印刷する関係上、端まで行ったら折りかえすという改行を重ねた結果、2次元の平面に収まっているわけで、もし改行がなければ1本の線として果てしなく伸びる1次元的な存在です。そのことを、ことばの専門家は文章の線条的性格と呼んでいます。

この文章の線条的性格を、戦前から戦後にかけて活躍した時枝誠記という言語学者が、言語を絵画ではなく音楽に喩えることでうまく説明しています。その説明によれば、言語というものは、絵画を鑑賞するときのように一目で鳥瞰できる空間的存在ではなく、クラシック音楽を聴くときのように、第1楽章から順にフィナーレまでその展開を時間的経過にそってたどらなければならない時間的存在だというのです。

その考え方の根底には、時枝氏独自の言語観である言語過程観があります。時枝氏は言語を、音声または文字を媒介とする理解過程、表現過程としてとらえます。私たちの常識では、言語は音声または文字そのものが言語である、すなわち言語は「もの」であると考えがちなのですが、時枝氏は、言語を頭のなかの働き、すなわち「こと」として考えるのです。わかりやすく言うと、言語とは、表現者の頭のなかで意味を音声や文字に変換するとき、そして、理解者の頭のなかで音声や文字を意味に変換するとき、最低でも2回働く、その働きなのです（興味のある方は時枝誠記（1941）『国語学原論』、同（1955）『国語学原論続編』岩波書店を参考にしてください）。

こうした言語観に立つとき、従来の文章構成法は意味を失い、「起承転結」「序論・本論・結論」といった空間的な文章構造のとらえ方から、文章の線条的性格を活かした文章構造のとらえ方への発想の転換を迫られます。つまり、文章を紙のうえにある静的な構造としてではなく、表現行為や理解行為を進める過程で、私たちの頭のなかで刻々と形を変える動的な構造としてとらえることになるのです。このような文章構造のとらえ方をモデル化して示すのは動的な構造であるだけに難しいのですが、とらえ方そのものは本文中のいたるところで示しておきました。ぜひ参考にしてください。

それから、文章のもう一つのダイナミックなとらえ方、すなわち「文章表現に必要な5要素」を意識したとらえ方にも触れておきましょう。

文章を書くという行為には、常識的なことですが、①「誰が（筆者）」、②「誰に（読者）」、③「何のために（目的）」、④「何を選んで（素材）」、⑤「どう書くか（方法）」という五つの要素が重要だと考えられます。

①「誰が」という主体が重要なのは言うまでもありません。多くの場合、読者は筆者である「私」のことを詳しく知りません。いわば初対面の人に自分を売りこむことになるわけで、この「私」にたいする読者の信頼を得

ることが、「私」が書いた文章を抵抗なく読んでもらうためにまず必要です。

②「誰に」という相手も重要です。読者層がビジネスパーソンなのか主婦なのか、または手紙やメールのように特定の人物なのかによって文章の書き方は違ってくるからです。また、想定される読者の知識や立場によっても、文章構成は左右されるでしょう。読者のがわに立って文章が書けるようになれば一人前といえます。

③「何のために」という目的も重要です。当該の文章の目的が、知らない読者に説明するためのものか、意見の違う読者を説得するためのものか、その話題に興味のある読者に楽しんでもらうためのものかなどによって、文章の書き方や構成はずいぶん違ってくるはずです。

④「何を選んで」という素材選択も重要です。東京から大阪まで行くには、新幹線でも飛行機でも夜行バスでも行けますが、早さ、値段、快適さには差があります。同じように、文章の場合でも、最終的に同じ結論にたどり着いたとしても、どのような道筋を通ってその結論に到達したかでかなり印象が違ってきます。文章の説得力を高めるためには、想定される読者層や文章の目的にかなった素材を選び、文章を構成しなければなりません。

⑤「どう書くか」が文章構成にとって重要であることは論をまちません。ここが、もっとも選択の幅が広く、難しいところです。どの順序で素材を提示するか、直接的に表現するか、間接的に表現するか、どう伏線を張るかなど、レトリックということばで形容される事柄の多くがここに含まれます。

この①から⑤までの五つの要素は、本書のなかで繰り返し強調されることになります。文章の書き方や構成について行き詰まりを感じたときは、この原点に返って考えてみることです。原点に返ることによって、文章を書くという行為のあるべき姿や方法が見えてくるからです。

以上、本書の記述を理解し、課題に取り組むにあたって重要な「文章の線条的性格」「文章表現に必要な5要素」という二つの考え方を紹介しました。この二つの考え方を念頭に置き、前巻と同様、自分の頭を使って本書のトレーニングをこなし、無意識化・自動化されてしまっている日本語による文章表現、文章理解という行為を意識化・対象化してください。そのことによって、読者のみなさんの日本語の表現力がさらに一歩向上することになるはずです。

新版の序

当初、2巻分の予定だった本シリーズは、さいわいなことに多くの方が手に取ってくださり、文字・表記、文章・談話、文法・表現、発想・レトリック、文体・ジャンルにわたる全5巻の文章表現講座として出版することができました。

しかし、5巻本になったことで、最初の2巻に古さやほころびが目立つようになりました。そこで、旧版の章の構成は堅持しつつ、内容や表現を大きく改めました。この改訂によって、さらに多くの読者に本シリーズをご活用いただけることを心から願っています。

目　次

第１講　魅力的な書き出し

課題１

問　以下の文章は「嫌いなことば／違和感を覚えることば」という内容の文章の書き出しである。その続きを読んでみたいと思うもの、読む気があまりしないものを、それぞれ三つ（なければ一つでも二つでもよい）挙げ、その理由を簡潔に述べなさい。

①「お疲れ様です」

私がこのことばに違和感を感じる理由。⑴疲れていない私は怠慢なのだろうか。⑵ことばの内容に意味を見出せない為に気持ちが伴わず相手に失礼ではないだろうか。⑶別れ際に発せられると妙な連帯感を感じる。

②　私がなんかおかしいな、と思う言葉はいくつかある。そのうちの一つを紹介したいと思う。ただし、このレポートを出された時点で、“いやだなあ”と思ったのはたしかである。というのは、お分かりであろうが、おかしな言葉をあげるにせよ、現にその“おかしな言葉”をつかっているのがまぎれもない私たちであるということに最初からきづいてしまっていたからである。自分たちが普段使っている“おかしな言葉”とやらを見つけるのは意外と難しいのではないかと思っていたのだ。思っていたとおり数多くは見つけることはできなかったが、実体験で怒られたときのことを話そうと思う。

③　バーナード・ショーの有名な言葉「あなたが他の人々に自分にこうして欲しいと思うのと同じことを、他の人々にするな。なぜなら、彼らの趣味はあなたの趣味と同じではないかもしれないのだから。」（『人と超人』より）は、単純かつ貴重な真実だ。

④「大したことじゃないじゃん」

それは、あなたにとってはね。と、言われるたびに思う。

⑤　言葉が力を持つ場合がある。言葉が本来の意義や意味を失い、勝手に一人歩きしてしまう場合がある。そういった言葉を意図的に、あるいは意図することなしに利用する者がいる。又そういった言葉に踊らされ、何か重要な事

柄を忘却したり喪失してしまう者もいる。

⑥「ピン札」という言葉が嫌いだ。

⑦「どうも」と「すいません」は、共に私の嫌いな言葉である。なぜ嫌いなのかという理由は二つあって、一つは、言葉の逃げ道になっていることであり、もう一つは、人に感謝を表す言葉として、力が弱いということだ。

⑧　少し古いが、今年の7月1日から7月4日まで、読売新聞の夕刊の『新日本語の現場』という見出しのカコミ記事で「うざい」という言葉について連載されていたことがある。前期の終わりに別のレポート課題のために題材になりそうな新聞記事を探していてその記事を見つけ、切り取ってあったのがたまたま出てきたのだ。そのとき私がこの記事に目を留めたのは、自分でも少なからずこの言葉に興味を持っていたからだった。「うざい」という表現が今ほど頻繁に使われるようになったのはごく最近になってからだと思う。その記事には、『辞書〈新しい日本語〉』（東洋書林）によれば「うざい」が若者を中心に全国に広がったのは1990年代半ばであると書かれており、私の感覚ともだいたい一致している。

⑨「参加する事に意義がある」一体誰がこのような事を言い出したのだろう。このことばはスポーツの大会などでよく聞かれる。私は中学・高校と運動部に所属した経験はないが、体育会系の文化部と言われる吹奏楽部に6年間所属していた。吹奏楽部には夏に合奏コンクールがあり、私も毎年仲間たちと共に練習に励んだ。私があのことばを嫌いになる決定的事件、それは高校一年のコンクールの時に起こった。

⑩「明日来れるの？」とか「これだけは食べれない」という言葉を日常何気なく使う人は多いだろう。これらは一般にら抜き言葉と呼ばれるものである。現在、ら抜き言葉を正しい日本語ではないとする風潮があり、ワープロの自動添削でも誤文という判断が下される。もちろん学校などではなおさら、「ら」を入れるように指導される。これが私の違和感を持つ言葉、ら入り言葉の由来である。

⑪「嫌いなことば」という今回のレポートのテーマを聞いてすぐ、私の頭の中にあることばが思い浮かんだ。私は「キレる」ということばが嫌いである。「キレる」といっても「よく切れるハサミだ」の「切れる」ではない。「電話が切れる」でもなければ「頭の切れる人だ」の「切れる」でもない。正しい日本語で言うとすれば「頭にくる」という意味にあたる「キレる」である。

同様に「むかつく」ということばも好きではないが、「キレる」はなおさら好きではない。

⑫　私は普段使っている日本語の表現で、嫌いまたは違和感を覚える言葉がある。それは「お前」「パクる」「チャイ語」である。言葉といっても、単語なのだが、それぞれ嫌いだと思う理由が異なるので、それぞれの理由を以下に述べていく。

⑬「わあ、見て。これ超かわいくない？」

数名の女子高生たちが、何かのマスコットを手に騒いでいる。買うのかと思いきや、しばらくすると、彼女たちは結局それを買わずに出て行ってしまった。私は小さく息を漏らしてその場を離れた。

⑭「嫌いなことば」についてのレポートを書くにあたり、まずは私の中にある「ことば」の捉え方について付記しておきたい。ことばは、それひとつが単独で表現されている場合もむろん多くある。しかし、ことばは、話すため、書かれるために存在しており、文章になってはじめて生き生きしてくるものであるように私は感じる。したがって、「嫌いなことば」を探す際、単語として「嫌い」と思えることばは見つけにくいものだ。多くの人が「うざい」や「ブチ切れ」などということばを嫌がるのは、そのことばの聞きにくさ、醜さに原因があるのであり、文章となって生きてくることばにおける違和感とはずれがあるように思える。よって今回は、ことばとことばの繋がりや会話の中に出てくることばの違和感についてレポートしていきたい。

⑮　私が日常生活のなかで耳にする言葉のうちで、とくに違和感を覚える言葉は、「目玉焼き」ということばである。フライパンで眼球を炒めるわけでもないのに、「目玉焼き」とはどうも釈然としない。この言葉を耳にする度に、人間から採られた眼球が調理されるのを想像して戦慄を覚えるのだが、なんてことはない。ただ、卵をフライパンで焼くだけである。

1.1　書き出しの重要性

名前も知らない人が書いた文章を初めて読む場合、その文章の書き出しを読んだときの印象は、初対面の人に会ったときの第一印象に相当します。相手にかんする情報がまったくない場合、参考になるのは第一印象だけです。第一印象が悪かった人と結果的に仲よくなるということは、日常世界ではよくあることですが、悪かった第一印象がよい印象に変わるまでにはかなりの時間を要するのが普通です。ましてや、文章の場合、ほんの短い時間で決着がついてしまいますから、最初に持たれてしまった悪い第一印象を、読んでいる途中でよい印象に変えることはかなり難しいでしょう。読者が読む必要に迫られていない文章の場合は、最後まで読まずに捨てられてしまう可能性が高いですし、読む必要に迫られている文章でも、時間がなければ適当に読み飛ばされてしまうのがオチです。学生のレポートを大量に読まなければならない教師も、忙しいスケジュールをやりくりして部下の報告書を読まされる上司も、一つの文書に時間を割いて読むことはしません。情報過多の現代社会にあって、書き出しの技術というのは、文章技術のなかでも極めて高いウェートを置いて考えざるをえないものだと思われます。

1.2　書き出しの種類

では、いったい書き出しにはどのような種類があるのでしょうか。文法の面から考える書き出しと、内容の面から考える書き出しとではその分類基準がおのずと異なるでしょうし、小説に代表される物語文と、論文に代表される論説文とではかなり違うことが予想されます。ここでは、それらをバランスよく取り入れた、中村明（2003）の書き出しの型11分類を取りあげることにしましょう。

書き出しの型（中村 2003：78-98）

(1)「むかしむかし、あるところに」――〈いつ〉から書き出す
(2)「道がつづら折りになって」――〈どこで〉から書き出す
(3)「メロスは激怒した」――〈だれが〉から書き出す
(4)「山路を登りながら、こう考えた」――状況・経緯・事情から書き出す
(5)「信じがたいと思われるでしょう」――意見・感情・心境から書き出す
(6)「この子をあげます、可愛がって下さい」――会話・独話から書き出す
(7)「わがこころのよくてころさぬにはあらず」――引用から書き出す

(8)「死のうと思っていた」――唐突に書き出す
(9)「吾輩は猫である」――奇抜な書き出し
(10)「木曾路はすべて山の中である」――雄大な書き出し
(11)「国境の長いトンネルを抜けると雪国であった」――象徴的な書き出し

この書き出しの分類は基本的には文学作品のための分類ですが、その発想はほかのジャンルにも通じる汎用性の高いものであると思われます。「　」に入った例を１通り眺めるだけでも、書き出しの多様性が伝わってきます。

(1)から(3)までは文法の面からの分類、(9)から(11)までは内容の面からの分類、(4)から(8)まではその両面を含んだ分類と考えられます。たしかに書き出しは文法の面だけから考えても上手くなるとも思えませんし、内容の面だけで考えても場当たり的な説明にとどまってしまうでしょう。

この講義では、小説のような文学的な文章ではなく、レポートのような論理的な文章の書き出しを扱いますが、この11分類にならい、書き出しの文法的な側面と内容的な側面をバランスよく加味しつつ議論を進めたいと思います。

1.3　書き出しの四つのポイント

今回は「嫌いなことば」「違和感を覚えることば」というタイトルで書いてもらった15の文章の書き出しのなかから、続きを読んでみたいもの三つ、あまり続きを読む気がしないもの三つを選んでもらいました。そして、それぞれを選ぶさいにみなさんに書いてもらったコメントを参考にしながら、魅力的な書き出しに必要なポイントを以下の四つにまとめてみました。

【魅力的な書き出しに必要なポイント】

(1)　情報の共有
(2)　情報の空白

(3)　共感できる内容
(4)　意外性のある内容

(1)「情報の共有」は、読者に不要のストレスを与えないために重要です。筆者と読者とで知識の差が大きい場合、筆者が読者に歩みより、基本的な情報を読者と共有できるように書かないと、読者は何の話が書かれているのかわからず、読むのをやめてしまうおそれがあります。わかりきっていることを書かないで済ませようとするのは表現の経済性から考えて自然なことですが、専門家である筆者が読者の知識レベルを考えずに文章を書いてしまうと、まったく読んでもらえない文章ができあがることになりますので注意が必要です。

しかし、「情報の共有」だけを考えて、わかりきったことしか書かないようにしても、読者は読むのをやめてしまうでしょう。自分の知っていることしか書かれていない文章など読む必要がないからです。したがって、書き出しには(2)「情報の空白」が同時に重要になります。読者は知っていることを下敷きにして、知らないことを知ろうとして文章を読むものです。知らないことが出てくるから続きを読みたくなるのです。

内田（1989、1990）の、幼児を対象にした認知心理学の理解実験では、物語を理解しようとする幼児は、貧しい、みにくい、子どもがいないなど、何か欠けたところがある不幸な主人公が出てくると、その欠けた部分を充足するように文章を読んでいくことができるのにたいし、何もかも満たされた幸せな主人公が出てくると、その続きを読むのが困難になるという実験結果が示されています。これはとても興味深い現象です。人はどこか欠けたところを埋めるようにして文章を読みすすめていくのが自然なのです。つまり、(1)「情報の共有」と(2)「情報の空白」をあわせて考えると、文章の書き出しには「適度な空白」が必要であるということになります。適度な空白が用意された文章でこそ、読者は安心してその空白を埋めるように読みすすめることができるのです。

(3)「共感できる内容」は、知識・情報レベルの共有ではなく、感覚・

感情レベルの共有です。意識するしないにかかわらず、人には思想的な立場というものがありますし、もっと単純に好き嫌いもあります。死刑肯定論者に死刑廃止論を説くことはきわめて困難ですし、マヨネーズが嫌いな人にマヨネーズを使った料理のおいしさを伝えることは至難の業です。仲間うちだけで読む文章なら別ですが、多くの人に読まれる可能性がある文章では、内容によっては読んで不愉快に感じる読者がいることを想定しておくべきです。

もちろん、多くの人に共感してもらえそうな題材を選び、また、内容はできるだけ肯定的に表現することが、その文章の好感度アップにつながります。しかし、文章というものは問題があるからこそ書かれるものです。ときには読者によっては耳の痛い内容や否定的な内容を書かざるをえないこともあります。ただ、そうした場合であっても、できるかぎり自分と異なる立場にある読者の感情に配慮しつつ書く必要があります。文章は読んでもらうために書くものですから、読まれなくては元も子もありません。異なる立場の読者の感情に配慮しつつ書く方法については、本書の第11講「譲歩による説得」で詳しく説明することにします。

⑷「意外性のある内容」は、読者が大量の情報に接していることが想定される場合、きわめて重要です。たとえば、学生が提出するレポートは、受講生が多いクラスでは何百枚か提出されるうちの１枚にすぎません。何百枚ものレポートを読まなければならない教師が１枚１枚のレポートを丁寧に読むでしょうか。どんなに良心的な教師でも、書き出しを読んでみて、「また同じ内容か」と思えば、きちんと読まない可能性が高くなると考えざるをえません。たとえば、今回のテーマになっている「嫌いな日本語」「違和感を覚える日本語」といった場合、いわゆる「ら抜きことば」や若者語批判の文章は、よほど書き方を工夫しないかぎり、適当にしか読まれないでしょう。ありきたりのテーマの場合、同じようなことを書いてきている人がほかにも数多くいると考えられるからです。

意外性のある内容がよいといっても、奇抜なテーマやきわめて個人的な体験がよいと言っているわけではありません。そうした内容は一般性に乏しく、読者に共感してもらえないおそれが強いからです。読者が共感でき、なおかつ意外性のある内容を見つけることは難しいものです。理想的には、一般に当たり前のこととして考えられ、見すごされてきた事実に着眼し、そこから論を展開できるとよいでしょう。しかし、そうした事実に気づくためには常日ごろの観察眼が重要になってきます。

以上、(1)「情報の共有」、(2)「情報の空白」、(3)「共感できる内容」、(4)「意外性のある内容」、この四つの観点を考慮に入れつつ、課題に掲げた15の文章の書き出しとその評価を見ていくことにしましょう。

1.4　書き出しの調査結果

135名にやってもらった今回の課題の調査結果は、下のグラフから見て、四つに分けて考えることができます。③④⑥⑨⑮のように続きを読んでみたい文章として評価されたもの、反対に②⑤⑪⑭のように続きを読む気があまりしない文章として評価されたもの、①⑩⑬のように続きを読んでみたい文章と続きを読む気がしない文章の両方に選ばれたもの、⑦⑧⑫のように続きを読んでみたい文章にも続きを読む気がしない文章にもあまり選ばれなかったものの四つです。

【グラフ　書き出しの文章別評価結果】

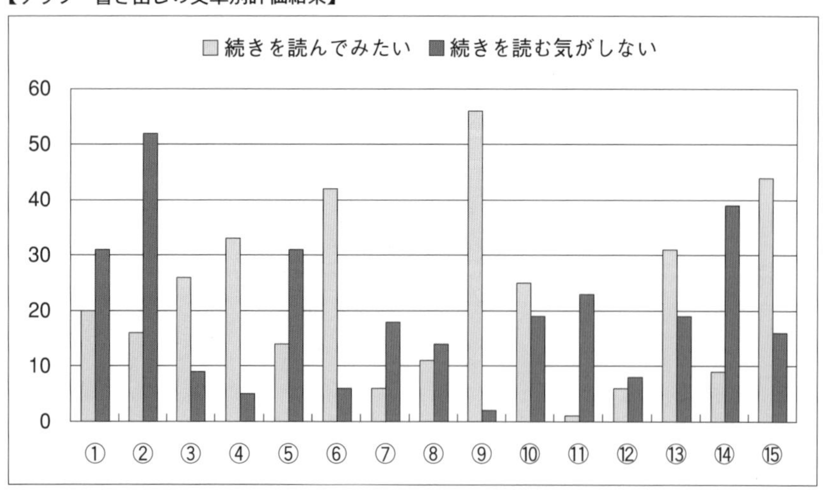

このうち、改善が必要な書き出しは、続きを読む気があまりしない文章として評価されたものと、続きを読んでみたい文章にも続きを読む気がしない文章にも選ばれなかったものの二つです。前者は、絶対値を考えればそれなりに注目を集めた文章といえるのですが、否定的な評価を受けたわけですから、書き方を改めて、続きを読んでみたいと思わせる書き出しに変える必要があります。一方、後者は、さほど悪い評価は受けなかったわけですが、目立たない書き出しになってしまっているおそれがありますので、まず注目を集められる書き出しに直す必要があります。

①「お疲れ様です」

　私がこのことばに違和感を感じる理由。⑴疲れていない私は怠慢なのだろうか。⑵ことばの内容に意味を見出せない為に気持ちが伴わず相手に失礼ではないだろうか。⑶別れ際に発せられると妙な連帯感を感じる。

この①は「続きを読んでみたい」が 20 名、「続きを読む気がしない」が 31 名と拮抗しています。「続きを読んでみたい」と考えた人の理由は、

- 普段なにげなく使っていることばなので、違和感を感じたことはなかったが、この文を書いた人の指摘に納得し、また、今まで思ってもみなかったことなので、不意をつかれた感じがするから。

というものが代表的です。このコメントから、この書き出しがすでに見た⑷「意外性のある内容」を備えていることがわかります。たしかにこの書き出しは、言われてみて初めて「なるほど」と感じさせる雰囲気を持っています。また、⑴や⑵は「お疲れ様です」が内実を伴わない形だけのことばに堕していることを批判していながら、⑶の「妙な連帯感」でその批判を和らげてみせるちょっとしたユーモアがあり、それが読者の共感を呼ぶ部分でもあります。

一方、「続きを読む気がしない」書き出しとしてこの①をとらえた人の意見の代表的なものは、

- 嫌いな言葉とその理由が書き出しですでに述べられてしまい、この文章を読むだけで知りたいことはほとんどわかり、意外性がないの

　　で続きを読みたいとは思わない。この文章に興味がないわけでなく、
　　書き出し部分だけで満足したという感じだ。

というものです。このコメントは、この書き出しが(2)「情報の空白」を欠いているということを示しています。「意外性がない」という指摘もありますが、ここでの指摘は、この書き出しに意外性がないと言っているのではなく、この書き出しの続き、つまり展開に意外性がないと言っているのです。書き出しが文章全体の要約になっている場合、その部分だけで読者が満足してしまい、続きが読まれない可能性があることは知っておくべきでしょう。

この①は、内容としての意外性はあるが、情報の空白がなく、展開に意外性がないという意味で一長一短の書き出しと見ることができます。

②　私がなんかおかしいな、と思う言葉はいくつかある。そのうちの一つを紹介したいと思う。ただし、このレポートを出された時点で、“いやだなあ”と思ったのはたしかである。というのは、お分かりであろうが、おかしな言葉をあげるにせよ、現にその“おかしな言葉”をつかっているのがまぎれもない私たちであるということに最初からきづいてしまっていたからである。自分たちが普段使っている“おかしな言葉”とやらを見つけるのは意外と難しいのではないかと思っていたのだ。思っていたとおり数多くは見つけることはできなかったが、実体験で怒られたときのことを話そうと思う。

この書き出し②にたいする評価は、マイナスの評価がまさっています。「続きを読む気がしないもの」に選んだ人が52名ともっとも票数が集まりました。一方、16名が「続きを読んでみたいもの」として選んでおり、見るべきところがある書き出しとも考えられます。

この書き出しを評価している意見は、

- レポートであっても、このように言及できる範囲の広いテーマにおいては、このような前置きがあると、それを書いたきっかけが分かるし、書き手も身近に感じられてよい。

というものです。このコメントは、(1)「情報の共有」がしっかりできてい

るということを示しています。②のような書き出しは、「おかしな言葉」という本論に入るまえの前置き的な内容、いわゆる序論を表しており、ごく一般的な書き出しです。前置きから始める構成は、おもしろみには欠けるかもしれませんが、けっして非難されるたぐいのものではありません。

しかし、「続きを読む気がしないもの」としてもっとも票数を集めた理由は、

- 字数稼ぎをしているように感じるから。続きの内容も薄そう。

と感じた人が多かったからでしょう。

読者にとっては意味もなく長い書き出しほど苦痛に感じられるものはありません。よく「あの人の話は前置きが長いから」という批判を耳にすることがあります。この場合の前置きは、本論につながらない、意味のない前置きです。前置きは本論をうまく引きだして初めて序論になるのです。この②の書き出しは、前置きを用意したこと自体はよかったが、その前置きが本論を引きださない無駄に長い前置きになってしまっている点で、「続きを読む気がしない」という票を集めたものと思われます。そうした失敗をしないためには、本論の導入にうまく結びつかない書き出しは思い切って削ってしまうという心得も、頭の隅に置いておいたほうがよいでしょう。

もう一つ、この書き出しは、⑶「共感できる内容」にそぐわないものになっていることも指摘できます。

- 自分で書いたものだが、よく読んでみると、とてもネガティブでこの課題に対してマイナス思考がある気がする。

という筆者本人の指摘がありました。看板に「おいしくない」と書いてあるラーメン屋には誰も入りません。多くの人に読んでもらう文章を書くためには積極的におもしろさをアピールする文章のほうが好感を持たれることも憶えておいてください。

③　バーナード・ショーの有名な言葉「あなたが他の人々に自分にこうして欲しいと思うのと同じことを、他の人々にするな。なぜなら、彼らの趣味はあなたの趣味と同じではないかもしれないのだから。」（『人と超人』より）は、単純

かつ貴重な真実だ。

③は、9名が「続きを読む気がしない」と考えているのにたいし、26名が「続きを読んでみたい」と考えている、肯定的な評価がまさった書き出しです。この③は、引用から始まる印象的な書き出しですが、「嫌いなことば」「違和感を覚えることば」という標題には直接結びつきません。そのため、一部には、「いまいち何について書きたいのかよくわからない」という指摘もありましたが、「冒頭にこの言葉を引用する理由がきっとあるのだろう。この先の展開に期待する」という指摘のほうが多く見られました。その意味でこの書き出しは成功しているといえます。

よくテレビのCMには、最初からその製品を大写しにするなど、製品を積極的にアピールする「これだ型」と、最初は何のCMなのかあえてわからないようにしておき、最後にその製品が明らかにされる「何だろう型」に分かれると言われますが、この書き出しは後者の「何だろう型」に相当する書き出しです。この「何だろう型」で書き出すようにすると、(2)「情報の空白」が確実に生まれますので、後続の文章展開への読者の期待は高まります。その意味でこの種の書き出しは有力な書き出しです。

ただし、もともとのテーマと「何も関係がない」とだけ思われてしまっては、その続きを読んでもらえません。ですから、書き出しそのものに魅力がなければなりません。この書き出し③は、

- 「バーナード・ショー」という個人名がだされているととても偉大なことが書かれているように思え、つい読んでみたくなる。(私的には知らない外国人の名前に弱い)

のような、有名人のことばの引用であることにくわえ、「あなたが他の人々に自分にこうして欲しいと思うのと同じことを、他の人々にするな」という、いわゆる黄金律と真っ向から対立する逆説的な内容を提示しているという面で(4)「意外性のある内容」であり、さらに、「なぜなら、彼らの趣味はあなたの趣味と同じではないかもしれないのだから」という理由づけには(3)「共感できる内容」が感じられます。書き出しそのものに惹きつける力があるので、この「何だろう型」の書き出しが効果を上げていると

思われます。

④「大したことじゃないじゃん」
それは、あなたにとってはね。と、言われるたびに思う。

④には、以下のような、共感を込めたコメントを寄せた人がいました。

- この短い文章を読んだだけで、私はもうこの人の意見に賛同してしまった。そういう力がある書き出しである。

この書き出しは、「続きを読む気がしない」を選んだのが５名なのにたいし、「続きを読んでみたい」を選んだのが33名と、支持率がきわめて高率です。その理由は、この④の書き出しが持つ具体性にあるのだろうと思います。

「大したことじゃないじゃん」という軽い慰めのことばが、その軽さゆえにかえって人の心に突きささるということはたしかにあります。当事者としては、自分の心の痛みを本当に理解し、共感してほしいと思っているのに、「大したことじゃないじゃん」と軽く流されてしまうと、突き放されたような暗い気持ちに陥ってしまいます。

この書き出しは具体的ではありますが、個人的ではありません。言われるまではなかなか気づかないが、指摘されてみると自分の身近によくあることに気づかされる「あるあるネタ」なので、読者はすぐに共感できるのです。また、

- 「嫌い」という言葉を使って表現しているわけではないのに、それ以上に「嫌い」さが伝わってきます。

というコメントにも表されているように、間接的ではありますが、その間接性ゆえにかえって人の心に届くものになっています。こうした心に届く表現と発想がこの書き出しを魅力的にしています。

もちろん、以下のような、反発を感じたという反応もありました。

- 心配して、少しでも負担を軽くしようと友人のかけてくれる言葉に、それは少し傲慢というものではないでしょうか？

この書き出しでは論理ではなく感情に訴える書き出しなので、その感覚

に共感できない人もいるでしょう。しかし、共感できなかった人よりも共感できた人のほうがはるかに多かったという事実から、この書き出しは成功しているといえそうです。

⑤　言葉が力を持つ場合がある。言葉が本来の意義や意味を失い、勝手に一人歩きしてしまう場合がある。そういった言葉を意図的に、あるいは意図することなしに利用する者がいる。又そういった言葉に踊らされ、何か重要な事柄を忘却したり喪失してしまう者もいる。

この⑤は、直前で見た④と対極にある書き出しです。抽象的であり、論理的です。14 名が「続きを読んでみたい」と感じており、それなりの支持は得ている一方、31 名が「続きを読む気がしない」と考えており、全体としてはマイナスの評価がまさっている書き出しと見ることができます。

この書き出しは②と同様、前置き型の書き出しです。前置き型の書き出しの場合、その前置きが文章全体の論点を無理なく自然に引き出せているかどうかがポイントになりますが、⑤の場合、まだこの段階ではそうした論点を提示するところまでは至っていません。この段階で論点そのものが提示できなくてもよいと思うのですが、その方向性くらいは見えているとよいでしょう。

- 内容（「言葉が力を持つ」ことの具体例）がどんなものであるか、知りたくなるから。

というコメントからは、⑵「情報の空白」がうまくコントロールできているようにも思えるのですが、

- 言っていることが抽象的すぎてよくわからない。それで想像力をかき立てられて続きが読みたくなる場合もあるだろうけど、コレはあんまり……。

といったコメントの数がまさっているところを見ると、内容が抽象的すぎて情報の空白が絞りきれていないという印象は否めません。スマートな書き出しであるだけに、もう一歩踏みこんで、論点に向かう方向性が具体的に絞りこめていれば、もっと魅力的な書き出しになったのに、と思われる

点が惜しまれます。

⑥「ピン札」という言葉が嫌いだ。

⑥はきわめて短い書き出しです。「続きを読む気がしない」6名にたいし、「続きが読みたい」人は42名に達しており、成功している書き出しと見ることができます。

私自身はこうした書き出しはあまり好きではありません。というのは、「嫌いなことば」をテーマにレポートを出すと、このような単純な書き出しが何割かを占め、またこれか、という気がしてしまうからです。今回の課題では、15の書き出しのうち、このタイプはこれしか取りあげませんでしたので、その意味でこの書き出しは得をしているかもしれません。また、

- レポートのタイトルは“嫌いな言葉”なので、こうした書き出しの文章が出てくるのは当然のことなのだが、あまり読んで気持ちのよいものではない。レポートや論文ではあくまで客観的に物事をとらえるべきであって、自分の好み、主観が全面に出されていてはいけない。「嫌いなことばである」と「嫌いだ」は主観をオブラートに包んだかそうでないかの違いであり、受け取る印象が異なる。

というコメントのように、主観の押しつけを感じた人もいるでしょう。

しかし、みなさんの支持をこれだけ多く集めたのにはやはり理由があると思います。ただの「〜という言葉が嫌いだ」という書き出しではこれほど多くの支持は得られなかったでしょう。その秘密は「ピン札」ということばに隠されています。なぜ「ピン札」ということばなのか、その理由が知りたくなるのです。

- 率直に「ピン札」という言葉が嫌いだ、と言われると、「どうして？」とこちらも知りたくなるから。

というコメントに表されているとおり、「ピン札」ということば選びは、(4)「意外性のある内容」であり、「なぜ」という(2)「情報の空白」を生む書き出しです。この書き出しは「ピン札」がすべてであり、その選択が功

を奏した書き出しです。

⑦「どうも」と「すいません」は、共に私の嫌いな言葉である。なぜ嫌いなのかという理由は二つあって、一つは、言葉の逃げ道になっていることであり、もう一つは、人に感謝を表す言葉として、力が弱いということだ。

この書き出しは①と同じ欠点を抱えています。

・自分もこれらのことばについて考えを持っていたから。興味がある。

という指摘に表れているとおり、内容としては共感できる側面を備えているのですが、

・最初の3行で結論まですべて言ってしまっている。文章のなかに“謎”がないから、なぜ？　どうして？　と先を知りたいと思えない。

という指摘が端的に表しているとおり、(2)「情報の空白」がないのです。謎がまったくない文章は次を読んでみようという気を起こさせません。こうした要約型の書き出しが有効なのは、新聞のリードや論文の要約など、詳しく読むかどうかを選別させる機能をもつ文章だけで、最後まで読ませようと思う文章では得策ではありません。あいまいなコミュニケーションを生む象徴的な二つのことばを選びだした着眼点は悪くないだけに、残念な気がしてしまう書き出しです。

⑧　少し古いが、今年の7月1日から7月4日まで、読売新聞の夕刊の『新日本語の現場』という見出しのカコミ記事で「うざい」という言葉について連載されていたことがある。前期の終わりに別のレポート課題のために題材になりそうな新聞記事を探していてその記事を見つけ、切り取ってあったのがたまたま出てきたのだ。そのとき私がこの記事に目を留めたのは、自分でも少なからずこの言葉に興味を持っていたからだった。「うざい」という表現が今ほど頻繁に使われるようになったのはごく最近になってからだと思う。その記事には、『辞書〈新しい日本語〉』（東洋書林）によれば「うざい」が若者を中心に全国に広がったのは1990年代半ばであると書かれており、私の感覚ともだいたい

一致している。

この書き出しは、(1)「情報の共有」を重視した文章です。典拠をきちんと示し、資料を用いながら論証しようとする姿勢が見えます。

- 「嫌い」という主観的な題材に対して、自分の気持ちにまかせたまま書くのではなく、リサーチしていて奥が深そうなレポートだと思ったため。

というコメントに表れているとおりです。

しかし、この書き出しはインパクトに欠けるという感じがします。この書き出しは前置き型と見ることができるのですが、

- 前置きが長く、「結局これが筆者の嫌いな言葉なのか？」と迷いながら読まなければいけない。じれったい。

と指摘されているように、論点が絞りきれていない印象を受けます。読者が知りたいのは、嫌いなことばとその理由なのです。

繰り返し述べていることですが、前置き型の文章では、その前置きが文章全体の論点に自然に結びつくようになっているのが理想です。その意味では、この書き出しは、(2)「情報の空白」の処理がまだ甘く、論点が絞りきれていないように感じられます。

⑨「参加する事に意義がある」一体誰がこのような事を言い出したのだろう。このことばはスポーツの大会などでよく聞かれる。私は中学・高校と運動部に所属した経験はないが、体育会系の文化部と言われる吹奏楽部に６年間所属していた。吹奏楽部には夏に合奏コンクールがあり、私も毎年仲間たちと共に練習に励んだ。私があのことばを嫌いになる決定的事件、それは高校一年のコンクールの時に起こった。

今回の調査でもっとも多くの支持を得た書き出しがこの⑨です。56名が「続きを読んでみたい」書き出しとして選んでいます。また、特筆すべきは、「続きを読む気がしない」書き出しに選んでいる人が２名と最少だったことです。

この書き出しの特長は、(4)「意外性のある内容」の提示と、(2)「情報の空白」の処理の巧みさにあります。

- 誰もがもっともだと思っていそうな言葉に異議を唱えているので、気になる。最後の一文により、ますます興味をそそられる！

というコメントが表しているとおりです。「参加する事に意義がある」ということばは一般的には好ましい意味に受けとられることが多く、そのことばを「一体誰がこのような事を言い出したのだろう」と批判することに読者は意外性を感じ、その理由が知りたくなります。同時に、「私があのことばを嫌いになる決定的事件」という部分で、どんな事件なんだろうというサスペンスを感じ、「それは高校一年のコンクールの時に起こった」でそのサスペンスは深まりを見せます。

「決定的事件」のほか、「興味深い結果」「重大な問題」などのように、事態を表す名詞に注目表示の形容詞的成分を付け、読者の興味を引くというパターンはしばしば用いられる手法ですが、この手法は有効に働くことが多いので、意識的に使えるようにしておいたほうがよいでしょう。

⑩「明日来れるの？」とか「これだけは食べれない」という言葉を日常何気なく使う人は多いだろう。これらは一般にら抜き言葉と呼ばれるものである。現在、ら抜き言葉を正しい日本語ではないとする風潮があり、ワープロの自動添削でも誤文という判断が下される。もちろん学校などではなおさら、「ら」を入れるように指導される。これが私の違和感を持つ言葉、ら入り言葉の由来である。

「嫌いなことば」「違和感を覚えることば」を聞かれて「ら抜き言葉」を思い浮かべる人は多いでしょう。そのため、「ら抜き言葉」の考察は意外性を欠き、レポートで取りあげても、高い評価を受けることはまずないと考えられます。そこで、一工夫して、「ら抜き言葉」ならぬ「ら入り言葉」を考えたわけです。「ら抜き言葉」は「見られる」のように「ら」が入っているものが正しいという前提のもとに作られた呼び名なのにたいし、この「ら入り言葉」は「見れる」のように「ら」が入っていないものが標準であるということを前提としています。

- 一般的に間違っているとされる「ら抜き言葉」を肯定し、「ら入り言葉」の方に違和感を持つという、私にとっては新鮮な考え方に興味を持ったから。

という指摘に表れているように、この工夫はたしかに意表をつくおもしろいもので、事実25名がプラスの評価を下しています。意外性のある発想が功を奏したと思われます。

一方、たとえ「ら入り言葉」であっても結局は「ら抜き言葉」の裏返しであって、語られている内容は想像がつくという、

- ら抜き言葉に関してはよく論じられており、続きに書かれていることも予想できるので。

のような意見もあり、19名がこの書き出しを否定的にとらえていました。たしかに「ら抜き言葉」はあまりにもありふれた議論になってしまっているため、「ら入り言葉」にしても目新しさが感じられないということはあるでしょう。「意外性のある発想」ではあっても、(4)「意外性のある内容」ではないわけで、やはりテーマによる限界があることは認めないわけにはいきません。

⑪「嫌いなことば」という今回のレポートのテーマを聞いてすぐ、私の頭の中にあることばが思い浮かんだ。私は「キレる」ということばが嫌いである。「キレる」といっても「よく切れるハサミだ」の「切れる」ではない。「電話が切れる」でもなければ「頭の切れる人だ」の「切れる」でもない。正しい日本語で言うとすれば「頭にくる」という意味にあたる「キレる」である。同様に「むかつく」ということばも好きではないが、「キレる」はなおさら好きではない。

この書き出しは、「続きを読んでみたい」と思った人はひとりしかいませんでした。そのコメントを見ると、

- タイムリーな話題だし、新聞に掲載されるような文章でどのように書かれているか気になるから。

となっています。たしかに「キレる十代」というのは近年の深刻なテーマですし、「キレる」を取りあげたことは悪くないと思います。しかし、タイムリーだということは、(4)「意外性のある内容」ではなくなっているということです。「キレる」を取りあげたこと自体は悪くないとしても、どうして「キレる」が嫌いなのかという理由にほかの人とは違う斬新な見方を提示する必要があります。この書き出しにはそうした部分が欠けてしまっています。しかも、

- 「キレる」について、すんなり“頭に来る”という意味を出してほしいです。不必要な例を入れすぎると、文章のテンポがずれてしまいます。

という指摘からわかるように、この書き出しの前置きでは、本題とは直接関係のないごく常識的な内容が述べられてしまっています。書き出しは、読者の立場からツッコミを入れてみると、その真価がわかります。この書き出しにツッコミを入れるとしたら、「わかってるって」でしょう。せっかくの前置きが蛇足気味に響いてしまうのが残念です。

⑫　私は普段使っている日本語の表現で、嫌いまたは違和感を覚える言葉がある。それは「お前」「パクる」「チャイ語」である。言葉といっても、単語なのだが、それぞれ嫌いだと思う理由が異なるので、それぞれの理由を以下に述べていく。

⑫は総花的な書き出しです。

- それぞれの言葉がその由来について知りたいと思える題材である。

のコメントのように、それぞれが１本のレポートにまとまりそうなおもしろい素材です。「それぞれの理由を以下に述べていく」とそのあとの文章展開も予告されています。しかし、「続きを読む気がしない」と感じた人が８名と少なかったものの、「続きを読んでみたい」と感じた人も６名と少なく、目立たない書き出しになってしまっています。

それはやはり、「お前」「パクる」「チャイ語」を取りあげた理由がばらばらで、一貫性がないことにあると思われます。かりに「お前」「パクる」「チャイ語」を取りあげた理由が共通しているとしたら、読者はどこに共

通点があるんだろうと興味を持って読んでいけたと思うのですが、「それぞれ嫌いだと思う理由が異なる」と予告されていますので、読者としては互いに関連性のない内容を三つも読まされるのかあという気になってしまいます。(2)「情報の空白」というものは、ただ空白があればよいというものではなく、ある方向性に収斂していくような、ある程度絞られた空白である必要があります。

- 複数嫌いな言葉が存在しても、同じレポートの中にまとめるのはどうかと思う。話がばらけて、あまり追求されていなさそうなので、避ける。

という指摘に表れているとおりです。

⑬「わあ、見て。これ超かわいくない？」
　数名の女子高生たちが、何かのマスコットを手に騒いでいる。買うのかと思いきや、しばらくすると、彼女たちは結局それを買わずに出て行ってしまった。私は小さく息を漏らしてその場を離れた。

⑬はうまいと思わせる書き出しです。31名が「続きを読んでみたい」と考えています。

- 会話から始まるとおもしろい。特に女子高生の言葉は本物に感じておもしろい。そして、後の文章もよく、その場面を描写して、印象的である。

というコメントのとおりです。④の書き出しもそうですが、会話をうまく使うことで「嫌いだ」と言わないで嫌いであるということを間接的に示せているところが印象的です。場面が容易に想像でき、(3)「共感できる内容」に仕上がっていると思います。

　しかし、19名が「続きを読む気がしない」と感じていることも事実です。

- ありきたりのテーマは、ありきたりの結論で終わりそう。

というコメントが端的に表しているように、女子高生のことばはよく議論されるテーマであり、結論まで見えてしまう内容になりがちです。筆者の筆力のおかげでこれだけの支持を得ていますが、(4)「意外性のある内容」にはなりえない以上、テーマを変えないかぎりこれ以上の支持を得ることは難しいと思います。「どう書くか」という表現選択も重要ですが、「何を選んで書くか」というテーマ選択の問題はそれ以上に重要です。

⑭「嫌いなことば」についてのレポートを書くにあたり、まずは私の中にある「ことば」の捉え方について付記しておきたい。ことばは、それひとつが単独で表現されている場合もむろん多くある。しかし、ことばは、話すため、書かれるために存在しており、文章になってはじめて生き生きしてくるものであるように私は感じる。したがって、「嫌いなことば」を探す際、単語として「嫌い」と思えることばは見つけにくいものだ。多くの人が「うざい」や「ブチ切れ」などということばを嫌がるのは、そのことばの聞きにくさ、醜さに原因があるのであり、文章となって生きてくることばにおける違和感とはずれがあるように思える。よって今回は、ことばとことばの繋がりや会話の中に出てくることばの違和感についてレポートしていきたい。

この書き出しは、②に次いで「続きを読む気がしないもの」の上位にランクされています。39名がこの書き出しをそうとらえています。一方、9名が「続きを読んでみたい」ものに選んでおり、惹かれる部分もある書き出しだと思われます。

- まず、根本的な考えに同感してしまった。前置きもこのように分かりやすいものなら好ましいと思う。

というコメントのとおり、「嫌いなことば」と一口に言ってもそのことばの語感を考えるだけではだめで、そのことばが使われた文脈を考慮しなければならないという主張は傾聴に値しますし、そうした執筆態度を前置きで示すことも必要だと思います。

しかし、多くの人が「続きを読む気がしないもの」と考えている事実を無視するわけにはいきません。その事実の背景には、以下のような読者の気持ちが隠れているのだと思います。

- 書き出しはあまり長すぎると始めからため息が出てしまう。始めにその人の言葉の捉え方なんかよりも、嫌いな言葉が一体何なのかを知りたい。

この意見は極論かもしれません。すでに見た⑨が多くの支持を得ていることからわかるように、長い書き出しがかならずしも悪いとはかぎりませんし、「その人のことばの捉え方」を示すこともまた必要な場合はあると思います。ただ、本題になかなか入らない書き出しが読者をイライラさせることは事実です。書き出しばかり14も読まされてきたせいもあるでしょう。読み手は書き手が思っている以上に短気なものだということは、書き手の心得としてぜひ頭に入れておきたいものです。

⑮　私が日常生活のなかで耳にする言葉のうちで、とくに違和感を覚える言葉は、「目玉焼き」ということばである。フライパンで眼球を炒めるわけでもないのに、「目玉焼き」とはどうも釈然としない。この言葉を耳にする度に、人間から採られた眼球が調理されるのを想像して戦慄を覚えるのだが、なんてことはない。ただ、卵をフライパンで焼くだけである。

⑮は強い印象を与える書き出しです。「目玉焼き」ということばが嫌いというのは(4)「意外性のある内容」です。普通なら気がつかないおもしろい見方だと思います。

- ユーモラスで、書き手の目のつけどころのおもしろさを感じる。

というコメントのとおり、発想の勝利でしょう。「目玉焼き」から「月見うどん」「親子丼」「きつねそば」、そして「メロンパン」「鍋をつつく」に至るまで、食べ物の世界にはこうした比喩がたくさん転がっています。そうした比喩の想像力を喚起する魅力的な書き出しで、44名が「続きを読んでみたい」と感じています。

一方、この書き出しに難があるとすれば、ややグロテスクな内容にくわえ、

- 書き出しの中に嫌いなその理由がもう書かれているから、それ以上読む必要を感じさせない。

という(2)「情報の空白」の不足でしょう。その意味でこの書き出しはまだ

改良の余地があるように思われます。

1.5 書き出しのまとめ

【書き出しのポイント】

i） 書き出しは、初対面の人との第一印象に相当し、情報過多の現代社会にあって、**自分の書いた文章を最後まで読んでもらうためにもっとも工夫を要するところ**である。

ii） 魅力的な書き出しに必要なポイントは、**(1)情報の共有**、**(2)情報の空白**、**(3)共感できる内容**、**(4)意外性のある内容**の 4 条件を満たすことである。

iii） 情報の共有がないと書かれている内容が理解されない一方、情報の空白がないと続きを読んでもらえなくなる。**①本題に直結**し、②ある程度**方向性が絞られた**、**③適度な情報の空白**があることが望ましい。

iv） 共感できるような内容にするためには、書く題材を**肯定的かつ積極的に描く**ように努める一方、否定的に描く場合でも、**異なる立場にある人が不愉快に感じる表現は避ける**必要がある。また、具体的で印象的な場面を盛りこめると好感度を上げられる。

v） 意外性のある内容にするためには、**私たちの常識に反する内容や、私たちが見すごしがちな興味深い内容を盛りこむ**とよい。**誰もが書きそうなありふれた内容は避け**、ありふれた内容を書くときでも、ほかの人が思いつかない見方を示す必要がある。

全体としては、持って回った冗長な説明をするより、単刀直入に論点を示すほうが好感度が高いようです。もし、本題に直結しないような前置きを書いてしまっていることに気がついたら、その前置きをばっさり切り捨て、いきなり本論から入るのも一つの手だと思います。

練習1

問1　以下の文章は「私のファッション観」というタイトルで書かれた文章の書き出しである。「続きを読んでみたい」と強く感じる順に文章番号を並べなさい。

問2　一番続きを読んでみたい、一番続きを読む気にならない文章について、それぞれ理由を考えなさい。

①「ファッション」と一口に言っても、狭義の意味での服装やヘア・スタイル・所持する鞄・靴等々を含め、その人が話す言葉、示す態度、行動、等々相当広い範囲までのいわば“文化”を指すとも考えられる。だが、とりあえずここでは、狭い意味で「ファッション」を「服装」と捉えて述べていくこととする。

②　私のファッション観を述べるにあたって、まず、私にとってファッションとは何か、ということを考えてみました。私にとって、ファッションとは二つの意味を持ちます。一つ目は、私の嗜好・好みを表現する手段であること、二つ目に、私が人から良く見られたい、女性として魅力的でありたいという願望を叶えるための手段であることです。

③　自分のファッション観について一言で述べるならば、それは「生き方の妨げとならない」ことである。衣服の機能の第一義は外界からの身体の保護と体温調節だが、着る人の身分や所属、ひいては思想まで表す社会的意義も持つ。それらのあらゆる意義において「生き方を妨げない」ファッションをこころがけている。具体的には大きく三つの意味がある。

④　日本人ははやりに流されやすいと言われている。また、ブランド物を小さいころから持っていることでも有名だ。確かに、日本では、大学生である私たちが海外の高級ブランド品を持っていても、誰も驚かないし、キャンパスや雑誌を見てみると、同じような格好をしている人は多い。これは、皆と同じものを持ちたい、同じようでいたいという日本独特の考え方があるように思われる。日本にいると、私自身もその波に押されることがある。

⑤「最近の若者には個性がない」と言われるようになってから随分経つ。言

葉遣いにも流行が生まれ、皆が同じ話し方をするようになった。集団で行動し、まわりと同じ意見を口にし、まわりと対立する意見はたとえ持っていてもなかなか口に出そうとしない。孤立を恐れて「普通」でいることを望み、輪の中に収まっていようとする。

⑥　私はファッションに疎い人間である。下については、春はジーパン、夏もジーパン、秋でもジーパン、冬はヤマパンの言うなればジーパン刑事である。でも、刑事ではない。上については、春はＴシャツ、夏もＴシャツ、秋は夕暮れ、冬に至ってはメガネである。本当にメガネである。そんなメガネの私から言わせれば、ファッションなんてものは飛んで火にいる夏の二十四時間テレビである。以下、ジーパンと、とりわけメガネにまみれた私の泥沼の半生を追いながら、ファッションとは何か、美とは何かについて語っていこう。

⑦　私にとってファッションとは服装や身なりのことである。世の中では「今年はこれが流行る」だとか「もうそれは流行遅れだ」などとよく言われるが、このように世の中では季節ごとに服装の流行のいうものが移り変わる。流行というものは通常自分で起こしたりするものではなく、他者やメディアなどを通じて流れてくる情報である。よって、「流行に乗る」ということは、自分独自の自分しかできない個性的な服装を身につけるということに反し、他者や世間一般の価値基準に自分を合わせ同化していくということである。つまりそれは、個性の埋没を意味するのである。また、自己の明確な価値基準の喪失をも意味するのではないだろうか。

⑧　私のファッション観は年齢に応じて変化してきた。小学生の頃は、私にとって服を買いに行くことが苦痛であった。やんちゃであった私はよく転んでジャージに穴を開けたものだった。そんな時、決まって、私は母親に連れられ服を買いに行った。母親は財布と相談して自分の趣味で服を選び出し、私をまるで着せ替え人形かのように扱ったのだ。私はいつもふてくされて突っ立っていた。

⑨　現代において、ファッションは一大文化を築いており、産業としても確固たる地位を占めている。パリやミラノはファッションなしには語れないし、街の書店にはどれを手に取るべきか迷うほどの雑誌が並んでいる。テレビでピーコのファッションチェックが人気を博したのもうなずける。ところでここまで人々を魅了してやまないファッションとはいったい何者であろうか。

⑩　この課題が課されてから、あらためて自分のファッション観とはどういうものなのだろうかと考えてみた。わざわざそうやって考えたのは、私には特にこれと言ったファッション観がないように思えたからだ。
⑪　私は日々の服装に、その日その日の題名をつけている。非常にくだらないことなのだが、その日あう人のことを考えて決めたり、その日にすることにあわせたりしてつけるのだ。たとえば映画を見に行くようなときは「映画女優気取り☆」といったように。
⑫　五月病になる前に、あることが原因で学校に行きたくなくなった。その原因とは「毎日の服選び」だ。

参考文献

安達隆一（1987）『構文論的文章論』和泉書院
市川孝（1978）『国語教育のための文章論概説』教育出版
市川孝（1978）『新訂 文章表現法』明治書院
井上ひさし（1984）『自家製文章読本』新潮社
内田伸子（1989）「非具象的ストーリーの構成的理解における<欠如－補充>枠組みの役割」『教育心理学研究』37 日本教育心理学会
内田伸子（1990）『子どもの文章－書くこと・考えること－』東京大学出版会
樺島忠夫（1999）『文章表現法－五つの法則による十の方策－』角川書店
時枝誠記（1960）『文章研究序説』山田書院 1977年に明治書院より復刊
中村明（2003）『文章の技 書きたい人への77のヒント』筑摩書房
林巨樹（1983）「書き出しと結びの性格」中村明編『日本語のレトリック』筑摩書房
平井昌夫（1972）『新版 文章を書く技術』現代教養文庫 社会思想社

第2講　さわやかな読後感

課題2

問　以下は、「～での／としての私」というテーマで書かれた文章の結末の部分である。あなたが、好ましい読後感を抱くもの、違和感のある読後感を抱くものをそれぞれ二つ（ないし一つ）挙げ、その理由を論じなさい。

①**「学生としての私」**　このように、私は、学生でありながら、教師であるということで、一般の学生以上に、理想的な学生となっていると言える。一般の学生には、知り得ない部分の情報を、講師の話から読み取る事ができるからだ。「学生としての私」はこのような特殊な能力を持った学生である。

②**「サークルでのわたし」**　このように、サークルでのわたしはイジられることが好きである。このことは以前のわたし、他でのわたしでは考えられない。サークルという、大規模な場所がそうさせているのだろうし、サークルの雰囲気が受け入れさせているのだろう。このサークルでのわたしはすごく好きである。なぜなら、自分が話題の中心になり人を笑わしたりすることができるからである。何か自分をかっこよく形づくろうとしても、イジられることですぐダメになってしまうため素の自分でいられることもその理由だろう。サークルでのわたしはイジられ好きなのである。

③**「受付としての私」**　しかし、私には普通の人に対して敬語を使うことにもまだ抵抗がある。おそらく私の精神年齢が低いからなのであろうが、私のまわりの友人たちも、アルバイト先で普段使わない敬語を使うことに、同じようにストレスを感じているのだそうだ。やはり日本語は難しい。私の年齢で完璧に敬語をマスターしている人なんて、日本にいないのではないかと思ってしまう。一応アルバイト中は、自分なりに間違っていないと思う丁寧語を一生懸命使っているつもりなのだが、謙譲語となるとまったくだめで、ぜんぜんわからないし、ぜんぜん使っていない。電話応対において、年配の方で、相手のほうが敬語でしゃべってくれているにもかかわらず、こちらとしては、

自分なりの丁寧語で応対をするのが精一杯である。これから社会人になるにあたって、敬語をきちんと学ぶ必要がある。最近はそれを痛感している。そういう意味では、このアルバイトもその練習として案外効果的なのかもしれない。

④ **「電車内のわたし」** このように、電車内の私の活動について分析してみたところ、私はあることに気づいた。これら3つの行動パターンは、私が大学で授業を受けているときとほとんど変わらないのである。授業中の私は、大体寝るか、読書をするか、考え事をするかのどれかである。ごくまれに、講義をまじめに聴く、という選択肢が加わるに過ぎない。とすると、「電車内のわたし」とはイコール「大学生のわたし」ということになる。私のキャンパスライフは、どうやら1日4時間の電車通学の中に凝縮されているようである。

⑤ **「サークルでの私」** ではどうするべきだろうか？　みんなは自分の道化振りを笑ってくれる。前に述べたように人は様々な顔を持っているもので、それはそれで良いのではないか？　しかし、ストレスになるようなら、避けたほうがよいだろう。解決策として、サークルでも普段の「私」でいる事が挙げられる。「ツッコミ」として、盛り上げていけばいいのである。（自我の回復）無理せず、自分の持ち味を出して、サークルにコミットしていくことが大事なのである。そうする事で大学生活を悔いのないものにし、本当の自分を仲間たちに認めてもらう事で真の信頼関係を構築していくことが今求められているのではないだろうか。

⑥ **「私と人間関係」** 私は今でも新宿に行くと打ちひしがれたような思いにとらわれる。オフィス街と歌舞伎町を分ける歩道橋の上から混沌とした下界を眺めると、人生のミニチュアを見せつけられたような気持ちになる。これから自分はどれだけ多くの人と関係を持たなければならないのかと絶望してしまう。地方出身の私は限られたカテゴリー内で、限られた人間同士で結ぶ関係に慣れてきた。おそらく流動的な関係を渡っていくには東京風の付き合い方に乗り換えるのが利口なのかもしれないが、私にはそのような器用さはない。しかし東京で生活する機会を与えてもらったからには、自分なりに何かをつかみたいと思っている。私は「郷に入りては郷に従え」という諺の真意は、それまでの慣習を捨て去ることにあるのではなく、それまでの慣習のうちに新たな慣習を引き入れることで、より高い次元での融合を可能にさせる

ことにあると思う。そのためにも、身近なことである人間関係について何らかの答えを求める今日この頃である。

⑦ **「サークルでの私」** 私を人間的に大きく成長させてくれたサークルに私はとても感謝している。大学生活残り1年半、私は「サークルでの私」を十分に満喫していきたい。

⑧ **「子供としての私」**「大人」にまだ羨望の念を抱いている段階にいる私はまだ子供である。それは、同じ子供でも「大人」に対する憧れと実際に大人になる事の間にある過程に気付きもしなかったような時期とはまた別の「子供」である。しかし、20歳を迎えた以上、周りの人々は私を「大人」として扱う。だから私は、この中途半端な「大人子供」状態を、一刻も早く脱しなければならないのである。

⑨ **「自分という名のもとに」** 私は自分が何なのかをハッキリと言うことはできない。しかし、この瞬間の自分についてだけは言える。わたしは、わからないことをわからないと言える正直者で、かつ真実を求めようとする真面目な性格で、ありふれた結末を否定しようとするヒネくれた人間だが、それを自白してしまうのだから素直である。しかし、そうやって素直だと自分をアピールするあたり打算的でいやらしい。うん、これって上手く自分をあらわしている気がするぞ。

⑩ **「感情に支配される存在としての私」** それゆえここに「感情に支配される存在」としての私が見出されるだろう。理性という武器を振りかざしているものの、実はその主体は感情という毒に冒されている、そんな存在として私は見出されるのだ。そしてその武器は、それを扱う主体自体が病的な存在であるから、予想以上に当てにならないものだ。つまり論理は必ずしも役に立たない。なぜならその道筋は本人の気分に左右されうるものだから。そう論理は役に立たない……全ては気分的な問題……論理は役に立たない……全ては気分的な問題……ああ、何て事だ！

⑪ **「大学での私」** 今僕は、充実した大学生活を送ることを目標にして大学に通っています。このレポートを書きながら、目標が達成できればいいなあと、すごく思いました☆★☆

⑫ **「ネット上での私」**「らしさ」というスクリーンが取り払われたネット上には、普段よりものびのびと素(す)の自分を晒している私がいました。

⑬ **「小説家としての私」** いつか――いつか、ひょっとしたら、夢を諦め、夜

に起き続けて小説を書く、という生活をやめてしまうかもしれない。

それともまた、ひょっとしたら、本物の小説家になることが出来て、日中に、毎日の生活の一部として、小説を書く生活を始めるかもしれない。

けれどきっと忘れない。夜は、僕の時間だった。

⑭ **「私について」** こう考えると自分について語ることは限りなく難しい。「～としての」という部分がついたのは恐らく書き易くする為の配慮だっただろう。だが、これにすら上手く乗れない私の書く文章は迷走を続けている。

⑮ **「宮崎での私」** 行動の指針を「自分が楽しいかどうか」に替え、18 年間で培われたマイペースな性格だけは変わらぬまま刺激に満ちた東京での忙しい日々に幸せを感じている。

ちなみに今、私を「甘えキャラの末っ子でおおざっぱな O 型」であると見破れない人はまずいない。

2.1　読後感の重要性

第１講「魅力的な書き出し」では、書き出しを見ただけで続きを読むのをやめたということにならないよう、書き出しのあとの本文を読みたくなる文章の書き方について学びました。しかし、書き出しがおもしろくて続きを読んだ結果、かえって読者の印象が悪くなったというのでは、何のための文章かわかりません。文章全体を読みおえたあと、読んでよかったと思ってもらえなければ、その文章を書いた意味がないのです。とくに、文章の終わりの部分は、読者によい印象を与えられる最後の機会です。読者というものは、文章を読みおえたとき、その文章全体にたいする評価を下します。私たちが書いた文章が読者に最終的に評価されるのは、文章を読みおえた瞬間なのです。ですから、文章の終わりの部分で読者に心地よい読後感を与えられるよう、筆者としては全力を尽くす必要があります。

文章を書くということは、電話をかけることにたとえられるかもしれません。久しぶりに友だちに電話をして懐かしい会話を楽しめたのに、電話を切ったあとなぜか後味が悪く感じられることがあります。それは、多くの場合、電話の切り方に問題があります。たとえば、会話が盛りあがっている途中で相手に突然話を打ちきられ、電話を切られてしまうことがあります。この場合、電話をかけたこと自体が相手にとって迷惑だったのではないかという気がしてしまい、電話を切ったあとの余韻を楽しむことができません。一方、相手がしゃべりつづけ、いつまで経っても切れない電話というのもあります。その場合、たとえそれが最初のうちは楽しい会話であっても、次第にほかの用事が気になりはじめ、会話が知らず知らずのうちに上の空になり、それが結果的に相手を不愉快にさせてしまうこともあります。かかってきたときは困ったなあと思った電話でも、楽しく話しおえられることもありますし、待ちに待った電話でも、何とも気まずい雰囲気のなかで電話を切るはめになることもあります。その意味で、電話の切りぎわは、電話のかけはじめ以上に重要であると見ることができます。文章においても、読者とよい関係を保ちながら、さわやかな読後感を与えられるように文章を閉じることが何よりも重要です。

2.2　文章の終わり方

電話においては、最初の要件に戻ることや電話で話した時間の長さに言及することが電話を切ることの予告になり、「それじゃあね」「失礼します」「ごめんください」などが電話を切るまえの最後の発話になります。これが電話における終わりらしい終わり方と見ることができます。

文章では、それぞれのジャンルによって終わりらしい終わり方が決まっています。たとえば、物語では、不幸だった主人公が幸せをつかむ描写がなされたあと、「ふたりは幸せに暮らしました」で終わるでしょうし、推理小説では刑事や探偵によって真犯人が明かされ、その犯人の口から「許せなかったんだ」などと、その事件を起こした動機が述べられて終わるでしょう。今回の講義で問題にしている論文やレポートの終わり方は、それまで述べてきた内容を最後にまとめ、「～なのである」「～と思われる」などの形で締めくくられるのがひとつの典型と見ることができます。

もちろん、このような典型的な終わり方で終わるのもひとつの方法なのですが、現実の文章ではこうした終わり方をあえて避けて終わるということがしばしば見られます。今回はさまざまな終わり方を見ることをとおして、それぞれのタイプの持つ終わり方の効果と問題点について考えます。

ここでは、終わり方を六つにわけて考えることにします。

【文章の終わり方の６タイプ】

⑴　要旨型
⑵　表明型
⑶　心理型
⑷　間接型
⑸　省略型
⑹　付加型

⑴「要旨型」は、文章の終わりでそれまで述べてきた内容をまとめる結末です。読者に知らない内容を理解してもらうことを目的とする説明の文に見られます。課題の①～⑥がこれに当たります。筆者が結論を明示して終わる終わりらしい終わりですが、意外性に欠けるきらいがあります。

⑵「表明型」は、文章の終わりで筆者の考えを表明する結末です。読者に筆者の考えを理解し支持してもらうことを目的とする説得の文に見られ、課題の⑦⑧がこれに当たります。筆者の主張が誤解なく読者に伝わるやはり終わりらしい終わりですが、押しつけがましいと感じられることもあります。

⑶「心理型」は、文章の終わりで筆者の心情を開示する結末です。⑴と⑵を論理的な結末とすると、⑶は感情的な結末ととらえられます。課題の⑨～⑪がこの心理型に当たります。インパクトがあり、感覚に訴える力がありますが、自己完結しがちで、ひとりよがりな印象を与えることもあります。

⑷「間接型」は、文章の終わりで結論に結びつく内容を間接的に提示する結末です。⑷を間接的な結末とすると、⑴～⑶は直接的な結末ということになります。課題の⑫と⑬がこの間接型に当たります。成功すれば読者の想像力を喚起する印象的な結末になりますが、失敗すると何が言いた

いのかわからない結末になる危険性もあります。

(5)「省略型」は、文章の終わりをあえて描かない結末です。⑭がこれに当たります。余韻のある読後感を生みだせる反面、読み終えた読者に何か物足りない感じを与える可能性もあります。

(6)「付加型」は、結論が描かれたあとに、さらに何か別の内容をつけ加える結末です。⑮がこれに当たります。違和感をあえて投じるような結末で、深読みさせるきっかけを作れますが、蛇足になったり言い訳めいたりするおそれもあります。

以上のように、どの結末にもプラスの効果、マイナスの効果があるわけですが、そうした効果が実際の文章の結末でどのように出ているかを、みなさんの課題の結果から分析してみたいと思います。

2.3　読後感の調査結果

みなさんが、好ましい読後感を覚えた文章、違和感のある読後感を覚えた文章を集計すると以下のようになります。

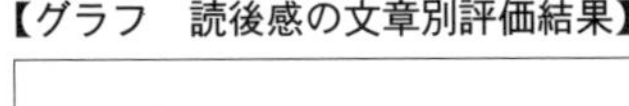
【グラフ　読後感の文章別評価結果】

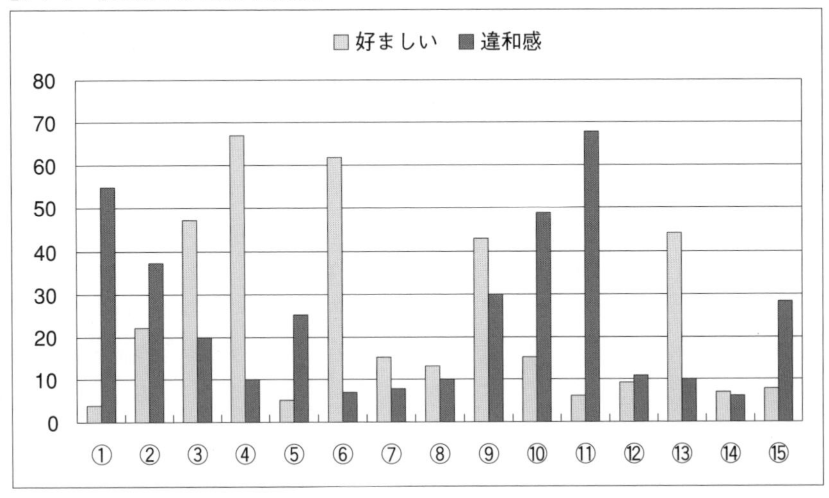

この文章を書いた筆者のなかには、結論の部分だけ切りとられ、その部分だけで評価されたことに不満を覚えた人もいるかもしれません。たしかに結論だけを取りだしてその文章を評価するという方法は乱暴だと私自身も思うのですが、この情報過多の時代にあっては、何が書いてあるのかを手っ取り早く知ろうと、文章の最初と最後しか読まない読者が増えてきているのも事実です。また、よい結末を持つ文章は、その文章全体がよい文章である可能性がきわめて高いのです。その意味で、結末だけを取りだしてその文章の価値を論じるということは、あながち的はずれなことではないと思います。

よい結末とは、結末だけ読んでも理解できる独立した内容を備えており、なおかつ、その結末を読むと、そのまえも読んでみたくなる結末です。つまり、適度な独立性と適度な先行文脈依存性を備えている結末がよい結末です。冒頭と結末とではそもそもの役割が異なるため、その性格も異なる部分も多いのですが、この適度な独立性と適度な文脈依存性というのは、よい冒頭、よい結末を判断するための共通した判定基準になりうるものです。それぞれの結末がそうした条件を備えているかどうか、みなさんの声を交えながら、一つ一つ検討していきたいと思います。

① **「学生としての私」**　このように、私は、学生でありながら、教師であるということで、一般の学生以上に、理想的な学生となっていると言える。一般の学生には、知り得ない部分の情報を、講師の話から読み取る事ができるからだ。「学生としての私」はこのような特殊な能力を持った学生である。

結末①は、残念ながら違和感を持たれることが多かった結末です。この結末は、要旨型のなかでも、「「学生としての私」はこのような特殊な能力を持った学生である」という名詞述語文で終わる断定性の強い結末ですが、この断定が筆者の自慢に映ってしまう印象があるため、多くの読者に違和感を持たれてしまったようです。

- 自信過剰になっているようでいやです。少ししか語っていないのに、最後の部分で、「「学生としての私」はこのような特殊な能力を持った学生である」と急に締めくくられていてびっくりする。

というコメントに表れているとおりです。また、そのまえの「理想的な学生となっていると言える」という部分がそうした印象に拍車をかけています。この文章全体をとおして読むと、この筆者は大学では学生である一方、塾では教壇に立っているため、両方の気持ちを理解できると述べているだけで、さほど鼻につくような印象はないのですが、結末だけ読むとそうした印象がきわだって見えてしまいます。

「〜での／としての私」というテーマが影響していると思うのですが、自分自身のことについて断定口調で文章を終えると、筆者が思っている以上に自信過剰に受けとられがちです。テーマによっては断定して終わらなければいけない内容も当然あるとは思うのですが、このようなテーマの場合はできるだけ控えめに書いたほうが読者に受けいれられやすいということは、知っておいたほうがよいでしょう。控えめに書いてはじめて、

- 「このように」の前を読みたくなるが、教師と学生という本来は違う立場のものが結びつくという結論が最後の文でうまくまとまっていると思う。意外性がよい。

というコメントに表れているような、この文章の持つ観点のよさが活きてくるだろうと思います。

② **「サークルでの私」**　このように、サークルでのわたしはイジられることが好きである。このことは以前のわたし、他でのわたしでは考えられない。サークルという、大規模な場所がそうさせているのだろうし、サークルの雰囲気が受け入れさせているのだろう。このサークルでのわたしはすごく好きである。なぜなら、自分が話題の中心になり人を笑わしたりすることができるからである。何か自分をかっこよく形づくろうとしても、イジられることですぐダメになってしまうため素の自分でいられることもその理由だろう。サークルでのわたしはイジられ好きなのである。

結末②には、拮抗はしていますが、どちらかといえば違和感を覚えるというコメントが多かった文章です。

この②は、文章の終わりでそれまで述べてきた内容をまとめるという典型的な要旨型です。①のような名詞述語文で終わると、断定性が強く出ますが、この②のように「のである」、通称「のだ」文（第Ⅰ巻第9講参照）で終わると、まとめの意識がよりはっきりします。この「のだ」文で終わっていることで、筆者がこの文章全体をつうじて言いたいことが明確になっています。

- テーマと文章に一貫性がある。テーマと文章の中で表したいことが一致しており、その論も主題からズレないで書かれている。

というコメントが示すとおりです。筆者の言いたいことが明確に伝わるという、文章の基本がしっかりしているという点で、この文章は合格点に達していると思われます。

しかし、この文章において、違和感を覚えるというコメントがまさった理由も考えておく必要があります。その理由は次のコメントがはっきり示しています。

- 前半部と後半部の2度にわたって理由付けがなされており、くどい感じがしたから。

ここに文章を書くことの難しさが表れています。筆者は自分の言いたいことをただ明確に伝えればよいというのではありません。効果的に伝える必要があるのです。「サークルでのわたしはイジられることが好きである」「サークルでのわたしはイジられ好きなのである」と言いたいことを2度伝えることで、そのメッセージが読者に2倍伝わるわけではありません。ぎゃくに、その効果は半減してしまうのです。もし結末で言いたいことをストレートに書くことが、相手に自分のメッセージを伝えるもっともよい方法であれば、本講は必要ありません。結末で自分の言いたいことを伝えるのにはさまざまな方法があり、その長所、短所を踏まえつつ、文章の内容に合ったもっとも効果的な方法を選択する目を養うことが本講の目的です。

③ **「受付としての私」** しかし、私には普通の人に対して敬語を使うことにもまだ抵抗がある。おそらく私の精神年齢が低いからなのであろうが、私のまわり

の友人たちも、アルバイト先で普段使わない敬語を使うことに、同じようにストレスを感じているのだそうだ。やはり日本語は難しい。私の年齢で完璧に敬語をマスターしている人なんて、日本にいないのではないかと思ってしまう。一応アルバイト中は、自分なりに間違っていないと思う丁寧語を一生懸命使っているつもりなのだが、謙譲語となるとまったくだめで、ぜんぜんわからないし、ぜんぜん使っていない。電話応対において、年配の方で、相手のほうが敬語でしゃべってくれているにもかかわらず、こちらとしては、自分なりの丁寧語で応対をするのが精一杯である。これから社会人になるにあたって、敬語をきちんと学ぶ必要がある。最近はそれを痛感している。そういう意味では、このアルバイトもその練習として案外効果的なのかもしれない。

結末③は、比較的好ましい印象を持って読者に迎えられた結末です。この文章は、間もなく社会人になる私が社会に出たときに必要な敬語を身につけるのに、今している受付のアルバイトが役に立つという内容の文章なのです。その内容を「そういう意味では、このアルバイトもその練習として案外効果的なのかもしれない。」という末尾の文が集約して表しています。①や②と同様、要旨型の文章と見ることができます。ただ、この結末の特徴は①や②のような言い切りの形ではなく「かもしれない」で終わっているところです。第Ⅰ巻第7講「弱い判断の功罪」で述べたように、「かもしれない」や「だろう」のような真偽的判断で終わる文にはよい面、悪い面の両面あるのですが、ここでは成功していると見ることができるでしょう。そのことは、調査の結果の数字が示していますし、また、こうした「弱い判断」を使うさいに欠かせない判断の根拠が、先行文脈のなかで論理的に述べられているという点も評価できる理由です。

- 文章がすんなりと頭に入ってくる。それは、「敬語はとても難しいものだ。それに慣れるためにはアルバイトも効果的かもしれない」という内容に共感できたからという理由もあるし、文章がきちんと組み立てられているから、というのも大きいのだろう。問題を提起し、具体例を挙げて確信していき、「でも敬語は必要なものだ」と位置づけ、解決策を提示していく、といった順序がしっかり成り立っていると文章はすんなりと頭に入るものだ。

というようなコメントが多く見られたこともそのことを裏づけています。

一方、結末③にたいする消極的なコメントは、この結末の持つ先行文脈への依存性の低さということが挙げられます。③はこれだけで完結した内容を持つ長い結末ですが、そのぶん、文章全体が何について書かれたものかが見えにくくなってしまっています。以下のコメントの指摘のとおりです。

- 「受付としての私」について書かれているのに、敬語やアルバイトのことばかり書いていて、タイトルを見るまで何について書いてある文章なのかよくわからなかった。タイトルと結末の対応がうまくなされていないので違和感を持ったのだと思う。

また、「まったくだめで、ぜんぜんわからないし、ぜんぜん使っていない」あたりの表現の稚拙さを指摘する声もありました。そのあたりはまだ改善の余地がありそうです。

④ **「電車内のわたし」** このように、電車内の私の活動について分析してみたところ、私はあることに気づいた。これら3つの行動パターンは、私が大学で授業を受けているときとほとんど変わらないのである。授業中の私は、大体寝るか、読書をするか、考え事をするかのどれかである。ごくまれに、講義をまじめに聴く、という選択肢が加わるに過ぎない。とすると、「電車内のわたし」とはイコール「大学生のわたし」ということになる。私のキャンパスライフは、どうやら1日4時間の電車通学の中に凝縮されているようである。

④も③と同様、要旨型のなかの弱い判断で終わる結末です。「私のキャンパスライフは、どうやら1日4時間の電車通学の中に凝縮されているようである」の「ようである」からそのことがわかります。③の「かもしれない」は「だろう」などとならぶ推量型、④の「ようである」は「らしい」などとならぶ推定型という微妙な違いはありますが、いずれも「弱い判断」を表す文末という点で共通しています。

この結末④は、全体のなかでもっとも多くの支持を得た結末です。①～

④を見るかぎり、①や②のような言い切りでおわる「強い判断」よりも③や④のような真偽的判断のモダリティ形式がつく「弱い判断」に軍配が上がったように見えます。これは、「私」についての文章を書けというテーマ自体が押しつけがましくない文末を要求した結果で、テーマが違えばまた違った結果が出るでしょう。ただ、③にしろ、この④にしろ、「弱い判断」の処理の仕方がうまいということは言えると思います。③でも指摘しましたが、この④でも先行文脈が末尾の「弱い判断」を支える根拠としてうまく作用し、論理的必然性を持って最後の「弱い判断」の文を導入しているように感じられるからです。以下のコメントがそのことをうまく表現しています。

- 前から順に読んでいくとき、戻らなくても意味を追うことができる。「このように」以下で、前に述べてある内容を簡潔にまとめ、「とすると」という接続詞によって論理的でわかりやすい文章になっている。

また、この④が③以上の高い評価を得た理由は、適度な先行文脈依存性を備えていることによります。よい結末はそれだけで独立した文章として読めるのと同時に、先行文脈の内容を喚起させ、その内容を読んでみたいと思わせるものでなければならないのです。そうした条件をこの文末が備えていることを以下のコメントは示しています。

- 分析の結果をラスト二行で上手くまとめている。最後だけ読んでも、全体の文章が把握できるところがよい。

なお、④にたいする違和感のコメントは、形式の問題ではなく、以下のようにもっぱら内容にたいするものでした。

- この文章を読んだとき、ちょっとおもしろいなあと思いました。ですが、大学も電車通学と一緒にしていることがちょっとさみしいかんじがしました。

⑤ **「サークルでの私」** ではどうするべきだろうか？　みんなは自分の道化振りを笑ってくれる。前に述べたように人は様々な顔を持っているもので、それはそれで良いのではないか？　しかし、ストレスになるようなら、避けたほうが

よいだろう。解決策として、サークルでも普段の「私」でいる事が挙げられる。「ツッコミ」として、盛り上げていけばいいのである。（自我の回復）無理せず、自分の持ち味を出して、サークルにコミットしていくことが大事なのである。そうする事で大学生活を悔いのないものにし、本当の自分を仲間たちに認めてもらう事で真の信頼関係を構築していくことが今求められているのではないだろうか。

⑤も、これまでのものと同様に要旨型に含まれるものです。最後の文に先行文脈の内容をまとめた筆者の言いたいことが書かれているからです。ただし、「求められている」という述語が、要旨型のつぎに紹介する表明型に近いことも示しています。

末尾の文の「のではないだろうか」という文末は疑問表現ではありますが、③や④で見た「弱い判断」の一種のバリエーションと見ることができます。しかし、疑問表現であることが③や④との決定的な違いを生みだしていることも見のがせません。⑤にかんしては、

- 自分自身のことを述べているのに、読者に問いかけるような言い方で終わられても困る。

という指摘が多く見られました。「のではないだろうか」というのは、筆者だけで判断を下さず、読者に最終的な判断を委ねるという点で、筆者の独善的な態度を回避することができるよい面もあるのですが、近年よく批判の的になっている「～じゃないですか」表現と同じ不快さ（第Ⅰ巻第7講参照）を読者に与えてしまう危険性があります。とくに、書きことばは基本的に一方向的な表現であるため、最終的な責任は筆者が負うことが求められます。「のではないだろうか」という読者依存的な表現を使ことには慎重になったほうがよいと思います。

- 文の始めで問題提起をし、論が展開され、最後のその問題の解決案が示されて終わっているので、一つの文のまとまりとして消化できる。

という指摘に表れているように、論理性や完結性の高い結末であるだけに、最後の文の読者依存的な、妙に一般化されたような終わり方が惜しまれる

ところです。

⑥ **「私と人間関係」** 私は今でも新宿に行くと打ちひしがれたような思いにとらわれる。オフィス街と歌舞伎町を分ける歩道橋の上から混沌とした下界を眺めると、人生のミニチュアを見せつけられたような気持ちになる。これから自分はどれだけ多くの人と関係を持たなければならないのかと絶望してしまう。地方出身の私は限られたカテゴリー内で、限られた人間同士で結ぶ関係に慣れてきた。おそらく流動的な関係を渡っていくには東京風の付き合い方に乗り換えるのが利口なのかもしれないが、私にはそのような器用さはない。しかし東京で生活する機会を与えてもらったからには、自分なりに何かをつかみたいと思っている。私は「郷に入りては郷に従え」という諺の真意は、それまでの慣習を捨て去ることにあるのではなく、それまでの慣習のうちに新たな慣習を引き入れることで、より高い次元での融合を可能にさせることにあると思う。そのためにも、身近なことである人間関係について何らかの答えを求める今日この頃である。

⑥は不思議な気分にさせられる結末です。新宿の街を描くことで、また、「郷に入りては郷に従え」ということわざを引くことで、上京してきた地方出身者の気持ちがよくわかるしかけになっています。

- 結末として、一度客観的に自分というものをながめ、それまでに述べてきたようなことを、諺を交えるなどしてうまくまとめられているから。最後の文で、改めて文章のテーマがわかる内容になっているから。

というコメントにあるとおりです。この結末が④について高い支持を得ていることも納得できる気がします。ただ１点、最後の文の文末がこの文章に違和感を与えています。

- 「今日この頃」という語を使うことでその前に書かれていたものの価値もなくしてしまっていると思う。

と、ずばり指摘した人がいましたが、私もその意見に同感です。「ものである」のような文末にも感じることですが、唐突で不必要な一般化は、それまでの文章をだいなしにする危険性があります。そこまで「私」の責任で組み立てられてきた文章を筆者が突然放棄したかのように感じられるからです。⑤の疑問表現で終わる文と同じ問題点をこの文末も抱えています。この最後の文の処理がうまくいっていれば、⑥はもっとも好ましい結末になっていた可能性も感じさせるだけに惜しいです。

⑦ **「サークルでの私」** 私を人間的に大きく成長させてくれたサークルに私はとても感謝している。大学生活残り１年半、私は「サークルでの私」を十分に満喫していきたい。

⑦と⑧は「表明型」の結末です。「かもしれない」「だろう」「ようだ」「らしい」のような真偽的判断のモダリティ形式は「要旨型」に含まれますが、「したい」「するつもりだ」「しなければならない」「すべきだ」のような態度的判断のモダリティ形式はこの「表明型」に含まれます。態度的判断のモダリティ形式は、「したい」「するつもりだ」のような筆者自身にかかわる願望や決意を表明するものと、「しなければならない」「すべきだ」のような筆者の周囲に存在する他者や状況のあるべき姿を主張するものとに分かれ、この⑦は前者に、⑧は後者に含まれます。

筆者自身にかかわる願望や決意の表明はよくも悪くも読者の注目を受けない傾向があります。読者は基本的に自分と直接関係のあることにしか関心を示さないものです。もし読者に直接関係のないことを読んでもらいたいのなら、読者が読んで共感できるような表現を配しておくことが必要です。しかし、筆者自身にかかわる願望や決意を表明して終わる文の場合、読者は筆者と接点を持つことができないため、「がんばってね」以上のことは言いにくいのです。

- この文章の結末は「感謝」「満喫したい」など、明るく前向きな言葉が使われているから。

というコメントに表れているように、前向きにがんばっている人はたしかに応援したくなるのですが、

- 「私」が多すぎて読みづらい。

というコメントが暗に示しているように、私のなかに閉じている文章は、読者としては外から応援すること以上のことはできないのです。いくら「〜での／としての私」というテーマであるとはいっても、私のなかに閉じてしまう文章を読者は好んで読んではくれません。文章を読む読者の眼を想像し、読者との接点が持てるような表現上の工夫が必要になります。

⑧ **「子供としての私」**「大人」にまだ羨望の念を抱いている段階にいる私はまだ子供である。それは、同じ子供でも「大人」に対する憧れと実際に大人になる事の間にある過程に気付きもしなかったような時期とはまた別の「子供」である。しかし、20歳を迎えた以上、周りの人々は私を「大人」として扱う。だから私は、この中途半端な「大人子供」状態を、一刻も早く脱しなければならないのである。

⑦の説明のところで、態度的判断を表すモダリティ形式のうち、⑧の「しなければならない」のような文末は、筆者の周囲に存在する他者や状況のあるべき姿を主張するものを示すと述べました。しかし、今回の文章はどれも「私」をテーマに書かれたものなので、筆者自身のあるべき姿を主張する文章を選ばざるをえませんでした。⑧もそうです。この結末は、

- 表現しにくい問題を簡潔に書いていて、共感が持てるから。

という指摘に表れているように、複雑な内容をうまく書き表していると思います。ただ、この⑧は⑦と同様にあまり目立った評価を受けていません。一読しただけではその論理がわかりにくく、今一つピンと来なかったということで、「好ましい読後感」「違和感のある読後感」、いずれにも選ばれなかったのだろうと推察されます。もちろん、ピンと来なかったというのではなく、論理的には理解できたけれども納得がいかなかったという次のようなコメントも散見されました。

- 「だから」という接続詞後の文章と接続詞前の文章とのつながりが納得できないから。

私自身はこの文章の論理にはそれなりに納得がいくのですが、納得がいかないというコメントも理解できるような気がします。このコメントによ

れば「だから」に問題があるということですが、むしろ私には「だから」の背後にある「なければならない」に問題があるように感じられます。「なければならない」と言われると、読者は「本当にそうなのかな？」と疑ってみたくなるものです。「なければならない」や「すべきだ」といったあるべき姿を論じる表現は強い力を持っているため、読者に押しつけがましく思われやすいのです。ですから、こうした態度的判断のモダリティ表現を用いるさいには、その根拠を先行文脈で明確に示してやる必要があります。もちろん、⑧の筆者もそれを試みたのですが、先ほどのコメントを寄せた読者は、その根拠が「だから」で示せるほど強くは感じられなかったのでしょう。真偽的判断のモダリティ表現を用いる場合にせよ、態度的判断のモダリティ表現を用いる場合にせよ、筆者の判断を述べるさいは、それまでの論理展開が重要になりますので注意が必要です。

⑨ **「自分という名のもとに」** 私は自分が何なのかをハッキリと言うことはできない。しかし、この瞬間の自分についてだけは言える。わたしは、わからないことをわからないと言える正直者で、かつ真実を求めようとする真面目な性格で、ありふれた結末を否定しようとするヒネくれた人間だが、それを自白してしまうのだから素直である。しかし、そうやって素直だと自分をアピールするあたり打算的でいやらしい。うん、これって上手く自分をあらわしている気がするぞ。

⑨から⑪までは「心理型」の結末です。論理ではなく感覚や感情で攻める結末です。感覚的、感情的な表現は読者の共感が得られたときは強い力を発揮しますが、読者との感覚がずれた場合は表現が空回りし、最悪の場合は反発だけを招くことがあります。当たり外れの多い結末で、かなりの技術を要します。

この⑨の筆者は相当な書き手だと思います。自分とは何なのか迷っている姿を描くことで自分を伝えようとしているからです。じっさいに迷っていたら文章は書けないわけで、ここにはかなりの計算が働いています。その計算は、この結末が、論理で説得しようという姿勢から心理で説得しようという姿勢に移っており、それを書きことば的な表現から話しことば的な表現に移行することで表している点に現れています。以下のコメントが指摘するとおりです。

- 文語的な表現から最後の一文で口語的な表現に変化している。それによって、読者に向けて書かれていた文から、筆者の独り言のようになって、自分で確信を得ている姿が微笑ましく思えた。

一方、「心理型」に内在する限界、つまり、筆者自身の心情を表しているため、自己完結してしまいがちで、ひとりよがりな印象を与えてしまうという限界はこの種の結末につねについて回ります。論理で説得する文章の場合は、読者が筆者と違う意見であっても、その論理に正当性があれば筆者の意見を認めないわけにはいきませんが、心理で説得する文章の場合は、読者が筆者と違う感覚で、かつ筆者の感覚に共感を覚えなければ拒絶されてしまいます。

- 内容にまとまりがなく、自己完結しており、読者を置きざりにしている印象を受ける。読んでいて釈然としない気持ちにさせられる。

このような指摘を受けるリスクはつねにあります。調査の結果からもわかるように、⑨～⑪は注目される度合いの高い、インパクトのある結末になるのですが、それがかならずしも肯定的に評価されるとはかぎりません。⑨は比較的成功している結末ですが、それでも好みに差が出てしまうようで、いかにして読者の共感を得るかが鍵になります。

⑩ **「感情に支配される存在としての私」** それゆえここに「感情に支配される存在」としての私が見出されるだろう。理性という武器を振りかざしているものの、実はその主体は感情という毒に冒されている、そんな存在として私は見出されるのだ。そしてその武器は、それを扱う主体自体が病的な存在であるから、予想以上に当てにならないものだ。つまり論理は必ずしも役に立たない。なぜならその道筋は本人の気分に左右されうるものだから。そう論理は役に立たない……全ては気分的な問題……論理は役に立たない……全ては気分的な問題……ああ、何て事だ！

⑩は、⑨以上に感情の表出に傾いています。もちろん、⑨と同様に、かなり計算された結末で、感情的に破綻していく姿を描いて見せることで、タイトルにある「感情に支配される存在としての私」を演出しているのです。

- だんだん後半にいくに従って、書いた人の感情の高まりがこちらにも伝わってきて、臨場感がすごくあるから。

というコメントに表れているとおり、感情の高まりを伝えることに巧みな文章です。

しかし、残念ながら、読者に違和感を覚えられることが多かったようです。以下のコメントがそうした「心理型」の結末が持つ内在的な限界を代表して述べています。

- “論理は役に立たない”という自分の感情ばかりを述べ（マイナス感情)、それをどうしたいのかという事が述べられておらず、筆者の感情だけを押し付けられた感じがするから。

もっとも、違和感そのものを狙ったところにこの結末のおもしろさがあるともいえ、こうした反応もこの筆者の計算の範囲内なのかもしれません。

⑪ **「大学での私」** 今僕は、充実した大学生活を送ることを目標にして大学に通っています。このレポートを書きながら、目標が達成できればいいなあと、すごく思いました☆★☆

一つの作品としての文章が提示されたあと、その文章を書きあげた生の筆者が執筆の舞台裏から顔を出し、執筆の動機や感想を述べることがあります。⑪はまさにそうした筆者の顔出しの結末です。

内容としては、⑦のような筆者自身の願望や決意を述べるタイプに似ており、好意的なコメントを見ると、⑦のときと同じような内容のものが見られました。

- 短いけれど、その中に筆者の前向きな気持ちが表れていて、私自身も頑張ろうと思えた。

一方、この結末の否定的な評価は「☆★☆」という記号に集中していました。また、丁寧体を用いた文体にも疑問の声が寄せられました。典型的には以下のようなものです。

- レポートなのに☆印を使うだなんて！　書き言葉にもTPOがあるのではないのか！　文章自体も幼稚な感じがする。

そうした指摘はもっともなのですが、批判が表現の表面的な部分に集中してしまったため、この調査結果からだけでは、筆者の顔出しで終わるタイプの結末が効果的な終わり方でないと断言することはできません。ただし、これまで同種の調査をおこなった経験から言うと、こうした筆者の顔出しはよほど巧妙にやらないと失敗する、リスクの高い終わり方であると思います。

⑫ **「ネット上での私」**「らしさ」というスクリーンが取り払われたネット上には、普段よりものびのびと素(す)の自分を晒している私がいました。

⑫と⑬は、結論に結びつく内容を間接的に提示することでその結論を読者に悟らせようとする「間接型」の結末です。成功すれば、読者が自らの想像力を用いて筆者の言いたいことにたどり着き、その結果、言いたいことがそのまま書かれているものより印象深い結末になります。一方失敗すると、何が言いたいのかわからないインパクトの弱い結末になってしまう可能性もあります。

⑫は、現実の生活では置かれた状況のなかでその場に応じた役割を果たすべく「～らしさ」を演じなければならないが、バーチャルなインターネット上ではそうした「～らしさ」を演じる必要がないので、飾らない自分でいられるということを客観的に描写した文章です。こうした終わり方に、

- 自分のことについて述べているのに、最終的に客観的な見方で文章を締めてしまっていることにあいまいさを感じた。

のような、結末としての弱さを指摘する意見がある一方、

- 「～している私がいました。」という表現で、気づいたら私は変わっていたという発見の驚きを表していて、さわやかな印象を受ける。

のような、押しつけがましさのないさわやかさを見いだす意見もありまし

た。

この結末は長さが短く、この部分だけ読んでもわかりにくい、独立性の低い結末なので、結末としての力の弱さが目立った感はありますが、描写をとおしてメッセージを伝えるという表現のあり方は、さわやかな読後感を生むことが多く、一つの有力な終わり方であることは確かだと思います。

⑬ **「小説家としての私」** いつか――いつか、ひょっとしたら、夢を諦め、夜に起き続けて小説を書く、という生活をやめてしまうかもしれない。

それともまた、ひょっとしたら、本物の小説家になることが出来て、日中に、毎日の生活の一部として、小説を書く生活を始めるかもしれない。

けれどきっと忘れない。夜は、僕の時間だった。

⑬は、⑫と似ていますが、「夜は、僕の時間だった。」という象徴なフレーズで終わっています。「小説を書く時間」とは言わず、あえて「僕の時間」と言っているわけですが、この「僕の時間」をとおして「小説を書くために用意した、誰のものでもない僕だけの時間」という意味がよく伝わるように計算されています。

- 「夜は、僕の時間だった。」という終わり方、それだけで小説のようであり、彼が「小説家としての私」としての文章を書いたことを、「さすがだな――。」と思わせる。少し余韻の残った感じが、いいなと思った。

というコメントのとおり、「間接型」の結末がうまくいくと、結末に余韻が残ります。それは、直接筆者が自分の言いたいことを書かなかったぶんだけ、読者のがわでその言いたいことを推論する余地が生まれ、それが余韻として響くからです。

じつは、この文章は、「夜は、僕の時間だった」で始まっており、冒頭と結末の呼応もまた味わいがあるのですが、それがなくても充分に余韻が楽しめる文章です。

一方、こうした結末にある種の弱さを感じる読者が出てくるのは仕方のないところです。

- 「ひょっとしたら～かもしれない」を二度も近いうちに使っていて、何とも弱々しい意気込みを感じてしまう。「小説家としての私」という題とはまったくかみ合わない印象を与える。

という意見もありました。このような間接的な効果を狙う文章の場合、「間接型」の限界もまた心得ておく必要があります。

⑭ **「私について」** こう考えると自分について語ることは限りなく難しい。「～としての」という部分がついたのは恐らく書き易くする為の配慮だっただろう。だが、これにすら上手く乗れない私の書く文章は迷走を続けている。

「省略型」は、末尾に終わりらしい表現をあえて書かないタイプの結末です。⑭の場合、結論がないので終われないと述べることで終わるという不思議な終わり方をしています。

「省略型」の特徴として、まだ続きがあるように感じられる結末であるということがあります。その意味で、「間接型」と同様、余韻が感じられる読後感になります。

- 悪く言えば、話がまとまってないとも言えるが、逆にまとめきれない複雑な気持ちを「迷走を続けている」と示すことによって、実際には文章が終わっているのだが、さらに続いていくような読後感があってよい。後味の悪さが逆によい味を出しているように思う。

このコメントは、⑭を肯定的に受けとめたものですが、ここで言われている「後味の悪さ」を気持ち悪いと感じる読者も一方ではいるようです。以下のコメントにそれが表れています。

- もう一文ほしい。「まとめ」が欠けている気がする。

⑮ **「宮崎での私」** 行動の指針を「自分が楽しいかどうか」に替え、18 年間で培われたマイペースな性格だけは変わらぬまま刺激に満ちた東京での忙しい日々に幸せを感じている。

ちなみに今、私を「甘えキャラの末っ子でおおざっぱな O 型」であると見破れない人はまずいない。

⑭のような、結論を省く「省略型」にたいし、⑮のような結論を述べたあとにさらにまだ文章を続ける「付加型」というものもあります。結論を述べたあとにさらに別のことを述べるため、屋上屋を重ねる危険性もあるのですが、付加された表現の存在によって、結論の理解がさらに深まることもあります。

- 最後の文で少し見る角度を変えて、うまく今までの文をまとめていると思う。

のようなコメントが多く得られたら成功、

- 前後の脈絡があまり感じられないから。

のようなコメントが多く出てくるようだと失敗です。

⑮では違和感を覚えた人が多かったことが調査の結果からわかります。

- この結末に違和感を抱いた理由は、最後の一文が急に出てきたような印象を受けたからだと思う。それまでの文章で少しでも甘えキャラ、末っ子、おおざっぱ、O 型に通じるような文章があったのかどうかと思ったのである。最後の一文に関することをその後に書いてもらって読みたいと思ったからである

のコメントからわかるように、この結末だけでは、付加された1文が先行文脈にどのように関わっていたかがわからないところが違和感と結びついたものと考えられます。

2.4　読後感のまとめ

【読後感のポイント】

i）　文章の終わり方には、大きく分けると以下のようなタイプがある。

⑴**要旨型**：文章の終わりでそれまで述べてきた内容をまとめる結末で、読者に知らない内容を理解してもらうことを目的とする説明の文章に見られる。**筆者が結論を明示して終わる終わりらしい終わりだが、意外性に欠けるきらいがある。**

⑵**表明型**：文章の終わりで筆者の考えを表明する結末で、読者に筆者の考えを理解し支持してもらうことを目的とする説得の文章に見られる。**筆者の主張が誤解なく読者に伝わるやはり終わりらしい終わ**

りだが、押しつけがましいと受けとられる可能性もある。

⑶心理型：文章の終わりで筆者の心情を開示する結末で、「要旨型」「表明型」が論理をベースにするのたいし、「心理型」は心理（感情）をベースにする。インパクトがあり、感覚に訴える力があるが、自己完結してしまいがちで、ひとりよがりな印象を与えることもある。

⑷間接型：文章の終わりで結論に結びつく内容を間接的に提示する結末で、「要旨型」「表明型」「心理型」の直接的な結末と対立する。成功すれば読者の想像力を喚起する印象的な結末になるが、失敗すると何が言いたいのかわからない結末になる危険性もある。

⑸省略型：文章の終わりをあえて書かない結末である。余韻のある読後感をかもしだせる反面、読み終えた読者に何か物足りない感じを与える可能性もある。

⑹付加型：結論が描かれたあとに、さらに何か別の内容をつけ加える結末である。違和感をあえて投じるような結末で、深読みさせるきっかけを作れるが、蛇足になったり言い訳めいたりするおそれもある。

ⅱ）　ⅰ）を整理しなおし、細分化すると以下のようになる。

終わりを直接的に書く：直接型

　終わりを論理的に書く：論理型

　　終わりを説明として書く：⑴要旨型

　　　結論をまとめて示す：断定型（①）、のだ型（②）

　　　結論をゆるめて示す：推量型（③）、推定型（④）

　　　結論に疑問を投げかける：疑問型（⑤）

　　　結論を一般化する：一般型（⑥）

　　終わりを主張として書く：⑵表明型

　　　結論を実現希望の形で示す：決意表明型（⑦）

　　　結論を実現要求の形で示す：義務表明型（⑧）

　終わりを心理的に書く：⑶心理型

　　　結論を感覚的に示す：内面表出型（⑨）

結論を感情的に示す：**感情表出型**（⑩）
結論の背後にある筆者の事情を示す：**舞台裏表出型**（⑪）

終わりを間接的に書く：(4)**間接型**
結論を描写に込めて示す：**描写型**（⑫）
結論を象徴的に示す：**象徴型**（⑬）

終わりを書かない：(5)**省略型**
結論がないことを示す：**非終了型**（⑭）

終わりにつけくわえて書く：(6)**付加型**
結論にさらに別の内容を加える：**付け足し型**（⑮）

最後に、文章を書くときのお勧めの方法を示しておきましょう。文章をじっさいに書きはじめるまえに、自分の言いたいことを凝縮した１文を用意しておきます。そして、書きはじめた文章はその１文にむかっていくように書くのです。そうすることで文章に一貫性が生まれ、骨組みのしっかりした文章になります。

そして、書きおわる寸前、自分の言いたいことを凝縮した１文をそのままの形で表現すれば直接型になります。しかし、そこで余韻を持たせたい場合、その１文が間接的に理解されるように手を加えれば間接型に、さらにそれを削れば省略型になります。そうした文章は間接型にしても省略型にしても筆者の言いたいことが伝わらないということがありません。それまでの文章が筆者の言いたいことにむかって書かれているからです。間接型や省略型にして筆者の言いたいことが伝わらないのは、筆者が言いたいことをきちんと決めずに文章を書きはじめたことによるのです。終わりの姿をイメージした文章作成法は、きっとみなさんの文章をよい方向に変えてくれると思います。

練習2

問　以下は、「読みたくなる書評」というテーマで書かれた文章の結末の部分である。あなたが、好ましい読後感を抱くもの、違和感のある読後感を抱くものをそれぞれ二つ（以内）挙げ、その理由を論じなさい。

①トクヴィル（松本礼二訳）『アメリカのデモクラシー』岩波文庫

僕らはいま少なくとも建前の上では、平等の世界を生きている。平等は僕らの多くにとって、もはや当たり前のもので、スルーしがちだ。平等の世界がまだなかった時代に、「古い」制度に生きた人間は何を感じたか。自明の概念となった平等／民主主義を問い直させる一冊。

文庫で今年5月にでたばっかりの、ロングセラーな新発売。

②山内徳信・水島朝穂『沖縄・読谷村の挑戦』岩波ブックレット

こうして住民や職員とも夢を語り合い、更に米軍とも交渉していったのですが、日本政府は、外交は政府の専権事項だと言い、山内さんらに自制を求めました。ここでも山内さんは従来からの「常識」にとらわれずに、「民間外交」だと言い、新しい概念を主張しました。2006年に読谷村の中心部の土地がアメリカから返還されるのは、このような経過によるのです。

敢えて「村」であり続け、自分たちの自治体に誇りを持つという沖縄・読谷村の人々の姿勢は、この平成大合併に時代における「もう一つの解答」なのではないでしょうか。

③室積光『都立水商！』 小学館文庫

なんとこの作品の面白いところはこれだけではないのである。笑って、泣いて、スカっとして、これがこの本の1回目の楽しみ方だ。2回目は少し真面目に読んでみてこの本の筆者から現代教育への問題提起を読んでみるのだ。例えば、水商を設立した目的のひとつとして、「今、日本の教育は変えねばならないのであります。もう猫も杓子も大学を出てホワイトカラーを目指すような教育は、考え直す時期が来ておるのです。あらゆる職業に対応して、それに従事するものを教育する受け皿としての学校を、拡充する必要があるのです。全員をひとつの方向に走らせて、脱落者を捨てていくような形では、もはや教育とは呼べない。この学校に期待するのは、これまでになかった分野での教育のフロンティアになっていただくこと」と述べられていたり、また、「（水商の独特な授業によって）水商に入ってから学業に目覚めた生徒たちは、すべての面に積極性を示し始めた。中学時代の彼らに欠けていたのは『自信』だったのである。…勉強で『落ちこぼれ』のレッテルを貼られると、他の才能も評価されるのがむずかしく、当人もやる気をなくしてしまうということである。」など、ふとした場面で語られる教育構造の歪みに焦点をあててみれば、2回目では1回目とはまた別の本書の魅力に気付くはず！

この魅力満載の『都立水商！』、とくとご賞味あれ！

④岡本太郎『自分の中に毒を持てーあなたは“常識人”を捨てられるか』青春文庫

私は今人生の岐路にある。何を職業としようか…。就職雑誌（業界地図）を手にして驚くことがある。職業の具体的な内容などほとんど何も書いていないのである。書いてあるのは、その会社が大手なのかどうなのか、実績はどのくらいあり、将来的な展望はどうなのか。いかにも世間体ばかりの日本人らしい。

もうそろそろいいのではないか、今が自らの志向性に耳を傾けるべき時期ではないのか、この本は僕のはらわたを突き刺した。

⑤石渡嶺司『最高学府はバカだらけ』光文社新書

こうまで大学も学生も叩かれると、日本の大学ギョーカイのお先は真っ暗な気がしてならない。私も大学生として、大学に来たことを後悔してしまいそうになった。しかしそんなときに、本書は大どんでん返しをしてくれる。どんなアホ大学のバカ学生でも脱皮する瞬間があることを示唆してくれるのである。あくまで、大学も学生も批判する態度を最後まで崩さないままに褒める書き方に、著者らしい優しさを感じた。そしてそのバカ学生脱皮の瞬間とは…就職活動である。就職活動期間前は、バカ学生であっても、就職活動期間後には一人前の社会人になっているという。確かに、本書を読み終えてから、就職活動を終えた先輩方のを意識的に聞いていると、バカ学生とはほど遠い、地に足のついたような現実感ある安定した思考と態度を感じる。就職活動で社会を体験し、自分を見つめ直して磨きをかけるという一連の活動が好影響を与えているのだろう。大学側も、バカ学生の脱皮をフルサポートできるよう、新たな取り組みをし始めている旨も紹介されている。こうした事実を知ることは、今後の大学生活に、そして大学教育に一石を投じることになるだろう。 最後に、各ページの下にある「はみだし大学情報」も、寿司にあるガリのようにピリッと面白味を出している。ついつい自分に関係ある大学がどう評価されているか気になってしまうのである。

以上、本書は大学側の広告とも週刊誌の大学批判とも異なる視点で大学ギョーカイの裏事情を垣間見せてくれるので、大学進学5割超え時代到来に合わせて、是非一読されたい。

⑥東野圭吾『容疑者Xの献身』文春文庫

東野圭吾作品として、「探偵ガリレオシリーズ」はあまり評価が高くない。これは大阪府立大学工学部電気工学科出身の東野が、シリーズ第1弾『探偵ガリレオ』を発表した際に「自分が好きなようにマニアックな作品を書いた」と語っているように、一般的に理解しがたいトリックの謎解きがメインであり、またひとつひとつの物語が短いため、登場人物の心情や舞台となる背景があまり描かれずに終わってしまうことが多いからだろうと思う。しかし、『容疑者Xの献身』では、主人公の湯川を始め、登場人物の心情も深く描かれ、何より愛によって人間がどう動くか、どう思うかというところに最も力を入れているように感じる。そしてそれらは素晴らしい最上級のものである。トリックも文系の私が読んでもすんなり理解できるシンプルなものでありながら、巧妙なミスリードと正しく盲点といえる謎解きで、ミステリーとしてのカタルシスが失われることはない。完璧で、私には色褪せない古典のような物語に思えた。

以上、冒頭で大層な受賞暦を挙げ、煽るように絶賛を書き連ねてみた。最早あなたの期待のハードルは上がりきっているかもしれない。それでも私は言いたい。「講義終了後、ただちに生協のレジに急げ！」

⑦重松清『流星ワゴン』講談社文庫

「流星ワゴン」は、気分爽快海辺のドライブには連れて行ってくれません。

どんな賑やかな町にも、どんなすてきな景色の場所にも、走り出しません。ワゴンは、ずっと、ヘッドライトだけを点しながら、路肩に止まっているでしょう。だけどその光の中には、自分が見つめなければならない回路が続いている、そんな気がするのです。心がほんのり温まります。どうぞ読んでください。

⑧セシリア・アハーン（林真理子訳）『P. S. アイラヴユー』小学館文庫

大切な人がいるから、この本を手にしたのですが、これは単なる「夫婦愛」の物語ではありませんでした。家族愛や友情も織り込まれた、残された者の再出発の物語。愛する人を思う気持ち、家族を思う気持ち、友人を思う気持ちには国境などないのです。アイルランドから送られた1冊の本は世界中の人の心を癒してくれるでしょう。傷ついた心をフワっと包み込んでくれる。そんな優しさで満たされている1冊です。読み終わったら、真っ先に、大切な人に「I love you」と言わずにはいられません。

⑨「家」がある物語――三浦しをん『月魚』角川文庫

出張先で過去の事件と向き合い、それを乗り越えた真志喜と瀬名垣は、再び無窮堂へと戻ってくる。無窮堂は彼らの幸福な思い出が残っている場所であり、その幸せな日々を一瞬にして壊した事件が起こった場所でもある。二人にとっては懐かしい場所でもあり、辛い記憶を思い出させる場所だ。しかし同時に、無窮堂は彼らの帰るべき場所でもあり、過去を乗り越えた二人の新たな出発点でもある。無窮堂で始まり、無窮堂で幕を閉じる『月魚』は、無窮堂という物語を内包する「家」を描くことで、私たちに「家」の存在を囁きかけている。

参考文献

安達隆一（1987）『構文論的文章論』和泉書院
市川孝（1978）『新訂 文章表現法』明治書院
大隈秀夫（1982）『名文は誰でも書ける』番町書房
大隈秀夫（1984）『入門 短い文章の書き方』実務教育出版
樺島忠夫・寿岳章子（1965）『文体の科学』綜芸社

中村明（1984）「余情論－条件と方法を考える－」中村明編『表現のスタイル』筑摩書房

中村明（2003）『文章の技 書きたい人への 77 のヒント』筑摩書房

林巨樹（1983）「書き出しと結びの性格」中村明編『日本語のレトリック』筑摩書房

平井昌夫（1972）『新版 文章を書く技術』現代教養文庫 社会思想社

第３講　冒頭と結末の呼応

課題３

問１　文章を前から順に読んでいくなかで、ある表現を見たとき、それまで（直前ではなく比較的前）に出てきたという印象を持たせる文をすべて選び、文番号を書きなさい。

問２　その表現と、すでに出てきた類似の表現がどの程度一致しているか確認し、そのうえで、その表現が持つ表現効果について、感じたところを書きなさい。

一

⑴或日の事でございます。⑵御釈迦様は極楽の蓮池のふちを、独りでぶらぶら御歩きになっていらっしゃいました。⑶池の中に咲いている蓮の花は、みんな玉のようにまっ白で、そのまん中にある金色の蕊からは、何とも云えない好い匂が、絶間なくあたりへ溢れております。⑷極楽は丁度朝なのでございましょう。

⑸やがて御釈迦様はその池のふちに御佇みになって、水の面を蔽っている蓮の葉の間から、ふと下の容子を御覧になりました。⑹この極楽の蓮池の下は、丁度地獄の底に当っておりますから、水晶のような水を透き徹して、三途の河や針の山の景色が、丁度覗き眼鏡を見るように、はっきりと見えるのでございます。

⑺するとその地獄の底に、犍陀多と云う男が一人、外の罪人と一しょに蠢いている姿が、御眼に止りました。⑻この犍陀多と云う男は、人を殺したり家に火をつけたり、いろいろ悪事を働いた大泥坊でございますが、それでもたった一つ、善い事を致した覚えがございます。⑼と申しますのは、或時この男が深い林の中を通りますと、小さな蜘蛛が一匹、路ばたを這って行くのが見えました。⑽そこで犍陀多は早速足を挙げて、踏み殺そうと致しましたが、「⑾いや、いや、これも小さいながら、命のあるものに違いない。⑿その命を無暗にとる

と云う事は、いくら何でも可哀そうだ」と、こう急に思い返して、とうとうその蜘蛛を殺さずに助けてやったからでございます。

(13)御釈迦様は地獄の容子を御覧になりながら、この犍陀多には蜘蛛を助けた事があるのを御思い出しになりました。(14)そうしてそれだけの善い事をした報には、出来るなら、この男を地獄から救い出してやろうと御考えになりました。(15)幸、側を見ますと、翡翠のような色をした蓮の葉の上に、極楽の蜘蛛が一匹、美しい銀色の糸をかけております。(16)御釈迦様はその蜘蛛の糸をそっと御手に御取りになって、玉のような白蓮の間から、遙か下にある地獄の底へ、まっすぐにそれを御下しなさいました。

二

(17)こちらは地獄の底の血の池で、外の罪人と一しょに、浮いたり沈んだりしていた犍陀多でございます。(18)何しろどちらを見ても、まっ暗で、たまにそのくら暗からぼんやり浮き上っているものがあると思いますと、それは恐しい針の山の針が光るのでございますから、その心細さと云ったらございません。(19)その上あたりは墓の中のようにしんと静まり返って、たまに聞えるものと云っては、唯罪人がつく微な嘆息ばかりでございます。(20)これはここへ落ちて来る程の人間は、もうさまざまな地獄の責苦に疲れはてて、泣声を出す力さえなくなっているのでございましょう。(21)ですからさすが大泥坊の犍陀多も、やはり血の池の血に咽びながら、まるで死にかかった蛙のように、唯もがいてばかりおりました。

(22)ところが或時の事でございます。(23)何気なく犍陀多が頭を挙げて、血の池の空を眺めますと、そのひっそりとした暗の中を、遠い遠い天上から、銀色の蜘蛛の糸が、まるで人目にかかるのを恐れるように、一すじ細く光りながら、するすると自分の上へ垂れて参るではございませんか。(24)犍陀多はこれを見ると、思わず手を拍って喜びました。(25)この糸に縋りついて、どこまでものぼって行けば、きっと地獄からぬけ出せるのに相違ございません。(26)いや、うまく行くと、極楽へはいる事さえも出来ましょう。(27)そうすれば、もう針の山へ追い上げられる事もなくなれば、血の池に沈められる事もある筈はございません。

(28)こう思いましたから犍陀多は、早速その蜘蛛の糸を両手でしっかりとつかみながら、一生懸命に上へ上へとたぐりのぼり始めました。(29)元より大泥坊の事でございますから、こう云う事には昔から、慣れ切っているのでございます。

(30)しかし地獄と極楽との間は、何万里となくございますから、いくら焦って見たところで、容易に上へは出られません。(31)稍しばらくのぼる中に、とうとう犍陀多もくたびれて、もう一たぐりも上の方へはのぼれなくなってしまいました。(32)そこで仕方がございませんから、先一休み休むつもりで、糸の中途にぶら下りながら、遥かに目の下を見下しました。

(33)すると、一生懸命にのぼった甲斐があって、さっきまで自分がいた血の池は、今ではもう暗の底に何時の間にかかくれております。(34)それからあのぼんやり光っている恐しい針の山も、足の下になってしまいました。(35)この分でのぼって行けば、地獄からぬけ出すのも、存外わけがないかも知れません。(36)犍陀多は両手を蜘蛛の糸にからみながら、ここへ来てから何年にも出した事のない声で、「(37)しめた。(38)しめた」と笑いました。(39)ところがふと気がつきますと、蜘蛛の糸の下の方には、数限もない罪人たちが、自分ののぼった後をつけて、まるで蟻の行列のように、やはり上へ上へ一心によじのぼって来るではございませんか。(40)犍陀多はこれを見ると、驚いたのと恐しいのとで、暫くは唯、莫迦のように大きな口を開いたまま、眼ばかり動かしておりました。(41)自分一人でさえ断れそうな、この細い蜘蛛の糸が、どうしてあれだけの人数の重みに堪える事が出来ましょう。(42)もし万一途中で断れたと致しましたら、折角ここへまでのぼって来たこの肝腎な自分までも、元の地獄へ逆落しに落ちてしまわなければなりません。(43)そんな事があったら、大変でございます。(44)が、そう云う中にも、罪人たちは何百となく何千となく、まっ暗な血の池の底から、うようよと這い上って、細く光っている蜘蛛の糸を、一列になりながら、せっせとのぼって参ります。(45)今の中にどうかしなければ、糸はまん中から二つに断れて、落ちてしまうのに違いありません。

(46)そこで犍陀多は大きな声を出して、「(47)こら、罪人ども。(48)この蜘蛛の糸は己のものだぞ。(49)お前たちは一体誰に尋いて、のぼって来た。(50)下りろ。(51)下りろ」と喚きました。

(52)その途端でございます。(53)今まで何ともなかった蜘蛛の糸が、急に犍陀多のぶら下っている所から、ぷつりと音を立てて断れました。(54)ですから、犍陀多もたまりません。(55)あっと云う間もなく風を切って、独楽のようにくるくるまわりながら、見る見る中に暗の底へ、まっさかさまに落ちてしまいました。

(56)後には唯極楽の蜘蛛の糸が、きらきらと細く光りながら、月も星もない空の中途に、短く垂れているばかりでございます。

三

(57)御釈迦様は極楽の蓮池のふちに立って、この一部始終をじっと見ていらっしゃいましたが、やがて犍陀多が血の池の底へ石のように沈んでしまいますと、悲しそうな御顔をなさりながら、又ぶらぶら御歩きになり始めました。(58)自分ばかり地獄からぬけ出そうとする、犍陀多の無慈悲な心が、そうしてその心相当な罰(ばち)をうけて、元の地獄へ落ちてしまったのが、御釈迦様の御目から見ると、浅ましく思召(おぼしめ)されたのでございましょう。

(59)しかし極楽の蓮池の蓮は、少しもそんな事には頓着(とんじやく)致しません。(60)その玉のような白い花は、御釈迦様の御足(おみあし)のまわりに、ゆらゆら萼(うてな)を動かして、そのまん中にある金色の蕊(ずい)からは、何とも云えない好(よ)い匂が、絶間なくあたりへ溢れております。(61)極楽ももう午(ひる)に近くなったのでございましょう。

（芥川龍之介「蜘蛛(くも)の糸」『蜘蛛の糸・杜子春』新潮文庫より）

3.1 「城の崎にて」に見る冒頭と結末の呼応

前講では多様な結末について見ましたが、文章の典型的な終わり方の一つに書き出しの内容に戻るものがあります。この終わり方は、忘れかけていた書き出しを思い起こさせ、文章全体にまとまりを与えるという点でたいへん優れた終わり方です。

名文の代表のように言われ、引用されることの多い志賀直哉『城の崎にて』の冒頭と結末を見てみましょう。

山の手線の電車に跳飛ばされて怪我をした、その後養生に、一人で但馬の城崎温泉へ出掛けた。背中の傷が脊椎カリエスになれば致命傷になりかねないが、そんなことはあるまいと医者に言われた。二三年で出なければ心配はいらない、とにかく要心は肝心だからといわれて、それで来た。三週間以上——我慢できたら五週間くらいいたいものだと考えて来た。{中略}

三週間いて、自分はここを去った。それから、もう三年以上になる。自分は脊椎カリエスになるだけは助かった。

この『城の崎にて』は、兵庫県の但馬にある城崎温泉に療養に来ていた筆者が、玄関の屋根で死んでいるハチや、川を泳いで逃げ回るネズミ、投げつけた石で死んでしまったイモリを自分の姿に重ねて生と死を考えるという作品です。{中略} の部分にはそうした内容が含まれています。

ここで注目すべきは、結末の内容が冒頭の内容と重なりあっている点です。もちろん、文章というものは線条的な構造を成していますから、冒頭の内容を読者が最後まできちんと憶えているわけではありません。おぼろげながら憶えているというのが真相に近いでしょう。

しかし、結末の「三週間」ということばを見て、たしか冒頭でも「三週間」ということばを見たなあと思い出すわけです。なかには、実際に冒頭のページを開いて、「三週間以上――我慢できたら五週間くらいいたいものだと考えて来た」という表現を確認する人もいるかもしれません。そう考えると、「三週間」ということばだけでなく、「三週間いて、自分はここを去った」という文そのものが効いているという見方もできます。この文章は、三週間以上いたいと考えて来たという冒頭に始まり、{中略} の部分で三週間の滞在の様子が描かれ、「三週間いて、自分はここを去った」という結末に終わるわけです。冒頭と結末が見事に呼応しています。

しかも、たんに結末が冒頭に呼応しているというわけではありません。三週間の出来事をとおして筆者の死生観は変容を遂げました。ハチ、ネズミ、イモリの死に出会い、そこに自らの死の姿を重ねあわせると同時に、それでも自分は生きているという自らの運命の不思議さとあやうさを確認し、新たな気持ちで都会での生活に帰っていくことになるのです。結末のたんなる冒頭への回帰ではなく、主体の変容を伴う回帰であるという点がこの文章の冒頭と結末の呼応の特長です。

『城の崎にて』も、課題とした芥川龍之介の『蜘蛛の糸』もそうですが、冒頭と結末が同じような表現で呼応しているにもかかわらず、ドラマティックな途中経過をくぐり抜けるなかで、結末の表現がその途中経過をも含んだものとして読めてしまうところに文章の力を感じます。

なお、『城の崎にて』では、「三週間いて、自分はここを去った」だけが冒頭と呼応しているわけではありません。そのあとに続く「それから、もう三年以上になる。自分は脊椎カリエスになるだけは助かった」もまた冒頭の「背中の傷が脊椎カリエスになれば致命傷になりかねないが、そんなことはあるまいと医者に言われた。二三年で出なければ心配はいらない、とにかく要心は肝心だからといわれて、それで来た」と呼応しています。「それから、もう三年以上になる。自分は脊椎カリエスになるだけは助かった」という2文の連接関係は、冒頭の「二三年で出なければ心配はいらない」という医者の判断があって初めて成立するものです。一方、「自分は脊椎カリエスになるだけは助かった」の「自分は」は対比の「は」としても読めそうです。「ハチ、ネズミ、イモリは死んだが、自分は助かった」のです。つまり、この文章の最後の文は冒頭の内容とも途中経過の内容とも呼応するようにできており、じつに巧みに書かれていると思います。

筆者の志賀直哉がこの文章をさらっと書いたのか、それとも冒頭の内容と対応させることを意識して書いたのかはわかりません。しかし、私たちが文章を書く場合には冒頭と結末とを対応させる意識的な努力が必要でしょう。文豪でもないかぎり、このような冒頭と結末の呼応は自然に書けるものではありません。

3.2　冒頭と結末の呼応の意味

言語学の大きな問題の一つに、文の文法があるのと同じような意味で、文章の文法があるかどうかという問題があります。日本語では、そうした文章の文法の問題は文章論という学問分野で扱われてきました。私自身は文章の文法はあると考えていますが、文章の文法は二つの点で文の文法とは異なる性質をもつだろうと思います。一つは意味論的性格の濃い文法であり（永野 1986 : 32、宮地 2003 : 27）、もう一つは確率論的な文法である（林1973 : 319-327、Beaugrande & Dressler 1981 : 7）ということです。

こうしした意味論的性格の濃い、確率論的なものを、いわゆる文法として考えるかどうかというのは研究者の立場によって異なってきます。文法というものを厳密に考え、文章の文法というものを認めがたいと考える研究者に渡辺実氏がいます（渡辺 1984）。しかし、この渡辺氏は、私のように文章の文法を広く考える立場からすればきわめて示唆的な文章のとらえ方をいろいろと示しています。文章の冒頭と結末の呼応という今回のテーマにかんしては、以下のようなものです（渡辺1985：101）。

どういう条件がととのった時に文章は完結するのか、その結末のつけ方が一向にはっきりしない、と前言したが、そしてそれを修正する必要は全くないが、この実例の場合の如く、スタートにもどる形で終わるのが、最も快い終結である、とは言えるだろう。文章はそれで輪をなして、自ら閉じた姿となるからである。第⑲文が直接にもどるのは第⑳文だと言うものの、そこは枝岐れの場所だから、第②文にもどることでもあり、全部が閉じた輪をなすのである。旧文脈と新文脈とが縄のようにからまり合い、書き起こし書き納めの両端があい接して閉じた輪となる、このような構造は、文章の一つの典型であろう。文脈のからまり合いは幾重であってもよく、そのからまり合いの間に、多くの概念項目が蓄積されては処理されてゆき、主要項目は処理され終わってそれぞれの占めるべき位置に納まっている、そのようなのを、文章の一典型と考えたく思うのである。

ここでは「書き起こし書き納めの両端があい接して閉じた輪となる」文章が、「文章の一つの典型」であると考えています。私のような、文章の文法は傾向の文法であると考える者にしてみれば、ここにはまさに文章構成の文法の一つの姿が描かれていると思うわけです。このことをさらに拡張して述べると、文章は回帰することで終わるといえます。回帰するさきは、タイトルであったり、文章全体のテーマであったり、文章を貫く論点であったり、文章の本流を成す文脈であったり、文章の冒頭であったりするわけですが、いずれにしても、すでに述べられた中心的な内容に回帰することによって文章は終わりを迎える。これが文章構成の文法の一つの姿だと思います。

さらに、渡辺（1985：101）には、二つの興味深い指摘が見られます。一つは、結末が冒頭の表現に戻ると、なぜ終わるのかという理由が示されている点です。「文章はそれで輪をなして、自ら閉じた姿となる」というのがその理由です。文章を読むという行為は、目的地がわからない旅に出るようなものかもしれません。読者が冒頭の文を読むとき、この文章はいったいどこへ向かうのか、不安な気持ちで読みはじめます。いったん文章世界のなかに入ると、そのときどきの文脈によってさまざまな方向に導かれます。そして、出発点の見慣れた風景に戻ってくると、出発点がじつは目的地であったのかと、読者は安堵の気持ちとともに旅の終わりを予感するのです。

もう一つの興味深い指摘は、「文脈のからまり合いは幾重であってもよく、そのからまり合いの間に、多くの概念項目が蓄積されては処理されてゆき、主要項目は処理され終わってそれぞれの占めるべき位置に納まっている」というものです。冒頭と結末の呼応は一面的な対応ではなく複雑にからまりあったもので、また、冒頭と結末のあいだの途中経過にも多くの対応関係が見られるということです。今回のみなさんの課題の結果を見ても、たんなる冒頭と結末の一面的な対応関係ではなく、さまざまな観点から、さまざまな大きさの対応関係を見いだしていたことがわかります。その結果はたいへん刺激的なものでした。早速、その結果を見てみることにしましょう。

【グラフ１　文番号別先行表現想起者数(1)】

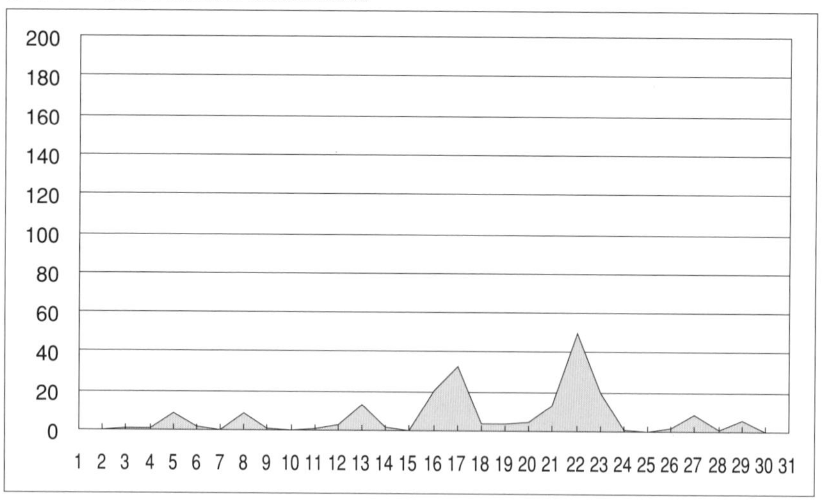

【グラフ2　文番号別先行表現想起者数(2)】

3.3　冒頭と結末の呼応の調査結果

今回の調査は、ある文を見て、その文が以前見たことがある表現を含んでいるという印象を与えるかどうかを問うものでした。その文が、それまでに出てきたどの文と対応しているかを示してくれた人も多かったのですが、それをデータとして処理するとかなり複雑なことになります。そこで、対応する前の文の情報は説明のさいの参考にとどめることにします。

今回の課題を提出したのは222名でした。(1)から(61)の文を、すでに出てきた表現を想起させる文であると判断した人数をグラフにすると、上記のグラフ1、グラフ2のようになります。

ここからわかることは、大きな山はだいたい六つあるということです。(16)(17)を中心とした山、(22)(23)を中心とした山、(44)(45)を中心とした山、(50)(51)を中心とした山、(56)(57)を中心とした山、(60)(61)を中心とした山です。おもしろいことに、この山は物語の展開と連動する傾向があります。(16)(17)は地獄の描写の始まり、(22)(23)は蜘蛛の糸の出現の部分で、第二場面の冒頭付近に位置する一方、(44)(45)は糸が切れることに怯えた犍陀多の心内描写、(50)(51)はのぼってくる罪人にどなる犍陀多の発話描写、(56)は地獄の描写の終わりで、いずれも第二場面の結末付近に位置しています。(57)は第三場面の冒頭であり、(60)(61)は第三場面の結末です。このように、先行文脈と呼応する文は場面の始めと終わりに位置する傾向があるわけですが、第一場面にはほとんど見られず、第二場面、第三場面と場面が進むにつれてその山のピークが高くなっていくことが特徴です。

3.4　繰り返しによる呼応

冒頭と結末の呼応という、文章の構成にかかわる大きな呼応を見るまえに、みなさんの課題のなかに表れた比較的小さなレベルの呼応を見てみることにしましょう。まず、最初は繰り返しです。

この「蜘蛛の糸」という作品のなかで目につく繰り返しは、「ございます」という文末です。この「ございます」が出てくると、筆者と読者の対立が意識され、筆者が読者にむけて解説しているという感じが強く出ます。第Ⅰ巻第9講で見た「～なのです」のようないわゆる「のだ」文と似たような働きをしているといえます。具体的には以下の11文です。

(1)　或日の事でございます。
(6)　はっきりと見えるのでございます。
(8)　それでもたった一つ、善い事を致した覚えがございます。
(12)　とうとうその蜘蛛を殺さずに助けてやったからでございます。
(17)　浮いたり沈んだりしていた犍陀多でございます。
(19)　唯罪人がつく微な嘆息ばかりでございます。
(22)　ところが或時の事でございます。
(29)　こう云う事には昔から、慣れ切っているのでございます。
(43)　大変でございます。
(52)　その途端でございます。
(56)　短く垂れているばかりでございます。

この「ございます」文はこの作品においては文脈の転換点に現れる傾向があり、とくに、(1)(8)(17)(22)(52)のように新たな話題や状況を設定する文に使われているのが特徴的です。

「ございます」文にはバリエーションがあります。推量の形を取る「ございましょう」です。

⑷　極楽は丁度朝なのでございましょう。
⒇　泣声を出す力さえなくなっているのでございましょう。
(58)　浅ましく思召されたのでございましょう。
(61)　極楽ももう午に近くなったのでございましょう。

この「ございましょう」は、「ございます」という言い切りの形による展開の早さはなく、内容をゆったりとまとめる効果があります。

以下の⒅(25)(27)は「ございます」の否定の形を取る「ございません」です。

⒅　その心細さと云ったらございません。
(25)　きっと地獄からぬけ出せるのに相違ございません。
(27)　血の池に沈められる事もある筈はございません。

否定の形をとる「ございません」は、本来の否定の意味では使われておらず、むしろ「～といったらない」「～に相違ない」「～はずはない」といった慣用的表現で、確信の度合いを強めるのに役立っています。

否定と疑問を併せ持った否定疑問の形を取る「ございませんか」もあります。以下の２例です。

(23)　するすると自分の上へ垂れて参るではございませんか。
(39)　やはり上へ上へ一心によじのぼって来るではございませんか。

(23)(39)の否定疑問の形をとる「ございませんか」は犍陀多の目に映る驚くべき発見を表すのに用いられています。

このように、「ございます」「ございましょう」「ございません」「ございませんか」がそれぞれ異なる表現効果を上げるために明確に使い分けられている一方、読者にたいする解説という注目表示的な機能にかんしては、共通して担っているといえます。その点でこの「ございます」類の反復表現は特徴的であり、一部の人がそれに対応関係を見いだしたのでしょう。

また、同じ表現を2度連続して繰り返すという手法もこの文章には見られます。そこには犍陀多の心理がはっきり映しだされています。

⑾　いや、いや、
(37)　しめた。(38)しめた
(50)　下りろ。(51)下りろ

⑾の「いや、いや、」は踏み殺そうとした蜘蛛をかわいそうに思う場面で、犍陀多の心の優しさが表れています。(37)(38)の「しめた。しめた」には、糸をのぼって神の視点に近づいた犍陀多の心の喜びが表れています。(50)(51)の「下りろ。下りろ」には、罪人たちの重みで糸が切れてしまうことにたいする犍陀多の追いつめられた気持ちが表れています。この三つの反復表現を追っていくことで、犍陀多の感情の変化をはっきりつかむことができます。⑾の段階では犍陀多の心の明るい面が目立ちますが、(37)(38)では犍陀多の心に暗い陰が忍び寄っている感じがします。そこには人の心の卑しさが見え隠れしています。そして、(50)(51)では自分のことしか考えられなくなった犍陀多の心の暗部が前面に打ち出されています。この三つの表現に対応関係を見いだした人は、登場人物の心の動きに敏感な人なのだろうと思います。

3.5　感覚の呼応

3部構成をとるこの「蜘蛛の糸」は、その3部構成をくっきりと印象づけるために、読者の五感に訴えかけるような表現が多用されています。3部構成は言うまでもなく、「極楽の明」「地獄の暗」「極楽の明」と構成されているわけですが、そうした明暗のコントラストを生みだしているのは光にかかわる表現です。

(4)「朝」
(18)「まっ暗」「くら暗」「針が光る」
(23)「ひっそりとした暗」「一すじ細く光りながら」
(33)「暗の底」
(34)「ぼんやり光っている恐しい針の山」
(44)「まっ暗な血の池の底」「細く光っている蜘蛛の糸」
(55)「暗の底」
(56)「きらきらと細く光りながら」「月も星もない空」
(61)「午」

第二場面の「暗」の表現が目立ちます。そこで光るものは、極楽から下りてきた「細く光っている蜘蛛の糸」をのぞけば針の山ばかりです。針の山の無気味な光がかえって地獄の恐怖を際立たせています。極楽には光の表現がほとんどありませんが、それは極楽の明るい光のもとではっきりと見分けられる色彩表現がその明るさを担っているからです。

(3)「玉のようにまっ白」「金色の蕊」
(6)「水晶のような水」
(15)「翡翠のような色をした蓮の葉」「美しい銀色の糸」
(16)「玉のような白蓮」
(17)「血の池」
(21)「血の池の血」
(23)「血の池の空」「銀色の蜘蛛の糸」
(27)「血の池」
(33)「血の池」
(44)「血の池」
(57)「血の池の底」
(60)「玉のような白い花」「金色の蕊」

第一場面と第三場面は、光を反射する色であふれています。「白」「金色」「水晶」「翡翠」「銀色」といった輝く色彩です。一方、第二場面に表れる色は、極楽に由来する「銀色の蜘蛛の糸」をのぞいてはもっぱら「血の池」の暗い赤です。色彩にバラエティがまったく感じられないようになっています。

輝く色彩のほかにもう一つ、極楽にあって地獄にないものがあります。それはにおいです。(3)「何とも云えない好い匂」(59)「何とも云えない好い匂」と同じ表現が繰り返されています。

一方、極楽になくて地獄にあるものは声や音です。光がない世界で人が頼りにする感覚は聴覚です。聴覚にかかわる表現が多いことが地獄の暗さをより際立たせていると考えられます。

(19)「墓の中のようにしんと静まり返って」「罪人がつく微な嘆息」
(20)「泣声を出す」
(21)「咽びながら」
(23)「するすると」
(36)「ここへ来てから何年にも出した事のない声」「笑いました」
(46)「大きな声を出して」「喚きました」
(53)「ぷつりと音を立てて断れました」
(55)「風を切って」

このような感覚表現の配置を見ていると、芥川龍之介という作家が描写を計算しつくしておこなっていることがわかります。読んでいるほうは何となくその雰囲気を感じとるだけですが、よくよく分析してみると、そうした雰囲気の背後には表現の明確な裏付けがあることに気づかされます。

3.6　モダリティ表現の呼応

第Ⅰ巻第7講で見たように、話し手や書き手の真偽的判断や態度的判断を表す文末表現をモダリティ表現と呼びます。この文章では、このモダリティ表現が出てくると、それが犍陀多の心理描写を表す約束事になっているように思われます。したがって、このモダリティ表現を追っていけば、犍陀多のそのときどきの心理がわかるしかけになっているわけです。

(25)　この糸に縋りついて、どこまでものぼって行けば、きっと地獄からぬけ出せるのに相違ございません。

(26)　いや、うまく行くと、極楽へはいる事さえも出来ましょう。

(27)　そうすれば、もう針の山へ追い上げられる事もなくなれば、血の池に沈められる事もある筈はございません。

(35)　この分でのぼって行けば、地獄からぬけ出すのも、存外わけがないかも知れません。

(41)　自分一人でさえ断れそうな、この細い蜘蛛の糸が、どうしてあれだけの人数の重みに堪える事が出来ましょう。

(42)　もし万一途中で断れたと致しましたら、折角ここへまでのぼって来たこの肝腎な自分までも、元の地獄へ逆落しに落ちてしまわなければなりません。

(45)　今の中にどうかしなければ、糸はまん中から二つに断れて、落ちてしまうのに違いありません。

すでに3.4で見た「いや、いや、」「しめた。しめた」「下りろ。下りろ」という反復表現も犍陀多の心理を表していますが、その場合は犍陀多の心理を犍陀多自身がじかに表しているという感じがします。それにたいして、このモダリティ表現の場合は犍陀多の心理を筆者が代弁しているように響く点で異なります。

なお、同じく3.4で見た「ございましょう」表現もモダリティ表現の一種ですが、すべて「のでございましょう」と「のだ」が介在しているため、筆者の推量を表すより客観的な表現になっている点で、上のモダリティ表現とは異なります。

(4)　極楽は丁度朝なのでございましょう。

(20)　泣声を出す力さえなくなっているのでございましょう。

(58)　浅ましく思召されたのでございましょう。

(61)　極楽ももう午に近くなったのでございましょう。

3.7　文章のまとまりを生みだす呼応

さて、いよいよ今回の課題で問題にしたい呼応に言及することにします。

誰もが気がつくのが冒頭と結末の呼応ですが、それ以外にも課題に取り組んでくれたみなさんのおかげでたくさんの呼応が見つかりました。一つ一つ紹介していきたいと思います。なお、例文中の「→」は、読解中に矢印のもとにある表現を見ると、矢印のさきにある表現の存在や対応関係を想起することを示しています。

⒄　こちらは地獄の底の血の池で、外の罪人と一しょに、浮いたり沈んだりしていた犍陀多でございます。
→⑺　するとその地獄の底に、犍陀多と云う男が一人、外の罪人と一しょに蠢いている姿が、御眼に止りました。

⒄は⑺を意識した表現だということはこのように並べてみればすぐにわかります。「地獄の底」「外の罪人と一しょに」「犍陀多」の三つが共通しているからです。「こちらは」という表現も極楽の「あちら」を想起させ、場面が変わったことを示すと同時に、先ほど御釈迦様が見ていた光景と対応関係を持たせようという工夫が見てとれます。また、「蠢いている」と「浮いたり沈んだりしていた」も視点の違いを表して印象的です。

㉒　ところが或時の事でございます。
→⑴　或日の事でございます。

㉒は⑴との対応関係を意識した表現です。使われている文型が同じであることからわかります。⒄と⑺で第二場面と第一場面の対応関係を知らされた読者は、㉒の「或時」と⑴の「或日」が同じ時間を表していることに気づくことはそれほど難しいことではないでしょう。

一つ、芥川の芸の細かさを指摘すれば、⑴の「或日」を㉒では「或時」と言い換えている点です。光のない闇の世界である地獄では「朝」「午」という概念がないので「日」ということばが使えないのでしょう。このように同じ文型を使い、対応関係を固定しながら、表現を少しだけずらしてそれに意味をもたせるという手法はぜひ学びたいものです。

⑳　何気なく犍陀多が頭を挙げて、血の池の空を眺めますと、そのひっそりとした暗の中を、遠い遠い天上から、銀色の蜘蛛の糸が、まるで人目にかかるのを恐れるように、一すじ細く光りながら、するすると自分の上へ垂れて参るではございませんか。

→⒃　御釈迦様はその蜘蛛の糸をそっと御手に御取りになって、玉のような白蓮の間から、遙か下にある地獄の底へ、まっすぐにそれを御下しなさいました。

⒃は第一場面の最後の文です。読者はその文を読んだ時点でその糸の行方について思いを馳せることになるのですが、場面が急に地獄へ飛び、その糸の行方についての予測は宙に浮いてしまいます。そして、読み進んでいくうちに、その予測は次第に薄らいでいくのですが、この㉓を見たときに⒃を読んだときの印象が鮮明に浮かびあがってくるのです。「ああ、あのとき御釈迦様が下ろした糸が今犍陀多にむかって下りて来ているのだ」と、⒃と㉓を一連の流れとして読むことができるのは、⒃で宙に浮いた予測があったからこそです。⒃と㉓を一連の流れとしてとらえられると、極楽から下ろす蜘蛛の糸、極楽から垂れてくる蜘蛛の糸という視点の転換がよりクリアに理解できるようになるのも、呼応を意識させる表現の効用でしょう。

㉗　そうすれば、もう針の山へ追い上げられる事もなくなれば、血の池に沈められる事もある筈はございません。

→⒄　こちらは地獄の底の血の池で、外の罪人と一しょに、浮いたり沈んだりしていた犍陀多でございます。⒅何しろどちらを見ても、まっ暗で、たまにそのくら暗からぼんやり浮き上っているものがあると思いますと、それは恐しい針の山の針が光るのでございますから、その心細さと云ったらございません。

㉗は、⒄や⒅の理解を前提としている文です。対応関係はそれほど明確というわけではありませんが、「針の山へ追い上げられる」が⒅と、「血の池に沈められる」が⒄と、語彙の面で対応しています。この対応関係が見

いだせれば、(17)(18)で得た恐怖が(27)でありありと眼前によみがえることになるわけで、犍陀多の地獄から逃れたいという気持ちに強く共感できるでしょう。

(33) すると、一生懸命にのぼった甲斐があって、さっきまで自分がいた血の池は、今ではもう暗の底に何時の間にかかくれております。(34)それからあのぼんやり光っている恐しい針の山も、足の下になってしまいました。

→(27) そうすれば、もう針の山へ追い上げられる事もなくなれば、血の池に沈められる事もある筈はございません。

(33)は、(27)で描かれていた「血の池」「針の山」の恐怖から逃れられつつあるということを示しています。(27)と対応関係を持っているということは、それ以前の(17)や(18)とも関係を持っていることが予想されます。事実、(33)「さっきまで自分がいた血の池」で犍陀多は(17)「外の罪人と一しょに、浮いたり沈んだりしていた」わけですし、(34)の「あのぼんやり光っている恐しい針の山」はまさに(18)の「ぼんやり浮き上っているものがあると思いますと、それは恐しい針の山の針が光るのでございます」を指し示しているものと思われます。こうしてみると、(33)(34)は(27)をかいして(17)(18)と結びついているということが言えそうです。

(44) が、そう云う中にも、罪人たちは何百となく何千となく、まっ暗な血の池の底から、うようよと這い上って、細く光っている蜘蛛の糸を、一列になりながら、せっせとのぼって参ります。

→(7) するとその地獄の底に、犍陀多と云う男が一人、外の罪人と一しょに蠢いている姿が、御眼に止りました。

(44)の視点は犍陀多の視点ですが、(7)の視点は御釈迦様の視点です。つまり、犍陀多の視点が次第に御釈迦様の視点に近づきつつあることを表しています。しかし、そのことを示すためには(44)が(7)と対応関係を持っているということを示す表現を含んでいなければなりません。それが(7)「蠢いている」に対応する(44)「うようよと這い上って」です。双方とも小さな虫が集団になって動いている気味の悪い様子を表しているという点で共通しています。(7)と(44)を一続きのものとして理解すると、地獄の底で蠢いていた罪人という名の虫たちが一本の糸を伝って、極楽を目指してうようよと這い上ってくる姿がリアルに感じられるようになります。

(44)　が、そう云う中にも、罪人たちは何百となく何千となく、まっ暗な血の池の底から、うようよと這い上って、細く光っている蜘蛛の糸を、一列になりながら、せっせとのぼって参ります。

→(39)　ところがふと気がつきますと、蜘蛛の糸の下の方には、数限もない罪人たちが、自分ののぼった後をつけて、まるで蟻の行列のように、やはり上へ上へ一心によじのぼって来るではございませんか。

(44)はもう一つ、(39)とも呼応していると考えられます。(44)の文末「一列になりながら、せっせとのぼって参ります」が(39)の文末「まるで蟻の行列のように、やはり上へ上へ一心によじのぼって来るではございませんか」と対応するからです。このように考えると、(44)をかいして(7)「蠢いている」のは(39)「蟻」のような罪人だったとつなげてみることも可能でしょう。

(56)　後には唯極楽の蜘蛛の糸が、きらきらと細く光りながら、月も星もない空の中途に、短く垂れているばかりでございます。

→(23)　何気なく犍陀多が頭を挙げて、血の池の空を眺めますと、そのひっそりとした暗の中を、遠い遠い天上から、銀色の蜘蛛の糸が、まるで人目にかかるのを恐れるように、一すじ細く光りながら、するすると自分の上へ垂れて参るではございませんか。

(56)は第二場面の終わりの文に位置する文としてきわめて印象的です。この文を印象的にしているのは(23)という伏線があったからだと考えられます。(23)は第二場面の最初のほうに位置し、地獄における犍陀多をめぐる一連の出来事の端緒となった文です。「まるで人目にかかるのを恐れるように、一すじ細く光りながら、するすると自分の上へ垂れて参る」銀色の蜘蛛の糸はまさに犍陀多の希望の光でした。暗闇が支配する地獄では見いだすことのできない唯一の光でした。その光がもう二度と届かないものになってしまったということを(56)が(23)との呼応関係のなかで描きだしています。

相違は共通性のなかでこそ際立つものです。(23)「銀色の蜘蛛の糸」と(56)「極楽の蜘蛛の糸」、(23)「一すじ細く光りながら」と(56)「きらきらと細く光りながら」によって共通性が保証されているからこそ、(23)「するすると自分の上へ垂れて参る」と(56)「短く垂れているばかり」の相違が際立って見えるのです。この鮮やかなコントラストが(56)という文を第二場面の終わりの文として印象的なものにしていると考えられます。

(57) 御釈迦様は極楽の蓮池のふちに立って、この一部始終をじっと見ていらっしゃいましたが、やがて犍陀多が血の池の底へ石のように沈んでしまいますと、悲しそうな御顔をなさりながら、又ぶらぶら御歩きになり始めました。
→(2) 御釈迦様は極楽の蓮池のふちを、独りでぶらぶら御歩きになっていらっしゃいました。

第一場面と第三場面の呼応関係は誰しもが気がつくところだと思います。まず、(57)が(2)と呼応しているということは、「御釈迦様は」「極楽の蓮池のふち」「ぶらぶら御歩き」からわかります。「又」という表現も対応関係を喚起するでしょう。ここではこれまででもっとも多い70名がこの呼応関係を指摘しています。

しかし、ここで注目したいのはその相違点です。(2)は冒頭から2文めの文で、それまでの文脈をほとんど背負っていません。いっぽう、(57)は犍陀多をめぐる一連の出来事を踏まえていますので、御釈迦様の「ぶらぶら御歩き」にも足どりの重さを感じざるをえません。「悲しそうな御顔をなさりながら」がそのことを暗示しています。このように、冒頭と同じ表現の繰り返しであっても、結末は途中の文脈をくぐり抜けて来ているわけですから、その途中の文脈を読みこめるような、こうした結末が望ましいと思います。

(60)　その玉のような白い花は、御釈迦様の御足のまわりに、ゆらゆら萼を動かして、そのまん中にある金色の蕊からは、何とも云えない好い匂が、絶間なくあたりへ溢れております。

→(3)　池の中に咲いている蓮の花は、みんな玉のようにまっ白で、そのまん中にある金色の蕊からは、何とも云えない好い匂が、絶間なくあたりへ溢れております。

(60)と(3)はほぼ同じ内容の文です。全体のなかで最多の181名がこの呼応関係を指摘しています。まったく変わらない内容を配することは一見意味のないことのように思えますが、変わらないものとの対照をとおして変わってしまったものが思い出されるということが文学の世界ではしばしば見られます。とても印象的な呼応関係です。

(61)　極楽ももう午に近くなったのでございましょう。

→(4)　極楽は丁度朝なのでございましょう。

(61)と(4)は同じ文型をとっています。(60)に次ぐ164名がこの呼応関係を指摘しています。ここでは言うまでもなく、時間の経過のみが描かれています。極楽に流れるこのゆったりした時間の経過を意識することで読者は第二場面で起こった一連の出来事を最後に咀嚼（そしゃく）するのです。第一場面と第三場面の呼応関係を示すことで、第二場面を読ませるという高度な技法がこの最後の文で用いられていることは特筆に値します。

3.8　冒頭と結末の呼応のまとめ

【冒頭と結末の呼応のポイント】

i）　冒頭と結末を呼応させることは、**文章全体のまとまりを感じさせ、その文章の構成と内容を読者に最後にもう１度かみしめさせる**ことになり、有効な文章構成法の一つである。

ii）　冒頭と結末の呼応は一面的なものではなく、**複数の文脈が複雑に絡まりあったもの**である。また、冒頭と結末のあいだの**途中経過に**

も多くの対応関係が見られる。

iii）　対応関係は、**似たような文型、似たような形式の語彙、似たような概念の語彙**によって保証される。似た部分が多いほど、強い対応関係が意識される。

iv）　対応関係が生じた場合、**離れた位置にある文を同じまたは一連の出来事を示すものとして認識させたり、対応する表現に挟まれた部分を一つの意味のまとまりとして意識させたり**する効果がある。

3.2で文章の文法ということを述べました。これまでの文章の文法は、接続詞や指示詞といった指標を頼りに、連続する文の対応関係を調べることが中心だったのですが、これからの文章の文法は、これまで見てきたような離れた位置にある文、極端な場合は文章の冒頭と結末といった遠い位置にある文の呼応関係を見ていける文法にならなければいけないと思います。そうした文章の文法の研究が進めば、みなさんが文章構成のしっかりした印象的な文章を書くのにきっと役に立つはずです。

練習3

問1　文章を前から順に読んでいくなかで、ある表現を見たとき、それまで（直前ではなく比較的前）に出てきたという印象を持たせる文をすべて選び、文番号を書きなさい。

問2　その表現と、すでに出てきた類似の表現がどの程度一致しているか確認し、そのうえで、その表現が持つ表現効果について、感じたところを書きなさい。

⑴縁は、まことに異なものがあり、味なものがある。

⑵ここでいう縁とは、すまいの縁、すなわち縁側やぬれ縁などのことである。⑶このような縁があることによって、日本の住宅は、その物理的なせまさにもかかわらず、心理的なせまさをあまり感じないですむ。⑷座敷から、

あかり障子と縁側のガラス障子をとおしてみる庭、それは、室内の落ちつきのなかに、四季の変化をたのしむ、日本のすまいのもっともすぐれた生活空間のひとつの場面だ。(5)また、縁側の障子をあけはなてば、座敷と庭は、縁をはさんでひとつづきのものとなる。(6)夏の午後など、縁側で涼風をうけながら、うたた寝していると、庭の木かげで昼寝をしているのと、おなじような気分になろう。(7)つまり縁側は、もう庭なのである。

(8)縁を異なもの、というのは、たとえば、軒下のぬれ縁などが、いったい内部空間（戸内）なのか、外部空間（戸外）なのか、判然としない、というところにある。(9)ぬれ縁は、へやからみれば、ガラス障子のそとにある風の吹きさらしのところだから、外部空間とみなされる。(10)しかし、そとからみると、そこは、軒下にあっていちおう屋根や庇(ひさし)もかかっており、また板敷の床もあるのだから、純然たる戸外空間とはみなしにくい。(11)建築の内部空間ではないにしても、せめてその附属空間である、というぐらいのことはいえそうである。(12)あるいは、建築の構成からいうと、屋根があって壁がない庭にある東屋(あずまや)だとか、壁があって屋根がないヨーロッパの広場だとかいうように、少しずつなにかが欠けた「半建築」の一種といってもいいものだろう。

(13)また、ガラス障子の内側にある縁は、通常、縁側などとよばれるが、そこは座敷のように天井をはらず、軒裏をそのままにみせるのがふつうだ。(14)というのは、日本建築の感覚では、ここは室内空間ではないのである。(15)ガラス障子のなかったむかしは、この縁側には障子をたてず、台風とか大雪のときには、そとから戸板をはめこんでふせぐ以外は、ふだんは吹きさらしのままであったものが多い。(16)いまでもいなかへゆくと、そういう農家を数多くみかけることだろう。

(17)そこで、こういう外部空間でもなければ内部空間でもない、いわばコウモリのような異空間であるぬれ縁や縁側などを、一部の建築家のあいだでは、「つなぎの空間」とか「第三の空間」などというようによんで、純然たる内部空間や外部空間と区別しているのである。

(18)一方、味な空間というのは、はじめにのべたように、室内と庭とを、視覚的・心理的に、ときにはつなぎ、ときにはきりはなす、一種の空間の「連結器」のような役割をもっていることをさすが、それはたんに、視覚や心理にとどまらず、ときには機能的・行動的にも、つなぎの空間としての意味をもっている。

⒆私の家の近所のおばあさんの話を例にひくとこうだ。⒇おばあさんは、息子夫婦がたてたあかるい洋風のモダン・リビングに住んでいる。(21)ところが、このモダン・リビングには、縁側がない。(22)そこでおばあさんはいう。(23)むかしの家にはみな縁側があったので、としよりは縁側にすわって、針仕事をしたり、孫のお守りをしたり、また庭にではいりしたりして、一日をすごすことができた。(24)さらに縁側にすわっていると、通りがかりの人びとの様子をよくみることができる。(25)近所の人とも挨拶できるし、たまには、縁側に腰かけて話しこんでいってもくれる。(26)雨がふれば障子をしめればよし、お天気になれば障子をあけたまま昼寝をすることもできる。(27)縁側はとしよりにとっては安全で、しかも快適な場所だった。(28)そういう縁側が新しい家からなくなったということは、いくら便利なモダン・リビングでも、としよりにとっては、不便で、味気ないものだ。(29)ではそとへでればよい、といわれるかもしれないが、たとえ近所の公園へゆくにも、女はいちいち着がえをしなければならず、きがるにはであるけない。(30)それにむかしとちがって、通りは自動車がふえてきたためにこわいし、また歩道橋みたいなものを渡らなければならないかとおもうと、気がおもい。(31)息子は、家のなかにいるようにと、テレビを買ってくれたが、テレビとでは話ができない、と。(32)そう語るおばあさんは、さびしそうであった。

(33)ここで私たちは、反省をしてみなくてはならないだろう。(34)としよりにとって、いったい現代文明とはなんであろうか。(35)少なくとも、縁側のないアメリカ式のモダン・リビングは、日本のとしよりにはあまりありがたくないようだ。(36)それは、老人だけではない。主婦にとっても小さい子どもにとっても、たまの休みに家にいる亭主にとっても、庭つづきの縁側は、気持ちよくありがたいものだろう。(37)それがない日本の現代のすまいは、たしかに味気ない生活になりつつある。

{中略}

(38)何百年のあいだ、日本の風土と社会のなかにはぐくまれてきた伝統的な生活空間の数かずを、新しい機械文明のまえに、ただ古くさいからといって、よくかんがえもせずに葬りさってしまっている例を、私たちの周囲に多くみかけるが、縁もまた、そのようなケースのひとつではないか。(39)仏教では、「縁なき衆生は度し難し」というが、現代の庶民のすまいが、文字どおり縁なき衆生になるのでは、こまったことである。

（上田篤「縁」『日本人とすまい』岩波新書より）

参考文献

安達隆一（1987）『構文論的文章論』和泉書院

石黒圭（2011）「文章理解における一貫性の把握について」『一橋大学国際教育センター紀要』2、一橋大学国際教育センター紀要

市川孝（1978）『国語教育のための文章論概説』教育出版

井上ひさし（1984）『自家製文章読本』新潮社

樺島忠夫（1999）『文章表現法ー五つの法則による十の方策ー』角川書店

北原保雄（1984）『文法的に考えるー日本語の表現と文法ー』大修館書店

永野賢（1986）『文章論総説』朝倉書店

中村明（2003）『文章の技 書きたい人への 77 のヒント』筑摩書房

林巨樹（1983）「書き出しと結びの性格」中村明編『日本語のレトリック』筑摩書房

林四郎（1973）『文の姿勢の研究』明治図書

宮地裕（2003）「文章・談話の重層性」佐久間まゆみ編『朝倉日本語講座7 文章・談話』朝倉書店

渡辺実（1984）「文章論的にわかりたいことども」樺島忠夫司会「シンポジウム記録 文章論の開拓」『国語学』139

渡辺実（1985）「文章のつかみ方」林四郎編『応用言語学講座第１巻 日本語の教育』明治書院

Beaugrande, R. de, & W. Dressler.（1981）. *Introduction to Text Linguistics*. London : Longman.（池上嘉彦・三宮郁子・河村喜久男・伊藤たかね訳（1984）『テクスト言語学入門』紀伊国屋書店）

第4講　適切なタイトル

課題4

問　以下の文章に、ふさわしいタイトルをつけなさい。

①　（メール）［件名：　　　　　　　　　　　　］（10字以内）

学会をお手伝いくださる皆様へ

以前お知らせいたしましたとおり、学会当日の業務にかんする説明会を

(1)　明日木曜日の午後3時

(2)　明日木曜日の午後6時

(3)　明後日金曜日の午後6時

の3回開催いたします。いずれに出席なさるかを至急お知らせください。すでにご連絡をくださっている方も、申しわけありませんが、再度ご連絡ください。お手数ですが、よろしくお願いします。

②　［見出し：　　　　　　　　　　　　］（20字以内）

21日午後8時40分ごろ、兵庫県明石市大蔵谷のJR朝霧駅南側の歩道橋で、同市の第32回市民夏まつりの花火見物に来ていた観客が将棋倒しになった。同市消防本部などによると、百数十人が将棋倒しになり、約150人が市内などの病院に運ばれ、子ども8人を含む10人が死亡。約140人が重軽傷を負った。兵庫県警は、周辺の警備態勢に問題があった疑いもあるとみて、業務上過失致死傷容疑などで捜査を始めた。

（『毎日新聞』2001.7.22朝刊より）

③　［タイトル：　　　　　　　　　　　　］（15字以内）

「日本の明治維新について記せ」という問題に、奇妙なイラストがついている。にぎりずしをパンにはさんだ「すしバーガー」。香港の新聞で見かけた高校生用アチーブメントテストの予想問題と解き方の解説だ▲明治維新が出題されたら「すしバーガー」をヒントにしろという。パンとは西欧から輸入した近代的な工業技術。伝統的な天皇制、封建主義、つまり「すし」をパンで包むよ

うに近代化したのが日本の明治維新。なるほど、すらすら答えが書ける▲ただし、忘れてはならないツボがある。明治維新を、良いことだと評価してはいけない。野蛮な封建主義、軍国主義を温存したままの近代化である。だから日本は中国を侵略した。そう書かないと良い点数はとれない▲確かに明治維新は「すしバーガー」だった。そのおかげで19世紀末の帝国主義時代に、日本は帝政ロシアからも大英帝国からも、かろうじて独立を守ることができた。一方、近代化に失敗した清国は、列強に領土や権益を奪われた。どちらがよかったか迷う日本人は少ない▲だが、日本の中国侵略が明治維新に出発点があると考えるなら、明治維新は肯定できない。世界のどの国にも共通な万能の歴史はない。中国の朱鎔基首相は、日本のある歴史教科書が検定で修正を受けた問題で「アジアの人民の反応から考えれば、こうした修正は十分ではない」と語った。朱首相が、中国に関する歴史の記述に関心を持つのは当然だと思う▲だが、中国も「アジア人民」の歴史を代表しているわけではない。修正のどこがどう不十分なのかを具体的に言わないのでは、批判にならない。歴史の教科書は外国人の批判にもきちんと堪えうる質が求められるが、大事なことは、歴史を一色に染めることではない。角度によってさまざまな色に輝くことを知ることだ。

（「余録」『毎日新聞』2001. 3. 18 朝刊より）

④　（ショートショート）［タイトル：　　　　　　　　　　　　］（10字以内）

博士「いやあ、とうとう完成したぞ！　長年の研究の成果！　すばらしいメガネができた！」

助手「これまた、ずいぶん変わったメガネですね。どういった成果が……」

博士「うむ。これはな、〔災難予知メガネ〕といってな、かけるだけで、近い将来わが身にふりかかる災難が見えるんじゃ」

助手「へぇー。そうなったら、もうケガとか事故とかは、死語同然ですね」

博士「そうとも。うらやましいであろう。では、さっそく私がかけてみることに――わぁッ！」

助手「どうしました？」

博士「メガネの柄（え）で、目を突いた……」

（輝鷹あち氏の作品　星新一編『ショートショートの広場2』講談社文庫より）

4.1　タイトルの重要性

情報過多の時代の到来はタイトルの時代の到来を意味します。ある文章が読まれるかどうかはタイトルによって決まるといっても過言ではありません。それは、みなさんが本を買うときのことを想像してみればわかるでしょう。書店の本棚にずらりと並ぶ本のなかから自分が興味のありそうな本を選びだすとき、その規準となっているのはまちがいなくタイトルです。インターネット書店で本を購入するときも、タイトルに入っていることばで検索して、よさそうな本を探します。その本が読んでもらえるかどうかはタイトルの出来いかんにかかっています。

しかし、私たちが文章を書くとき、そこまで神経を使ってタイトルを選んでいるでしょうか。少しでもよい内容にしようと、文章の推敲を重ねることはあっても、タイトルの推敲を重ねる人は少ないのではないでしょうか。感覚的にタイトルをつけてそれで終わりにしていないでしょうか。人と人との接触が多い時代になると、外見より中身が重要とは言っていられなくなります。外見も中身もともに重要なのです。同じように、文章が世の中にあふれかえる時代になると、タイトルより内容が重要とは言っていられなくなるのです。タイトルも内容と同様に、いな、内容以上に重要なのです。

出版社は、売れる本になるように、ときには数十のタイトルの候補のなかからひとつのタイトルを選びだします。その本ができるだけ多くの人の目に留まることを願いながら、その本の内容に、その本が出版される時代に、そしてその本を購入する購買層のニーズに、まさにぴったりのタイトルをつけようと、類書との差別化を図りながら、妥協なき努力を続けます。

書店に並ぶ書籍のタイトルは、どれもそうした努力の結果の産物です。私たちは何も考えずに、おもしろそうだと感じた本に手を伸ばしますが、その背後には、日の目を見なかった無数のタイトルが存在しているのです。

4.2　ジャンルによるタイトルのつけ方の相違

近年、文科系、理科系をとわず、学術論文にはタイトルのほかにキーワードがつけられる傾向にあります。こうした傾向は、学問分野の専門化が進み、日々大量の学術論文が生産されている状況と関係があります。

キーワードは、大量に刊行にされている論文のなかから、読者が自分にとって必要な論文を探しだす検索のさいに使われるものです。よくキーワードに、本文の内容を反映したオリジナリティの高い語を入れてしまう人がいますが、それは間違いです。検索するがわはそうしたオリジナリティの高い語ではなく、より一般的な語を用いて内容を検索します。したがって、本文の内容の中心部分を反映していない、多少周辺的な内容を表す語であっても、その語が、検索される可能性が高い一般的な語であれば、本文の中心部分を反映した一般的でない語よりも優先されるべきです。

一方、タイトルはまさに、本文の中心的な内容を反映したオリジナリティの高いものにする必要があります。学術論文の場合、タイトルは本文の内容の究極の要約でなければなりません。そのタイトルをみれば本文の中心的な内容が即座にわかるようなものにすべきです。このように、学術論文では、タイトルとキーワードによる棲み分けがなされています。

学術論文の場合、タイトルは本文の究極の要約でなければなりませんが、ほかのジャンルの場合、タイトルの役割は異なってきます。たとえば、推理小説の場合、究極の要約は「犯人は◯◯」というものになる可能性がありますが、タイトルで犯人がわかってしまう推理小説ほどおもしろくないものはないでしょう。推理小説のタイトルは謎を明かすタイトルではなく、むしろ謎を深めるタイトルであるべきです。そうした謎を深めるタイトルであれば、ミステリーのファンにも喜んで読んでもらえます。

一般に文章には、新聞記事や学術論文のように、その情報を必要としている人が必要な情報だけ選んで読む実用的な文章と、小説やエッセイのように、その文章を読むことそれ自体が読者にとって楽しみになる娯楽的な文章があると考えられます。実用的な文章では、タイトルは、本文の核心部分を採りだしてきた究極の要約にならざるをえないでしょうし、娯楽的な文章では、タイトルは、その作品の雰囲気を伝え、なおかつそのなかにサスペンスを湛えた含蓄のあるものにする必要があります。

以上は大ざっぱな区別ですが、個々のジャンルでみていくと、タイトルのつけ方はさらに細かい配慮が必要になると思います。たとえば、今回取りあげるメールのタイトルは、内容の核心部分を伝えていることはもちろん、スパムメールやウィルスメールと間違えられないようなタイトルで、なおかつ短いものにする必要がありますし、新聞記事の見出しでは、「いつ」「どこで」「誰が」「何を」「どうした」という必須要素にくわえ、レイアウトの都合上、メールのタイトル以上に長さの制限が厳しくなるでしょう。

今回はみなさんがつけてくれた実例をもとに、それぞれのジャンルにふさわしいタイトルを模索してみましょう。

4.3　メールの件名

今回の調査対象者は280名でした。同じタイトルというのはなかなかなく、統計的なデータにはなじみにくいのですが、できるかぎり数値的なデータも交えながら説明していきたいと思います。

① 学会をお手伝いくださる皆様へ

以前お知らせいたしましたとおり、学会当日の業務にかんする説明会を

(1) 明日木曜日の午後3時

(2) 明日木曜日の午後6時

(3) 明後日金曜日の午後6時

の3回開催いたします。いずれに出席なさるかを至急お知らせください。すでにご連絡をくださっている方も、申しわけありませんが、再度ご連絡ください。お手数ですが、よろしくお願いします。

前節でも少し触れましたが、メールの場合、スパムメールやウイルスメールといったやっかいな存在があります。とくに、見知らぬ相手、あまり親しくない相手から送られてきた場合、即座にゴミ箱行きということが少なくありません。ゴミ箱に捨てられず、なおかつすぐに開けてもらえるメールにするためには、この場合、以下の五つの条件をメールのタイトルに盛りこむ必要があります。

【メールのタイトルの条件】

(1)　内容が具体的にわかること
(2)　差出人が特定できること
(3)　表現が失礼にならないこと
(4)　急ぎであることがわかること
(5)　返事が必要であることがわかること

(1)「内容が具体的にわかること」というのは何よりも重要です。内容が具体的にわかれば、自分が開ける必要があるメールだということがわかり、開けてもらえるからです。たとえば、「お知らせ」というタイトルではおそらくメールを開けてもらえないでしょう。何のお知らせなのかわからないからです。

そのため、「説明会のお知らせ」というタイトルにした人が26名いました。これが今回もっとも多かったタイトルです。たしかに「説明会のお知らせ」とすれば、ある程度内容が特定できますが、これでもまだ不充分です。何の説明会のお知らせかわからないからです。「学会説明会のお知らせ」とした人が11名おり、これが2番めに多かったタイトルなのですが、ここまで具体的にすれば、タイトルだけでも内容がはっきりとメールの受信者にも伝わるでしょう。

じつは、「お知らせ」というのは、情報のエントロピー、すなわち不確定度が高い表現です。メールは知らせる内容があるから送るものであり、「お知らせ」と書いたところで具体的な情報が何も伝わらないからです。「ご案内」「お願い」「お礼」などとすれば、若干エントロピーが下がりますが、やはりエントロピーが高い表現です。やはり、「何のご案内」「何のお願い」「何のお礼」なのか、はっきりさせたほうがよいでしょう。本文の内容が件名である程度特定できれば、見知らぬメールにたいする警戒心が解け、受信者にメールを開封してもらいやすくなります。

「お知らせ」に似たものとして「について」「の件で」というタイトルも

散見されました。これもまたエントロピーが高い表現です。もちろん「学会の説明会」とするよりも、「学会の説明会のお知らせ」や「学会の説明会について」「学会の説明会の件で」としたほうがより丁寧になり、(3)「表現が失礼にならないこと」という条件を満たすことができます。その意味で「お知らせ」や「について」「の件で」はそれなりの存在意義はあるのですが、こうしたものを使うさいは、できるかぎりそのまえにつく情報を具体的に限定する必要があるということを心得ておくべきです。

「学会の説明会について」「学会の説明会の件で」以外に、「説明会の日時について」「説明会の出欠の件で」という情報の限定の仕方をしたものも見られました。「説明会」とくれば「学会の説明会」であるということが自明であれば、こうした限定の仕方のほうがより具体的であるということになります。参考にしてください。

(2)「差出人が特定できること」は(1)「内容が具体的にわかること」と深い関係にあります。「学会の手伝いのお願い」とあれば、先生が学生に宛てて送ったメールであることがわかりますし、「講義のレポート提出」とあれば、反対に学生が先生に宛てて送ったメールであることがわかります。つまり、(1)「内容が具体的にわかること」を条件として満たしているかどうかの判定基準のひとつとして、(2)「差出人が特定できること」が挙げられると考えておけばよいでしょう。用件が明確で、差出人が特定できるメールは、ウイルスメールと判断されることはありません。件名は、差出人が特定できるようにつけるよう、心がけたいものです。

(3)「表現が失礼にならないこと」もまた重要です。受信者は、タイトルを見て、(1)と(2)の条件を満たしており、必要性を感じればメールを開封するでしょうが、かりに(1)と(2)を満たしていても、表現が失礼なメールは返信の意欲が半減するでしょう。「早く読め」や「返信せよ」といった命令口調なものは論外でしょうし、自らの都合のみを強調する件名も避けたほうがよいでしょう。(4)「急ぎであることがわかること」、(5)「返事が必要であることがわかること」との兼ね合いが難しいのですが、「緊急連絡！」「大至急返信を！」「極めて重要なお願い」といったものは、受信者がその件名に驚いてメールを開けてみたところ、自分にとって「緊急」でも「大至急」でも「重要」でもないもので、不愉快に感じる場合もあるでしょう。送信者には送信者の都合があるわけですが、受信者には受信者の都合があるわけで、一方的に自分の都合だけを押しつけられたと感じさせる件名は避けたほうが無難だと思います。

(4)「急ぎであることがわかること」は、今回のような内容のメールの場合必要です。もちろん、(3)「表現が失礼にならない」範囲でのことですが、あす、あさってのことですので、メールを開けるのを後回しにされてしまうと、送信者、受信者、お互いにとって不都合な事態を招いてしまいます。予定が先の場合はともかく、このメールのように早い返信が必要な場合は、「至急」などと書いて早い開封を要求したほうがよいと思います。

(5)「返事が必要であることがわかること」も、今回のメールの場合は必要です。(4)とセットになるような内容ですが、返信が必要なメールは先に処理し、読むだけで済むメールは後回しにするというのが、受信者の心情です。「要返信」などと書くと、(3)「表現が失礼にならないこと」という条件に違反すると思うのであれば、「出欠の確認」などと書いておくとよいでしょう。このような書き方だと、失礼さをあまり感じさせず、返信の必要性が受信者に伝わります。

以上、(1)～(5)のすべての条件を満たしたメールのタイトルというのは難しいですが、(4)を多少犠牲にして穏やかに表現するとすれば「学会説明会の出欠確認」、(3)を多少犠牲にして早めの返信を訴えるのならば「至急：説明会の出席日」ぐらいになるでしょうか。メールの件名というのは、ぱっとつけて、ぱっと出してしまいがちですが、受信者はまずメールの件名を目にするわけですから、このメールの件名を見た受信者がこのメールの内容をどう考え、どのような印象を持つだろうかということを一瞬でも考える習慣をつけたいものです。

4.4　新聞記事の見出し

②　21日午後8時40分ごろ、兵庫県明石市大蔵谷のJR朝霧駅南側の歩道橋で、同市の第32回市民夏まつりの花火見物に来ていた観客が将棋倒しになった。同市消防本部などによると、百数十人が将棋倒しになり、約150人が市内など

の病院に運ばれ、子ども8人を含む10人が死亡。約140人が重軽傷を負った。兵庫県警は、周辺の警備態勢に問題があった疑いもあるとみて、業務上過失致死傷容疑などで捜査を始めた。

新聞記事の見出しは、実用的であるという面で、メールの件名や論文の題名と共通性を持っているのですが、細かく見ていくとその性格は若干異なるように感じられます。用件があって送るメールの件名の場合、相手にたいする何らかの要求がそのなかに含まれ、それにともなって対人的な配慮が必要になります。また、論文の題名の場合、そのなかにはオリジナリティのある主張が含まれますので、その主張を前面に押しだすタイトルのつけ方になります。しかし、新聞記事の見出しの場合、事実だけを正確に伝えればよいので、内容を端的に伝えられるようなタイトルのつけ方が求められます。新聞の見出しの場合、「いつ」「どこで」「誰が」「何を」「どうした」という五つの要素が必要になると考えられ、基本的にはそれでよいと思うのですが、実際に見出しをつけようとすると、ある要素を考慮しなくてもよい場合が出てきたり、ほかの要素を考慮しなければならない場合が出てきたりします。

たとえば、ある事件が起き、それが朝刊で大きく報道される場合、それは前日か、または当日の早朝までに起こった事件であることが普通です。そう考えると、「いつ」の要素はあまり重要でなくなります。また、「○○首相、衆議院を解散」といった場合、「どこで」解散するかという情報は必要ありません。国会でしか衆議院は解散できないからです。また、「ドルが急騰」といった場合は、市場の原理に従っただけで、ある特定の人物が介在したことが明らかになることはまれですから、「誰が」「何を」「どうした」ではなく、「何が」「どうした」になるでしょう。一方、事柄によっては、この五つの要素に入ってこない「原因」や「目的」といったものが必要になる場合もあります。

このように、五つの要素を基本としながら、どのような情報を重要と考え、またどのような情報が必要ないかということを的確に取捨選択することが、事実を伝えることを目的とする新聞記事のタイトルのつけ方の難しいところです。その意味で、新聞記者ではない私たちにとっても、新聞記事に見出しをつけてみることは、「究極の要約としてのタイトル」をつけるためのよいトレーニングになると思います。

まず、記事にそって、「いつ」「どこで」「誰が」「何を」「どうした」を考えてみましょう。ここでは、事件の性格上、「何を」がなく、「どうした」の部分が二つに分かれ、さらに「何が原因で」という分析が入っています。

(1)　いつ：21日午後8時40分ごろ→21日夜→21日

(2)　どこで：兵庫県明石市大蔵谷のJR朝霧駅南側の歩道橋で→兵庫県で／明石市で／朝霧駅で／歩道橋で

(3)　誰が：同市の第32回市民夏まつりの花火見物に来ていた観客が→花火の見物客が

(4)　どうした（前提）：将棋倒しになった

(5)　どうした（結果）：子ども8人を含む10人が死亡、約140人が重軽傷を負った→10人が死亡、140人がけが→10人が死亡／150人が死傷

(6)　何が原因で：周辺の警備態勢に問題があったという疑いもある→警備態勢に問題

矢印のあとは、長い内容を短くまとめたものです。この矢印のあとの表現を取捨選択して組み合わせれば、新聞の見出しになると思われます。取捨選択のさいには、情報の重要度を考える必要がありますが、その規準としては「事件性が高い」「事実性が高い」「事件の中核に近い」「イメージが湧きやすい」「身近に感じられる」ほど重要な情報であり、「類推が効く」「背景知識からわかる」「常識的な」「不確かな」情報ほど不要な情報であるということになるでしょう。

今回の事件は、朝刊で大きく取りあげられた事件であり、花火見物という内容を考えると、事件が起きたのは昨晩であると容易に想像がつきます。したがって、(1)「いつ」という情報はさほど重要ではありません。

一方、花火は夏になると日本各地でおこなわれていますので、(2)「どこ

で」という情報はきわめて重要です。場所によっては、読者の身近な人物がこの事故に巻きこまれている可能性もあるわけで、「どこで」という情報は不可欠です。

(3)「誰が」という情報も重要です。事故にあったのが、花火を打ち上げていた花火師なのか、花火を見物に来ていた見物客なのか、会場の警備に当たっていた警備員なのか、区別する必要があるからです。また、「花火」という情報を効率よく見出しに入れるために、「花火客」として「誰が」の部分に入れる必要があるという実際的な理由もあります。

(4)「どうした（前提）」は、(5)「どうした（結果）」ほどではありませんが重要です。(5)「どうした（結果）」が起こったのは、(4)「どうした（前提）」があったからだということがわかるからです。花火客が亡くなる理由としてまず考えられるのは花火の暴発ですが、今回の事故の原因はそうではなく「将棋倒し」による圧死です。「将棋倒し」という表現は、事故当日のイメージを端的に表現できるために用いられたものです（ちなみに、この事件の報道にさいして、日本将棋連盟からこの表現にクレームが出たそうです）。すでに述べたように、イメージが湧きやすい表現は見出しによく用いられる傾向があります。

(5)「どうした（結果）」は、もっとも重要な情報です。「子ども 8 人を含む 10 人が死亡。約 140 人が重軽傷を負った」という事件性の高い内容だからこそ、新聞に大きく取りあげられたわけです。この情報なくしてはこの事件の報道そのものが成立しません。

(6)「何が原因で」は重要ではありますが、この報道の時点ではまだ事実かどうかはっきりしない内容です。日が経つにつれて(5)「どうした（結果）」の部分の事件性は低くなり、反対に(6)「何が原因で」の部分の分析が進み、この部分の事実性、ひいては事件性が高まっていくものと思われます。ただし、この時点では、事実性の低い不確かな内容ですので、見出しからは外される可能性が高いでしょう。事実性の低い内容であっても報道されるのは、事件性はきわめて高いが、まだその時点ではその概要をつかみきれていない「どうした」の場合だけです。

以上のことを考えあわせると、常識的な見出しとしては「明石市歩道橋で花火客将棋倒し、10人死亡」「明石市の花火見物で将棋倒し、150人死傷」ぐらいになるでしょう。実際の新聞記事の見出しでは、20字を超えますが、「花火客、将棋倒しで10人死亡　終了後に駅へ殺到、140人が重軽傷――兵庫・明石」(東京版)、「兵庫・明石市の花火見物で将棋倒し事故　10人死亡140人がけが　終了後、駅に殺到」(大阪版)となっていました。

みなさんの答を見ていておもしろく感じられたのは、本文を読んでもらうことを狙ってか、ある一部の情報にスポットライトが当たるような見出しがいくつか見られたことでした。

【見出しのレトリック】

- ぼかし：「死傷者多数」
- 省略：「花火客将棋倒しで150人死傷」「花火客10人死亡」
　　「花火客、百数十人将棋倒し」
- 倒置：「10人死亡、明石市歩道橋で花火客将棋倒し」
- 付加：「花火客、子ども8人を含む10人死亡」
- 対比：「楽しい花火が悪夢に一変、兵庫県明石市で」
- 評価：「危険な花火見物、警備の甘さが生んだ悲劇」
- 推量：「花火が生んだ大惨事、警備体制に問題か」

「ぼかし」の例では、死傷者の正確な数を挙げるかわりに、「死傷者多数」としてあえてぼかしています。そうすると、読者としては「多数とはいったいどのくらいの人数なのだろう」と、事故の規模を知りたくなって本文を読みたくなります。

「省略」では、「花火客将棋倒しで150人死傷」とすると「どこだろう」と場所が気になり、「花火客10人死亡」とすると「どうしてだろう」と理由が気になり、「花火客、百数十人将棋倒し」とすると「どうなっただろう」と結果が気になります。「ぼかし」の場合と同様、情報が不充分な部分を補おうと本文を読むことになります。

「倒置」では、「10人死亡」と結果を原因に先行させることで、読者の注意を惹いていますし、「付加」では、「子ども8人を含む」という情報をあえて付加し、事件の痛ましさをよりリアルに伝えようとしています。

「対比」では、「楽しい花火が悪夢に一変、兵庫県明石市で」として、「楽しい」と「悪夢」を対比させることで、事件の悲惨さを鮮やかに浮き彫りにしています。「評価」では、「危険な花火見物、警備の甘さが生んだ悲劇」がその典型例ですが、客観的な事実にくわえ、筆者が問題点を指摘するというスタイルを採ることで一歩踏みこんだ見出しになっています。いずれも1面というよりも、社会面の記事の見出しという感じがします。なお、評価を表す見出しには、「悲劇」のほかに、「惨事」「災難」「人災」「犠牲者」などといった評価性の名詞が含まれる傾向がありました。

「推量」は、「花火が生んだ大惨事、警備体制に問題か」という見出しに見られるように、評価の一種ではありますが、「か」という終助詞が加えられることで筆者の主観的判断という色合いがより濃くなるものです。

以上のような見出しは、単なる事実の取捨選択にとどまらず、筆者が何らかの手を加えることである種の表現効果を狙った見出しと見ることができます。こうした見出しは、多用するとあざとく映ることもありますが、成功すれば読者に大きなインパクトを与えることができます。やや上級者向けの見出しのつけ方ということになるでしょう。

4.5　コラムのタイトル

③「日本の明治維新について記せ」という問題に、奇妙なイラストがついている。にぎりずしをパンにはさんだ「すしバーガー」。香港の新聞で見かけた高校生用アチーブメントテストの予想問題と解き方の解説だ▲明治維新が出題されたら「すしバーガー」をヒントにしろという。パンとは西欧から輸入した近代的な工業技術。伝統的な天皇制、封建主義、つまり「すし」をパンで包むように近代化したのが日本の明治維新。なるほど、すらすら答えが書ける▲ただし、忘れてはならないツボがある。明治維新を、良いことだと評価してはいけない。野蛮な封建主義、軍国主義を温存したままの近代化である。だから日本

は中国を侵略した。そう書かないと良い点数はとれない▲確かに明治維新は「すしバーガー」だった。そのおかげで19世紀末の帝国主義時代に、日本は帝政ロシアからも大英帝国からも、かろうじて独立を守ることができた。一方、近代化に失敗した清国は、列強に領土や権益を奪われた。どちらがよかったか迷う日本人は少ない▲だが、日本の中国侵略が明治維新に出発点があると考えるなら、明治維新は肯定できない。世界のどの国にも共通な万能の歴史はない。中国の朱鎔基首相は、日本のある歴史教科書が検定で修正を受けた問題で「アジアの人民の反応から考えれば、こうした修正は十分ではない」と語った。朱首相が、中国に関する歴史の記述に関心を持つのは当然だと思う▲だが、中国も「アジア人民」の歴史を代表しているわけではない。修正のどこがどう不十分なのかを具体的に言わないのでは、批判にならない。歴史の教科書は外国人の批判にもきちんと堪えうる質が求められるが、大事なことは、歴史を一色に染めることではない。角度によってさまざまな色に輝くことを知ることだ。

③は、コラムのタイトルのつけ方を問うたものです。同じ新聞でも、記事の見出しのつけ方を問うた②とは異なり、③では語られている事実だけでなく、その背後に流れる筆者の主張も汲みとってタイトルをつけなければいけないという点で、やや高度な問題です。

②と同様、選ばれたタイトルは多岐にわたりましたが、その人気上位は、「明治維新は「すしバーガー」？」(7名)「明治維新と「すしバーガー」」(5名)「歴史の多面性」(4名)「「すしバーガー」に見る歴史観」(3名)でした。前二者は冒頭から導入されている挿話を利用したタイトルで、筆者の主張は見えませんが、「明治維新」と「すしバーガー」という一見無関係のものが並べられており、その二つがどういう関係にあるのか、文章を読んでみたくなるような謎を含んだタイトルです。小説的なタイトルのつけ方と見ることができます。

一方、後二者はそうした挿話を踏まえた結論を打ちだしたタイトルと考えられます。謎かけ的な要素は含まれていませんが、筆者の主張がよりはっきりと伝わってきます。こちらは、論文的なタイトルのつけ方と見ることができるでしょう。

どちらがよいということは一概には言えないのですが、ここでは筆者の主張とタイトルのつけ方の関連を見たいので、後者のタイトルのつけ方を中心に整理してみました。

まず、みなさんのタイトルのなかで目立ったのが、「歴史の多様性」に言及したものでした。具体的には、「歴史認識の多角的視点」「歴史を多角的に見る重要性」「歴史観の多様性、認識を」「歴史の多様な見方の重要性」「歴史の多角性を認知せよ」「多角的な歴史観の必要性」「多様な歴史観尊重を」「歴史を多角的に観察する」「多様な観点で築く調和」「歴史教科書問題ー多元的視点を」「歴史ー様々な角度で見る目を養う」といったものがありました。たしかに、この文章の論点は、歴史の見方は一通りではなく、それぞれの立場によって異なるものだということにあり、こうしたタイトルのつけ方はどれも論理的で妥当性が高いものであると思います。

「歴史の多様性」に近いものとして、本文中の最後の2文「大事なことは、歴史を一色に染めることではない。角度によってさまざまな色に輝くことを知ることだ」に着目したものが見られました。このうち、前のほうの文に着目したものとしては、「一色に染まらない歴史」「歴史を一色に染めてはならない」「歴史は一色に染められない」「一色にならない歴史教科書を！」などがあり、後のほうの文に着目したものとしては、「単色よりも無数の色に輝く歴史を」「歴史は虹色なり」「玉虫色の歴史」「万華鏡でみる歴史」「歴史は光のプリズム」などが見られました。とくに、後者のほうが「無数の色」「虹色」「玉虫色」「万華鏡」「光のプリズム」などと、本文にはない象徴的な用語を使うことで、印象的なタイトルに仕上がっています。

また、「すしバーガー」と歴史認識を結びつけることで、本文全体の内容をカバーしようとしたタイトルも多く見られました。具体的には、「「すしバーガー」にみる歴史認識」「「すしバーガー」と歴史認識」「すしバーガーに見る歴史の多面性」「「すしバーガー」と歴史の多面性」「「すしバーガー」と歴史批判」などがありました。

こうして見てくると、筆者の主張を取りだしてきてタイトルをつける方法も一通りでないことがわかります。「歴史認識の多角的視点」のように筆者の主張を論理的に抽象してタイトルをつけることもできますし、「一色に染まらない歴史」や「単色よりも無数の色に輝く歴史を」のように結論部分を抜きだして象徴的にタイトルをつけることもできますし、さらには「「すしバーガー」にみる歴史認識」のように本文全体の内容を凝縮した具体的なタイトルをつけることもできるわけです。この場合、どれがよいと言いきることはできません。そのときどきに合ったタイトルをつける必要があるわけですが、そのさいに重要なのは、選ぶための複数の候補を考えられるということです。この作業はそのヒントを与えてくれると思います。

4.6　ショートショートのタイトル

④　博士「いやあ、とうとう完成したぞ！　長年の研究の成果！　すばらしいメガネができた！」

助手「これまた、ずいぶん変わったメガネですね。どういった成果が……」

博士「うむ。これはな、〔災難予知メガネ〕といってな、かけるだけで、近い将来わが身にふりかかる災難が見えるんじゃ」

助手「へぇー。そうなったら、もうケガとか事故とかは、死語同然ですね」

博士「そうとも。うらやましいであろう。では、さっそく私がかけてみることに――わぁッ！」

助手「どうしました？」

博士「メガネの柄（え）で、目を突いた……」

④はショートショートです。実用的な文章とはことなり、娯楽的な文章では、どことなく謎めいて魅力のあるタイトルなのだが、内容まではわからない。しかし、その文章を読みおわったとき、そのタイトルの意味がよくわかったという味わい深いタイトルが理想です。

前節で、推理小説の場合、犯人がわかるようなタイトルは厳禁であると述べましたが、④のようなショートショートでも、オチがわかるようなタイトルは御法度です。「かけなきゃ見えない」「ずれたメガネ」「おっちょこちょい」などいったタイトルが見られましたが、これらはこれだけでオチがわかってしまうおそれがあり、ややリスクの高いタイトルです。

今回の調査で多く見られたのは、「災難予知メガネ」(34名)、「災難予知メガネの災難」(12名)、「災難メガネ」(8名) の三つでした。これらは、このタイトルを見ただけではオチがわからないという点ではよいのですが、このタイトルがあったからといって、何か含みが生まれるわけでも、何らかの表現効果が見こめるわけでもありません。無難なタイトルではありますが、踏みこみが足りないような気がします。

魅力的なタイトルは、オチを見たとき、そうしたタイトルがつけられた理由が初めて見えるというタイトルです。「本末転倒」というタイトルをつけた人が5名いました。「本末転倒」というのは、ある目的にむかって物事を進めているはずが、その反対の結果を招くようなことをしてしまっていることを指していうことばで、ここでの状況とかならずしも合ってはいませんが、そういうタイトルをつけた狙いそのものはよく理解できます。格言的なものとしては、ほかに「灯台もと暗し」というタイトルをつけた人が4名いました。こちらのほうが、よりこの文章の内容を反映しているでしょう。遠くのものにばかり気を取られて近くの危険に気がつかなかったという内容を象徴的に表しているので、オチを見ぬかれることなく、なおかつオチの内容を的確に表していると思います。

「予知できない災難」というのもありました。これもうまいと思います。たしかにメガネをかけるまえに起こる災難は「予知できない災難」なわけで、これもオチを見て初めてなるほどと思えるものです。

「次はコンタクトです！」「コンタクト誕生秘話」というものもありました。なぜメガネのつぎはコンタクトなのか、なぜメガネなのにコンタクトの誕生が出てくるのか、オチを見ればよくわかります。コンタクトはメガネとちがって柄がないのです。オチまで読みおわると、たしかにコンタクトならこうした事態は起こらないなあという気にさせられます。なかなかひねりの利いたタイトルです。

ちなみに原文のタイトルは「盲点」です。災難予知メガネをかけるということは、わが身にふりかかる災難を見るということです。「では、さっそく私がかけてみることに――わぁッ！」という叫び声を耳にした読者は当然のことながら博士が見た災難を予測します。博士が交通事故に遭うとか、助手が博士にピストルをむけて立っていたとか、メガネが床に落ちて割れてしまうとか、そういった災難を予測して読者は読みすすめるわけです。ところが実際は、博士はメガネの柄で自らの目を突いてしまいます。メガネの柄が視角に入らなかったという意味で博士にとって盲点だったのと同時に、読者にとっても、博士がメガネをとおして見た将来のことで叫んだのではなく、博士が見るまえにメガネを柄に突きさして叫んだというのが盲点だったわけです。つまり、この「盲点」というタイトルは二重の意味を持っているのであり、オチを見て初めて納得のいくタイトルです。じつによくできています。みなさんのなかにも、原文の「盲点」のほか、「災難予知メガネの盲点」「メガネの死角」などと書いた人がいました。なかなかのセンスだと思います。

いずれにしても、読む人を楽しませることを目的に書かれた娯楽的な文章では、読んでみたくなるような謎を秘めた魅力的なタイトルで、その文章を読みおわったとき、そのタイトルの意味が初めてよく理解できるというタイトルが理想的なのだということをぜひ憶えておいてください。

4.7　タイトルのまとめ

【タイトルのポイント】

i）　情報過多の社会にあっては、**タイトルは本文を読んでもらうために、本文の内容と同じくらい重要なものである**ので、充分に吟味してつける必要がある。

ii）　タイトルは文章のジャンルによってつけ方が異なる。情報を伝えることを目的とした**実用的な文章にあっては、タイトルは本文の究極の要約である必要がある。**一方、読んで楽しんでもらうことを目的とした**娯楽的な文章では、タイトルは作品の雰囲気を伝え、そのなかにサスペンスを含んだものである必要がある。**

iii）　実用的な文章のうち、用件を伝える電子メールのような対人的な配慮を必要とするものについては、**「内容が具体的にわかること」「差出人が特定できること」「表現が失礼にならないこと」の３条件**

（内容によっては、さらに「急ぎであることがわかること」「返事が必要であることがわかること」の２条件）を満たす必要がある。

iv）　実用的な文章のうち、新聞記事のような事実を伝えることを主眼とした文章では、「いつ」「どこで」「誰が」「何を」「どうした」という五つの要素を中心に、**「事件性が高い」「事実性が高い」「事件の中核に近い」「イメージが湧きやすい」「身近に感じられる」重要な情報を入れ、**「類推が効く」「背景知識からわかる」「常識的な」「不確かな」不要な情報を除いて組み立てる必要がある。

v）　実用的な文章のうち、コラムや論文のような何らかの主張を伝える文章では、その主張が明確になるように、文章の結論を抽出して示す必要がある。そのさい、**その結論を論理的に示す方法、象徴的に示す方法、文章全体のトピックと関連づけながら具体的に示す方法などがある。**

vi）　娯楽的な文章のうち、ショートショートのようなオチのある文章では、**読んでみたくなるような謎を秘めた魅力的なタイトルで、その文章を読みおわったとき、そのタイトルの意味が初めてよく理解できるというタイトルが理想的である。**

「はじめに」で述べたように、本書では文章の線条的性格を重視しています。そこで、今回の講義の最後に、文章の線条的性格とタイトルの関係について述べておきましょう。具体的には、タイトルの機能を「読むまえ」「読んでいる最中」「読んだあと」の三つの観点から見ていきます。

まず、読むまえのタイトルの機能ですが、これは言うまでもなく、その文章を手に取らせ、その中身を読ませる機能です。ただし、実用的な文章と娯楽的な文章とでは違いがあります。前者はタイトルを見て内容の見当がつき、その内容に関心があるから読みたくなるのにたいし、後者はタイトルを見て中身の見当がつかず、謎が深まるから読みたくなるのです。

読んでいる過程でのタイトルの機能としては、実用的な文章では、タイトルから見当のついた内容を深めるように読んでいくことになります。つまり、トップダウン的に文章を理解するのにタイトルが役に立つのです。

一方、娯楽的な文章では、タイトルの謎を解決するように、ボトムアップ的に読んでいきます。そのさい、徐々に謎が解決されていく場合とかえって謎が深まる場合とがあるでしょう。

読んだあと、とくに文章を読みおわった直後のタイトルは、実用的な文章では内容のまとまりを確認する役割を果たすだけですが、娯楽的な文章では、タイトルと内容の不整合の解決という大きな役割を果たします。つまり、このタイトルがついていたのはこういう意味があったのかということが読みおわって初めてわかるのです。文章の内容とタイトルが結びつき、タイトルの謎が解決されることで、読者はさわやかな読後感を得られます。

以上のことをまとめると、タイトルは文章に統一感を与えるものですが、実用的な文章では読むまえにその統一感が与えられるのにたいし、娯楽的な文章では読んだあとにその統一感が与えられるのです。

大切なのは、タイトルというものが固定化されたものではなく、文章を読む過程で動くものだということです。文章を読ませるところまでがタイトルの働きではありません。読者は文章をタイトルと照合させながら読みすすめるのです。ですから、タイトルにサスペンスを持たせ、文章を読む過程でタイトルがさまざまな顔を見せるように文章を組み立てることは、文章を書くさいの一つの重要な技術になると思います。

練習 4

問　以下の文章に、適切なタイトルをつけなさい。

①　(メール) [件名：　　　　　　　　　　　] (10 字以内)

先日、メールでレポートを提出いたしました鈴木と申します。先生のお話では、レポートが届き次第お返事をくださるということでしたが、レポートを提出してから一週間経った今日、まだお返事が届いておりません。メールのトラブルでもあったのではないかと心配しております。お忙しいところたいへん申し訳ありませんが、私のレポートが先生のお手元に届いているかどうか、ご確認いただけないでしょうか。

② ［見出し：　　　　　　　　　　　　　　　　　　　］（20字以内）

アルコール度数0％のビール風味飲料の新商品が、9月に相次いで発売される。4月にキリンビールが「世界初」を掲げて売り出した「キリンフリー」が販売計画を2度上方修正する好調ぶりに、他3社も参入を急ぐ構図だ。不況や冷夏でビール類の販売が振るわないなか、活気づいている。

9月1日にはアサヒビールが「アサヒポイントゼロ」を発売。サントリー酒類は同29日に「サントリーファインゼロ」を、翌30日にサッポロビールが「サッポロスーパークリア」を投入する計画だ。

先行する「キリンフリー」は、飲んでも車を運転できるとして、ゴルフ場や高速道路のサービスエリアなどで好調に推移。同16日には中瓶や500ミリリットル缶も追加する予定で、追随するライバルメーカーの引き離しにかかる。

四つの商品とも、350ミリリットル缶の店頭想定価格が税込み140～148円程度と「第3のビール」並み。ただ、酒税がかからないため、高い利益が見込めるとして販売に力を入れている。

（『朝日新聞』2009. 8. 28 朝刊より）

③ ［タイトル：　　　　　　　　　　　　　　　　　］（15字以内）

秋を出迎えに、栃木県北部の那須高原を訪ねた。小さな人造湖を涼風が渡り、リンドウの青い花を揺らしていた。水面に張り出した桜の枝先には、ちらほらと赤トンボ。羽の両端が黒い▼帰路、鬼怒川に寄った。つり橋のワイヤに、別の種類の赤トンボが列をなしている。欄干の1匹にそっと指を近づけると、何のつもりか飛び移ってきた。逃げもせず頭をひねる姿が愛らしく、左手でカメラに収めた▼「赤トンボ」という種はいない。日本に20種ほどいるトンボ科アカネ属の総称という。写真を調べてみたら、鬼怒川の愛敬者はアキアカネだった。代表的な赤トンボで、真夏は高地にいて、涼しくなると里に下りてくる。稲穂の上を群れ飛ぶ、秋の使者である▼田んぼで繁殖し、害虫を食べるアキアカネは、長らく人間と共栄の関係にあった。人なつこい習性もそれゆえだろう。ところが農業の衰勢を映してか、各地で減少が伝えられる▼全国で生態調査を続けるNPO法人「むさしの里山研究会」代表の新井裕さんは、著書『赤とんぼの謎』（どうぶつ社）で「やがて、赤とんぼを見ても何の思い出も持たない人々でこの国は覆われてしまうのか」と案じた。アキアカネが舞う田園風景は日本人の心のふるさとなのに、と▼農薬は実りをもたらした半面、赤トンボから餌と「仕事」を奪った。湿地が消え、休耕田が増え、温暖化が進み、トンボには生きにくい環境である。きょうは暑さがやむとされる節目、処暑。秋の使いが山を下りる候、小さな生き物との共存を考えてみたい。

（「天声人語」『朝日新聞』2009. 8. 23 朝刊より）

④（詩）［タイトル：　　　　　　　　　　　　　］（10 字以内）

鼻と鼻が
こんなに近くにあって
（こうなるともう
しあわせなんてものじゃないんだなあ）
きみの吐く息をわたしが吸い
わたしの吐く息をきみが
吸っていたら
わたしたち
とおからず
死んでしまうのじゃないだろうか
さわやかな五月の
窓辺で
酸素欠乏症で

（辻征夫氏の作品　大岡信・谷川俊太郎編
『声でたのしむ 美しい日本の詩 近現代詩篇』岩波書店より）

⑤（ショートショート）［タイトル：　　　　　　　　　　　］（10 字以内）

一組のカップルが神社にお参りに行った。
女も男も御賽銭（おさいせん）を投げ、神妙に両手を合わせ、目を閉じた。
鳥居を後にしてから、女が男に尋ねた。
「何をお願いしたの？」
男、答えていわく、
「君の願いがかなうように」
真顔（まがお）だった。女は赤面した。

暫(しばら)くしてから、今度は男の方が尋ねた。

「君のお願いは？」

「貴方(あなた)の願いがかなうように」

女も真剣だった。男は照れ臭そうに視線を投げた。

数ヶ月後――。二人は別れた。恐らく、それぞれの願いがかなったのだろう。

(津久井綾子氏の作品　星新一編『ショートショートの広場5』講談社文庫より）

参考文献

阿久津友希（1997）「向田邦子のタイトル機構－随筆の場合－」『表現研究』66 表現学会

荒木晶子・向後千春・筒井洋一（2000）『自己表現力の教室 大学で教える「話し方」「書き方」』情報センター出版局

枝川公一（2002）『メールのためのe文章入門』朝日出版社

加藤典洋（1996）『言語表現法講義』岩波書店

樺島忠夫編（1979）『文章作法事典』東京堂出版

佐々木健一（2001）『タイトルの魔力』中公新書

佐藤信夫（1985）『レトリックを少々』新潮社、1993年に『レトリックの記号論』講談社学術文庫として復刊

澤田昭夫（1983）『論文のレトリック』講談社学術文庫

田中章夫（1992）「文章の題名・要約文とキーワードの関連性」『表現研究』56 表現学会

平井昌夫（1972）『新版 文章を書く技術』現代教養文庫　社会思想社

第5講　読者への配慮

課題5

問1　あなたは「日本語をみがく書店」に勤務する編集者である。会社宛に届いたメールを開いたところ、以下のような10通のメールが目に留まった。就職活動中の大学生が就職希望のメールを送ってきたらしい。会社では現在社員を募集していないが、人手不足のおり、有能な人材ならば実際に会ってみて採用をしてもよいと考えている。ただし、編集業務が多忙を極めており、多くの学生と面接する余裕はない。あなたならどの学生にまず返信するか。返信しようと思う順に番号を並べなさい。

問2　あなたが上位に推したもののなかからいくつか選び、それを上位に推した理由を書きなさい。

問3　あなたが下位に推したもののなかからいくつか選び、それを下位にした理由を書きなさい。

①　件名：貴社に就職を希望いたします

突然のメールで失礼いたします。私は現在早稲田大学4年生の◯◯と申します。ただ今就職活動をしており、ぜひ貴社に就職希望をいたしたいのですが、新入社員は募集していらっしゃるでしょうか。パソコンは得意ですし、1年間出版社でアルバイトもしてきたので、きっとお役に立てると思います。よろしくお願いいたします。

②　件名：入社に関して。

初めまして。私は現在大学四年生の◯◯と申します。

貴社への入社を希望しております。

(1)　現在、貴社は社員の募集をおこなっているのかどうか教えていただきたいと思います。

(2)　もし、詳しい資料などございましたら下記住所まで送っていただけたら幸いです。

早稲田大学第一文学部　○○
〒○○　東京都品川区○○６丁目○○

③　件名：社員募集についての問い合わせ

突然のメール失礼いたします。

私は現在大学四年生の○○と申します。

今回メールをさせていただいたのは、貴社で社員を募集されていらっしゃるかということをお伺いしたかったからです。

私は貴社から出版されている書籍にたいへん興味があり、是非とも貴社で編集の仕事にたずさわりたいと思っております。

お手数をおかけして申し訳ありませんが、ご返信のほど、よろしくお願いします。

④　件名：貴社への就職希望

早稲田大学第一文学部４年の○○と申します。

この度、就職活動をするにあたって、貴社へ就職したいと思っているのですが、ホームページを拝見する限り、社員募集をされているようには思われません。社員募集はなさらないのでしょうか。情報を返信して頂けると幸いです。よろしくお願い致します。

⑤　件名：就職希望

私は貴社に就職を希望しております。しかし、貴社のホームページを拝見しましたところ、社員募集をしているようには見うけられなかったため、問い合わせ窓口にメールを送らせていただこうと思いたちました。

貴社の出版物は「日本語をみがく」の名の通り、日本語に関して、非常に興味深い研究をなさっている方々の著書に代表される「日本語をみがくシリーズ」、さらには日本の古典までカバーしており、愛読させてもらっています。私は出版社で編集の仕事をしたいと考えておりました。そこで、できれば貴社に就職を希望した次第です。

今回はメールという形ではありますが、何らかの指示を頂ければ、従いますのでよろしくお願いします。

⑥　件名：貴社への就職を希望しています

私は貴社が出版なさった『○○』という本に感銘を受け、それ以来本を読む楽しさを覚え、将来は本に関連した仕事をしたいと思うようになりました。そして、先に挙げた本の大好きなフレーズについて自分なりに考察しているうちに、「編集」という職業に、私の夢があるのだと思いました。そこで、私にこの気持ちを与えてくださった貴社で是非編集の仕事をさせていただきたいのです。貴社のホームページを拝見しましたが、社員募集のお知らせが見あたらなかったのでメールで送らせていただきました。貴社の社員募集要項について教えてください。

⑦　件名：御社に就職を希望する者です

突然のメールで失礼いたします。

早稲田大学第一文学部人文専修に所属する◯◯と申します。

卒業研究の資料収集に際して御社発行の「◯◯（書名）」に触れて感銘を受け、御社への就職を強く希望するようになりました。

そこで失礼とは存じながら、メールにてその意志をお伝えすることにいたしました。

お忙しい中とは存じますが、よろしければ御社をお訪ねして、私の人となりをご覧いただくとともに、熱意をお見せしたいと考えます。

もし可能でしたら、その日時などお伝え下されば幸いです。

それでは、用件のみですが失礼いたします。

ご返答を心よりお待ちしています。

⑧　件名：入社希望

採用募集が特にないのは存じておりますが、是非面接をさせて頂きたいです。御社の、少数精鋭の社員構成に惹かれました。実力を試させてください。特に、文芸部での活動を希望します。

⑨　件名：ホームページを拝見させていただきました

私、早稲田大学第一文学部英文学科4年の◯◯と申します。

現在就職活動をしております。

今回メールを差し上げたのは、日本語をみがく書店様の社員募集の状況をお伺いしたいと思いましたので、お忙しい中失礼致しました。

ホームページ上では新卒採用の情報は拝見できませんでしたが、御社での編集業務を是非希望しております。

一度、面接などの機会を設けていただくことは可能でしょうか。

ご返信をお願い致します。

⑩　**件名：社員募集に関しての問い合わせ**

はじめまして。〇〇大学〇〇学部4年の〇〇と申します。突然のメール失礼いたします。私は出版社での編集の仕事に大変興味があり、将来はそちらの方面に就職したいと考えております。私が調べた限り、貴社は現在までのところ社員募集をされていないようではありますが、もしご迷惑でなければ、どんなささいな情報でも良いので、お知らせ頂ければ幸いです。お手数ですが、どうぞよろしくお願い致します。

5.1　手紙とメールの相違点

文章を書くトレーニングでかつて重視されたのは手紙の書き方でした。書く目的や書く相手、書く内容がはっきりしていて書きやすいという点や、敬語を使って書かなければならないため、正しい敬語の使い方や社会性が身につくという点、文章の型が比較的はっきりしており教えやすいという点、さらには、文章をあまり書かない人でも書く必要に迫られることが多いという点などが、手紙の書き方が重視された理由でしょう。事実、好きな人に宛てたラブレターの書き方や、故郷の両親に宛てた生活費を無心する手紙の書き方などが教室で採りあげられることがあったようです。

しかし、今では手紙を書くという習慣を持つ人が少なくなりました。郵便ポストを開けてみても、届いているのは業者からのダイレクト・メールだけという日は少なくありませんし、年賀状以外、手紙は書かないという人も多いようです。

現在、手紙のかわりを果たしているのは携帯メールやEメール、いわゆるメールです。手紙とはちがい、メールはみなさんの日常生活のなかに深く根ざしているだろうと思います。携帯電話を持っていない人はほとんどいないでしょうし、携帯電話を持っていれば必然的にメールのやりとりをする機会も増えてきます。私自身は携帯電話を持っていませんが、仕事柄、パソコンでメールは毎日チェックしています。現代社会では、メールをやりとりしない日はないという人が急速に増加しているように思います。

メールは近年急速に普及しているだけあって、手紙にない特長を備えています。送れば相手にすぐに届く利便性、ただ同然で送ることができる経済性、便箋や封筒を用意しなくても済む手軽さなどがそれに当たります。もちろん、相手がきちんと見てくれるかどうかわからない不確実性、手書きならではの味が伝わらないデジタル性、間違って送信してしまったり第三者に簡単に見られてしまったりする危険性など、かならずしもよい面ばかりではないのですが、そうした短所を補ってあまりある長所を持っているからこそ、これだけメールが普及したのでしょう。

また、メールの普及にともなって、社会のさまざまな側面が合理的に運用されるようになりました。その典型的な例が就職活動です。私が就職活動をしたのは今から 20 年近くまえですが、その当時はエントリーシートなどというものはなく、少ない人でも二桁、多い人では三桁のはがきを手書きで書いて企業に送っていました。今は、就職活動は「就活（しゅうかつ）」という当時はなかった軽い呼び名で呼ばれるようになり、メールによるやりとりが可能になったことでその負担も軽くなったように思われます。

今回は、エントリーシートではなく、あえて社員の募集をしていない出版社に入社を希望するという設定で書いてもらったメールを課題として取りあげましたが、みなさんの就職活動においてもこうしたメールによる活動は今やごく日常的な風景になってきていると思います。

5.2　手紙とメールの共通点

前節では、手紙とメールの相違点を強調しましたが、その一方で、メールには、手紙と同じように気をつけなければならない点があります。それは、特定の相手に宛てた文章であるという点です。

「はじめに」で見たように、文章を書くという行為は、「誰が」「誰に」「何のために」「何を選んで」「どう書くか」という 5 点から考えるとよくわかります。「何のために」という部分がもっともはっきりするのが前講でみた「タイトルのつけ方」です。一方、「何を選んで」「どう書くか」については、説明文については第 6 講で、描写文については第 7 講で詳述する予定です。本講では「誰が」「誰に」についてくわしく見ていきますが、その「誰が」「誰に」の部分をもっとも考慮して書かなければいけない文章が、特定の相手に宛てた文章であるメールであり手紙であるわけです。

とくに、メールは、手紙とちがってその歴史が浅いので、はっきりとしたスタイルがありません。しかし、前節で述べたように、メールを書く必要はいまや手紙以上に高まってきています。メールというものは書いたらすぐに送れる便利なものですが、書いたらすぐ送れるというその特性のため、相手の立場を考えない文面で送ってしまい、人間関係を損ねるケースが少なくありません。電話なら、相手の反応を確かめながら話せますし、手紙なら、自分の書いた文面を紙の形で手にしますので、それなりに推敲して出せるのですが、メールの場合は、読者のことを深く考えず、ストレートに書きすぎて送っていまい、相手の感情を害するという失敗が後を絶ちません。とくに初対面の相手にメールを送る就職活動では致命的です。

就職が厳しい昨今、第一印象はとくに重要です。手紙文とはことなり、定型がまだはっきりしていないメールですので、失敗も多いとは思いますが、型にはまらない細心かつ大胆な文面で成功を収めることもできるはずです。今回の課題で、10 通のメールの文面を読みくらべてみて、それぞれの文章の持つよい面をぜひ学んでほしいと思います。

5.3 相手を知ることの重要性

今回のテーマは出版社の編集者に宛てて送る就職活動のメールです。マスコミ関係は大学生のあこがれの職業のひとつで、出版社もその例外ではありません。入社のための競争率はどこも高いと聞きます。そうした競争試験をくぐり抜けるためには、漫然と就職活動をしてもだめでしょう。相手を知り、己を知らなければなりません。ここではまず、相手を知ることから始めます。

多分に私の先入観が入りますが、編集者とは

- とても忙しい人である。グルメ雑誌の担当者が毎日インスタント食品を食べていたり、ファッション雑誌の担当者が自宅ではいつもジャージを着ていたりする。
- 職業柄、活字を大量に読む人である。ことばにたいする感覚は人一倍鋭敏で、誤字や不自然な表現を見のがさない。

- 自分が編集した本に、筆者と同じくらい誇りと愛情を持っている人である。自身の手がけた本は、筆者と同じように自分の本という意識を持っている。
- 職人かたぎの強い人である。過酷な環境でハードに仕事をこなし、良好な人間関係を構築することができる。

の4条件を満たす人なのではないかと思います。

かりに、私のこのような憶測がある程度的を射ているとすれば、「とても忙しい人」にたいしてメールを送る場合、明確な用件、簡潔な構成、多忙な相手への配慮の三つが必要になるでしょう。また、「職業柄、活字を大量に読む人」にたいしては、自然な敬語や、内容に応じた適切な表現選択が求められますし、「編集した本に誇りと愛情を持つ人」にたいしては、当該の出版社や出版物への関心や、その専門的知識への尊敬の念が示されてしかるべきでしょう。さらに「職人かたぎの強い人」に挑むには、働くことへの謙虚な姿勢、具体的な志望動機、円滑な人間関係を構築できることばづかいが必要になります。

このように、相手を知ったうえで、己を売りこんでいかなければなりません。己を売りこむためには、氏名、所属はもちろんのこと、自分自身の長所や専門性をしっかりとアピールしなければなりません。大量採用を前提としている業界とはちがい、出版社のような競争率が高い業界の場合、短所が少ない無難なものよりも、一歩踏みこんだ積極的なもののほうが好まれると思います。一歩踏みこむと、読者のあいだでどうしても好き嫌いが分かれてしまうものですが、競争試験の場合、好きでも嫌いでもないよりは、好きか嫌いかがはっきりするもののほうが有利に働くと思われます。

5.4　メールの調査結果

今回課題に載せた文章は、200名を超える人によって書かれたメールのなかから、ある面で優れていると考えられる文章を10選んだものです。どのような面が優れていると判断して載せたのかは、それぞれの文章のタイトルのあとに【　　】に入れて示しましたのでご参照ください。

なお、メールの文面として定着している段落の表記法として、行頭を1

字下げにせず、段落間は1行空けるというルールが一般的です。ただ、みなさんが書いてきてくれたメールにはさまざまな表記法があり、その統一を図るため、今回は行頭を1字下げにして、段落間は1行空けないという通常の文章に見られる表記法を採用しました。あらかじめご了承ください。

今回は194名のみなさんに1位から10位まで順位をつけてもらったほか、「日本語をみがく書店」という出版社名にふさわしい日本語の専門書店である明治書院の編集部の方にも判断をお願いしました。私自身は社員募集や採用の経験が皆無に等しいので、専門家にお願いした次第です。

編集部の方は、①なぜ当社を選んだのか、②用件を簡潔に伝えているか、③表現は適切か（不快感を与えないか）、④氏名・所属の漏れはないか、という4点を選定の基準にして選んだそうです。その結果は、今回194名にやってもらった結果とも、私自身の判断とも、さほど違いのないものになっており、アマチュアの私たちが見ても、プロの方が見ても、よいものはよいと映るようです。つまり、私たちが読者の立場に立って判断すれば、自分の書いたメールでも、その良し悪しが判断できるということで、読者の立場に立って書くことの重要性を改めて痛感させられます。

【表　就職希望メールの文章別評価結果】

	①	②	③	④	⑤	⑥	⑦	⑧	⑨	⑩
1位	22	14	16	3	16	8	80	9	14	12
2位	17	8	41	5	21	21	29	8	30	14
3位	15	10	24	18	20	20	21	8	29	29
4位	28	18	29	15	15	12	14	10	25	28
5位	19	10	28	30	13	19	13	10	25	27
6位	31	18	21	34	19	15	15	9	16	16
7位	21	30	16	30	16	16	10	12	17	26
8位	15	23	11	25	44	23	5	16	16	16
9位	13	26	8	25	23	41	6	24	16	12
10位	13	37	0	9	7	19	1	88	6	14

調査結果は前ページの表のとおりです。なお、編集部の方の判断は、「⑦＞⑤＞⑥＞③＞⑨＞⑩＞②＞①＞④＞⑧」でした。

表だけでは見にくいのでグラフもあわせて示しておきます。1位に10ポイント、2位に9ポイント、……10位に1ポイントとし、加算した結果は以下のとおりです。

【グラフ　就職希望メールの文章別評価結果】

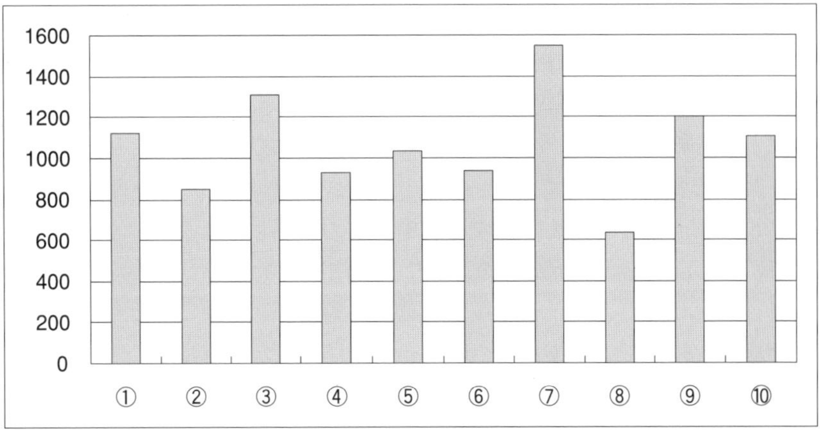

1600
1400
1200
1000
800
600
400
200
0
①　②　③　④　⑤　⑥　⑦　⑧　⑨　⑩

以上の結果を踏まえて、①から順に一つ一つ見ていくことにしましょう。

①　件名：貴社に就職を希望いたします【人物がわかる自己紹介】

突然のメールで失礼いたします。私は現在早稲田大学4年生の◯◯と申します。ただ今就職活動をしており、ぜひ貴社に就職希望をいたしたいのですが、新入社員は募集していらっしゃるでしょうか。パソコンは得意ですし、1年間出版社でアルバイトもしてきたので、きっとお役に立てると思います。よろしくお願いいたします。

この①は、自分のことをわかりやすくアピールできている文章だと思います。そのためでしょうか、この文章を1位に推した人が22名と、⑦についで多くの支持を集めています。その支持の理由は

- 具体的な自己紹介が良い。
- 1年間出版社でアルバイトをしていたという実績から即戦力になりそうだと感じたから。

というものでした。

一方、そうした自己アピールについて、

- 自分で「役に立てる」というのはおこがましく、相手に自己中心的な印象を与えてしまう。

というコメントがあったのも事実です。この①は、編集者の方の評価があまり高くなかったのですが、原因はこのあたりにありそうです。「パソコンは得意」で、「1年間出版社でアルバイトしてきた」経験はたしかに貴重だと思うのですが、そのくらいの経験で「役に立てる」ほど出版業界は甘くないと受けとられてしまったのではないでしょうか。「1年間出版社でアルバイトをし、本を出版する現場に魅力を感じるようになりましたが、同時に、1年ぐらいの経験ではまったく通用しないということを痛感いたしました。しかし、……」くらいの謙虚な姿勢が、出版という仕事に高いプロ意識を持っている編集者へのメールでは必要なように思います。

また、「返信についての指示がない」という指摘や、「就職希望をいたしたい」や「募集していらっしゃる」といった敬語が引っかかるという指摘もありました。たしかに返信についての指示のないメールは、忙しい編集者は無視してしまう可能性が高いですし、不自然な敬語にたいしては、校正のプロである編集者のチェックが入ってしまうおそれがあります。いずれも気をつけたいところです。

② **件名：入社に関して。【一目でわかる用件】**

初めまして。私は現在大学四年生の○○と申します。

貴社への入社を希望しております。

(1) 現在、貴社は社員の募集をおこなっているのかどうか教えていただきたいと思います。

(2) もし、詳しい資料などございましたら下記住所まで送っていただけたら幸いです。

第5講　読者への配慮

早稲田大学第一文学部　○○

〒○○　東京都品川区○○6丁目○○

この②のよい点は、数字を使った箇条書きがなされており、用件が一目でわかるように工夫されている点です。この点は、

- 忙しい相手にすぐに内容が伝わるように箇条書きにされていること。
- 何について返事をすれば良いのか明らか。

といったコメントで評価されていました。メールの文体の特徴の一つとして、見やすくするために改行を頻繁におこなうというのがありますが、このメールは改行をうまくつかい、ポイントが一目でわかるように提示されていると思います。その点が、1位に推した14名から評価された理由でしょう。

しかし、残念ながら、この文章は、全体としては下から2番めの評価しか受けられませんでした。その原因は、箇条書きそのものにありそうです。

- 簡潔なのはよいが、箇条書きにするのは失礼である。

というコメントに端的に表れているように、箇条書きからは事務的な印象を受けるのです。熱意を込めて書かなければならない就職希望のメールには不向きな文体だったのです。メールという媒体は簡潔なほうがよいのは言うまでもないのですが、内容によっては、事務的な印象を与えないように注意する必要があります。

- 出版社は忙しいのに、「郵送」という手のかかる手段を希望されて、返信するのに時間がかかりそう。
- 件名「入社に関して」が、なんかもう入ることが決まったみたいな言い方に聞こえてしまう。

などといったコメントもありました。たしかにお願いするがわが、忙しい編集者に、添付ファイルならまだしも、郵送で資料の送付を求めるのは無理があります。また、「入社に関して」というタイトルは前講で見たように、漠然としすぎていて誤解を招く要素があります。いずれも読者の立場に立って再考する余地のある部分です。

③　件名：社員募集についての問い合わせ【明確なメール送付の理由】

突然のメール失礼いたします。

私は現在大学四年生の○○と申します。

今回メールをさせていただいたのは、貴社で社員を募集されていらっしゃるかということをお伺いしたかったからです。

私は貴社から出版されている書籍にたいへん興味があり、是非とも貴社で編集の仕事にたずさわりたいと思っております。

お手数をおかけして申し訳ありませんが、ご返信のほど、よろしくお願いします。

③の長所は、メールの送付理由が明確であるという点です。今回の設定は、社員募集が出ていない出版社にメールを送るというものでした。したがって、「社員募集についての問い合わせ」という件名で内容を明確にし、「突然のメール失礼いたします」という書き出しで募集のない出版社に就職希望のメールを送った非礼をわび、メール送付の理由をきちんと確認したあと、出版に興味があることに触れ、結末で返信が必要な旨を丁寧に述べるという、読者への配慮が行きとどいたいわば教科書的なメールであるといえます。

- 冒頭から最後まで読んで一番自然だったから。どうしてメールをしたのか単刀直入で明快だし、「貴社からの出版物に興味がある」と述べて、それとなくアピールしているのも良い

というコメントに表れているとおりです。このメールが、⑦について高い支持を受け、最下位とした人が一人もいなかったことが、このメールの質の高さを物語っていると思います。

しかし、そうしたそつのなさ、バランスのよさが今一つインパクトを欠くという意見が多かったのも事実です。

- 普通に礼儀正しい文章だが、特に注目を集めるメールではない。
- 就職マニュアルのようなものを見て書いた印象を受ける。

というコメントがそのことを表しています。このメールは、比較的採用数が多く、競争率が低い社員募集には適したメールであるといえますが、高

い競争率をくぐり抜けるには押しの強さが足りないというのが率直な印象です。

④　件名：貴社への就職希望【簡潔な記述】

早稲田大学第一文学部４年の○○と申します。

この度、就職活動をするにあたって、貴社へ就職したいと思っているのですが、ホームページを拝見する限り、社員募集をされているようには思われません。社員募集はなさらないのでしょうか。情報を返信して頂けると幸いです。

よろしくお願い致します。

忙しい相手には、簡潔な記述で用件を伝えたほうがよいのは言うまでもありません。

• 無駄な情報がなく、用件が簡潔にまとめられているから。

という理由でこのメールを上位に挙げた人がいました。無駄な情報がそぎ落とされ、用件だけが短く述べられているこのメールは、たしかにメール一般のエチケットという点から考えれば合格点に達しています。

しかし、②でも述べたことですが、用件だけを述べることが就職活動のメールとしてふさわしいかどうか、一考してみる必要があります。ある程度関係ができた相手に必要な用件だけを伝えるならまだしも、よい関係を作りたいと思っている相手に送るメールがあまりにも素っ気ないものでは自分の熱意が伝わりません。就職活動のメールが、就職を希望する企業へのラブコールだと考えると、自分の熱い思いばかりを語って空回りするのも好ましくはありませんが、熱意に欠けると思われるのもまた好ましいことではないでしょう。

• 社員募集をしていないのが、悪いことのような言い方に感じた。

• 文全体に否定文が多用されていて不快感をおぼえたから。

という指摘にあるように、もし表現の面で消極的な雰囲気が伝わっているなら、そうした表現はできるかぎり積極的な表現に改めなければなりませんし、

• なぜ出版か、なぜウチの会社かに触れていない。「情報を返信して

くれ」だけでは、あいまいで、具体的に何を求めているかわからない。

と送付先の編集者に受けとられかねないとしたら、ラブコールの相手である編集者に熱意が伝わるような内容を、簡潔さを多少犠牲にしてでもつけ加える必要があると思います。

⑤　件名：就職希望【先方への関心】

私は貴社に就職を希望しております。しかし、貴社のホームページを拝見しましたところ、社員募集をしているようには見うけられなかったため、問い合わせ窓口にメールを送らせていただこうと思いたちました。

貴社の出版物は「日本語をみがく」の名の通り、日本語に関して、非常に興味深い研究をなさっている方々の著書に代表される「日本語をみがくシリーズ」、さらには日本の古典までカバーしており、愛読させてもらっています。私は出版社で編集の仕事をしたいと考えておりました。そこで、できれば貴社に就職を希望した次第です。

今回はメールという形ではありますが、何らかの指示を頂ければ、従いますのでよろしくお願いします。

⑤は、全体としては中位程度の評価を受けた文章ですが、編集部の方は2位に推していました。したがって、この文章には編集者の心に訴えかける何かがあると思われます。その何かとは、一言でいうと、読む相手の心理を心得ているということにあるでしょう。編集部の方が、選定の判断規準として第一のポイントとしてあげたのが「なぜ当社を選んだのか」だったことは心に留めておく必要があると思います。これは出版社に限らないことでしょう。数ある同業者のなかからなぜ我が社を選んだのか。それがまず採用担当者の知りたいことなのです。

このメールは、相手の出版社がカバーしている分野をよく理解しており、そして、その分野にたいする深い関心を示しています。初対面の人にたんに好きだと言われても当惑するものですが、ここが好きだと伝えてもらえれば、その人との距離はぐっと近くなるでしょう。5.3で述べたように、編集に携わる人は自分の編集した本に人一倍愛情と誇りを感じています。そうした相手に「愛読させてもらっています」と告げることは、それがたとえお世辞だったとしても、悪い気持ちはしないはずです。そのことを、この⑤の筆者は心得ていたのだと思います。

もちろん、

- 「日本語をみがく書店」への思いは感じられるが、「指示をいただければ従う」というのが少し熱意に欠けているような印象がする。

というようなコメントが多かったことは心に留めておかなければなりません。おそらくこの文章があまり多くの支持を得られなかった理由は、この終わり方にあったのだと思います。第2講で見た「さわやかな読後感」を欠く点がこのメールの弱点です。しかし、そうした弱点を補ってあまりある、相手にたいする深い思いが、このメールにはあるように思います。みなさんの意識と、採用担当者である編集部の方の意識とに若干のズレがあるようなので、そのことをあえてここで強調しました。

⑥　件名：貴社への就職を希望しています【はっきりとした動機】

私は貴社が出版なさった『◯◯』という本に感銘を受け、それ以来本を読む楽しさを覚え、将来は本に関連した仕事をしたいと思うようになりました。そして、先に挙げた本の大好きなフレーズについて自分なりに考察しているうちに、「編集」という職業に、私の夢があるのだと思いました。そこで、私にこの気持ちを与えてくださった貴社で是非編集の仕事をさせていただきたいのです。貴社のホームページを拝見しましたが、社員募集のお知らせが見あたらなかったのでメールで送らせていただきました。貴社の社員募集要項について教えてください。

⑥は、ラブレターとして見ると、自分の思いを伝えることにだけ夢中になり、気持ちが空回りしているように見える文章です。しかし、⑤と同じように、相手の出版社にたいする熱い思いは伝わってきます。しかも、相手への関心ばかりでなく、それが自分の志望動機と直接つながっていることを述べている点で訴える力がある文章だと思います。

- 他の出版社ではなく、「日本語をみがく書店」に就職したいのだという意志が見うけられるから。自分の会社がきっかけとなって本が好きになったと言われたらうれしいものだから、採用してみたくなる。

というコメントがありました。編集部の方も3位に推していたことからもわかるように、やはり編集者としては、自分が手がけた本をほめられることは嬉しいものですし、そこまで言ってくれる人には会ってみたいと思うのではないでしょうか。

もちろん、件名で内容が絞れるにせよ、

- 用件が最後まで読まないと見えてこない（本の感想と間違いかねない）。

という文章構成上の問題点があるのも事実ですし、

- 面接希望の段階から細かな自己PRをするのは似つかわしくない。

という感想も理解できます。しかし、メールというものの性格上、「誰が」「誰に」書いているのかということはつねに意識して文章を書く必要があります。「私」と「あなた」の関係で成り立っているのがメールの大きな特徴です。相手を知り、己をしっかり伝えることが初対面の相手にたいしてはとくに重要なことだと思います。

⑦　件名：御社に就職を希望する者です【伝わる熱意】

突然のメールで失礼いたします。

早稲田大学第一文学部人文専修に所属する◯◯と申します。

卒業研究の資料収集に際して御社発行の「◯◯（書名）」に触れて感銘を受け、御社への就職を強く希望するようになりました。

そこで失礼とは存じながら、メールにてその意志をお伝えすることにいたしました。

お忙しい中とは存じますが、よろしければ御社をお訪ねして、私の人となりをご覧いただくとともに、熱意をお見せしたいと考えます。

もし可能でしたら、その日時などお伝え下されば幸いです。

それでは、用件のみですが失礼いたします。

ご返答を心よりお待ちしています。

⑦は、評価が比較的分散した今回の調査結果にあって、唯一圧倒的な支持を得た文章です。編集部の方も1位に推しています。このメールは、

- 多忙なのにいきなり面接を申しこんでいるので少々強引な感じがする。

というコメントにあるように、かなり押しの強い文章で、忙しい出版社の人に失礼という面がないわけではありません。

しかし、こうした押しの強さは競争率の高い企業への就職活動では必要なものだと思います。もちろん、忙しい相手にたいして無理強いは禁物ですが、失礼にならないように相手の都合も考慮しつつ可能な範囲で押してみることは必要なことでしょう。メールや電話では伝えられることに限界があります。社員募集のない企業に就職を希望する場合、まず担当者に会ってみないことには話になりません。

- メールだけでは伝えきれない強い熱意を感じる。一度会ってその熱意を確かめてみたい。

というコメントがありましたが、忙しい担当者にこう思わせられたら成功です。また、

- 件名を見ただけでどんな人からのメールかすぐわかる。大学・学部・学科・学年・氏名をきちんと名乗っている。入社希望の理由が簡潔に述べられ、会社側への要求（情報を提供してほしいだけか、面接希望か）がはっきり記されている。また、情報提供ではなく、面接を希望しているところから本気で入社を希望していることがうかがえる。

というコメントもありました。このメールは、伝えるべきことをバランスよく含み、それを簡潔な文で表現しているということもその特長です。

この⑦は押しの強い文章でありながら、「突然のメールで失礼いたします」「失礼とは存じながら」「お忙しい中とは存じますが」「よろしければ」「もし可能でしたら」などのように、相手の多忙さや都合への配慮を示した表現がちりばめられているところも好印象を与えます。こうした表現を

使いこなせる人物であれば、柔らかい物腰で自らの信念を貫きとおすという、編集者にとって欠かすことができない資質を備えていると考えられ、大切な仕事を任せられそうな気がしてくるから不思議です。

⑧　**件名：入社希望【強い意気込み】**

採用募集が特にないのは存じておりますが、是非面接をさせて頂きたいです。御社の、少数精鋭の社員構成に惹かれました。実力を試させてください。特に、文芸部での活動を希望します。

このメールは、短いながらも強い熱意を感じます。

- 「実力を試させて下さい」という言葉に頼もしさを感じる。

といったたぐいのコメントもいくつか見られました。たしかに自分に自信を持つことは重要なことです。出版社のように、個々人にそれなりの独立性があり、一人ひとりの個性がはっきり出る職場ではとくにそうだと思います。

しかし、残念ながら、このメールは多くの支持は得られませんでした。

- 唐突すぎるし、志望する動機もまったく書いていないのに面接を求めている。一方的で、こちら側に対する気遣いも全く見られない。

というコメントがその理由を代弁しているように思います。つまり、読者にたいする配慮や気遣いに欠けるきらいがあるのです。

- 短すぎるし、言い方が少し挑戦的な感じをうける。

と受けとられてしまっては、採用されるがわとしては負けですし、

- 希望部署を書いているのは、そこが人手不足だったら良いと思うが、そうでなかったら間違いなく返信は来ないと思う。

というコメントが示しているように、一方的に自分の望む仕事だけを明示するのもリスクをともないます。希望を持つことは悪いことではありませんが、初対面の段階からあまりそれを前面に出すことは相手の心証を害する可能性が高く、避けたほうがよいと思います。

⑨　件名：ホームページを拝見させていただきました【失礼のない依頼】

私、早稲田大学第一文学部英文学科4年の◯◯と申します。

現在就職活動をしております。

今回メールを差し上げたのは、日本語をみがく書店様の社員募集の状況をお伺いしたいと思いましたので、お忙しい中失礼致しました。

ホームページ上では新卒採用の情報は拝見できませんでしたが、御社での編集業務を是非希望しております。

一度、面接などの機会を設けていただくことは可能でしょうか。

ご返信をお願い致します。

⑨は、全体として3位の評価を受けています。その評価の高さは、

- 最初に自己紹介をして、次に社員募集の状況を尋ねて、最後に就職を希望している旨を伝える、と、必要な要素がバランスよく含まれているから。

というコメントに端的に現れているバランスのよさと、

- 控えめで丁寧な言葉遣いが読んでいる側を気持ちよくさせる。

というコメントにある、謙虚さを感じさせる、失礼のない依頼姿勢に由来すると思われます。

- 「面接などの機会を設けていただくことは可能でしょうか。」という文に、謙虚ではあるが意志を感じられる。

というコメントがありました。私もそう思います。物腰の柔らかさのなかにも熱意が感じられる点がこのメールの優れた点です。

一方、このメールに欠けているものは、相手の出版社への関心と、自己の長所のアピールです。もちろん、氏名と所属はわかるのですが、それ以上のことはわかりません。その部分でやや物足りなさが残ります。

- メールの件名が不適当。本文の内容は就職希望の内容であるのに件名が「HPを拝見」といったものでは、件名から内容を考えにくく、そもそもメール自体を読んでもらえない可能性も高い

という件名にかんする指摘、

- 文章がおかしい。「今回メールを差し上げたのは……失礼致しまし

た」（対応していない）や、「御社での編集業務を是非希望しています」（「是非」の位置が変）。仮にも編集業務をしたいなら、きちんとした敬意の文章を書くべき。

ということばづかいにかんする指摘がありました。いずれも重要な指摘だと思います。メールは開封して中身を読んでもらわなければ意味がありませんし、表現の不自然さにかんして敏感な編集者のアンテナに引っかかるようなことばづかいには注意する必要があります。

⑩　件名：社員募集に関しての問い合わせ【適切な敬語使用】

はじめまして。〇〇大学〇〇学部4年の〇〇と申します。突然のメール失礼いたします。私は出版社での編集の仕事に大変興味があり、将来はそちらの方面に就職したいと考えております。私が調べた限り、貴社は現在までのところ社員募集をされていないようではありますが、もしご迷惑でなければ、どんなささいな情報でも良いので、お知らせ頂ければ幸いです。お手数ですが、どうぞよろしくお願い致します。

⑩は、⑨と同様、丁寧なことばづかいが特徴です。謙虚さという点では⑨を上回り、もっとも控えめな文章かもしれません。

- 相手の気持ちが考えられている。社会の礼儀が飲み込めている。

というコメントがありましたが、これから社会に出ていくにあたって、こうした社会的な礼儀を備えていることはいうまでもなく重要です。また、

- 自分の大学名・学部名・学年が書いてあり、件名も文面もわかりやすい。社員募集の状況もよく調べてあることが伝わってくる。

のように、書くべきこともきちんと書かれていると思います。

しかし、⑩の筆者の謙虚さが災いしている部分もあるように感じられます。控えめなあまり、自己のアピールがほとんどなされていないのです。

- その人の顔が見えてこないかな、と思いました。

というコメントにあるとおり、編集に興味があるという以上のことが見えてこないのです。また、

- この人は編集自体に興味があって、この会社に興味があるわけでは

ないと感じられる。編集ならどこの出版社でも良いのかと思うと、話を聞く気がおきない。

というコメントもありました。この指摘も重要です。不特定多数に送る文章であればこのままでもよいと思うのですが、ある特定の出版社に送るということを考えると、やはり不充分な気がします。編集者は、自分の仕事の個性を大切にし、それを誇りにしている人たちです。そうした相手の個性を意識し、それに配慮して初めて採用への道が開かれると思います。

5.5　読者への配慮のまとめ

【読者への配慮のポイント】

i）　文章を書くという行為は、**「誰が」「誰に」「何のために」「何を選んで」「どう書くか」**という5点から考える必要がある。

ii）　メールは、手紙と同様、**「私」と「あなた」の1対1の関係で成立する文章**なので、**「誰が」「誰に」書いているのか**を意識することが何よりも重要になる。

iii）　メールの場合、相手が目のまえにおらず、また、簡単に送ることができるので、内容をあまり吟味せずに送ってしまうことが多い。メールを送るまえに、**相手が自分のメールを読んでも不快感を覚えないか、用件を適切な順序で簡潔に漏れなく伝えているか、表現は自然で誤りがないかということを、読者の立場に立ってチェックする習慣をつけることが重要**である。

iv）　初対面の相手にメールを送るさいには、**自分がどのような人物であり、相手にどのような関心を抱いているかを明示することが重要**である。つまり、自己を知り、相手を知ることが重要になる。

練習5

問　あなたが履修している講義で、レポートの課題が出された。締め切りまでに電子メールの添付ファイルで提出しなければならないという。しかし、あなたはある事情で（事情は自由に設定してかまわない）そのレポートの締め切りに間に合わなかった。そこで、遅ればせながら、添付ファイルでレポートを送ろうと思うが、そのままでは先生に受けとってもらえない可能性があるので、メールの本文にお詫びを書いて送ろうと思う。あなたならどのような文面でメールを送るか。その文面を簡潔に書きなさい。

参考文献

内田安廣（1997）「電子メール時代の手紙作法」『月刊言語』26-1 大修館書店
枝川公一（2002）『メールのためのe文章入門』朝日出版社
太田一郎（2001）「パソコン・メールとケータイ・メール－「メールの型」からの分析－」『日本語学』20-10 明治書院
海保博之・加藤隆・堀啓造・原田悦子（1987）『ユーザ・読み手の心をつかむマニュアルの書き方』共立出版
高本條治（1997）「Eメール－新しい書き言葉のスタイル」『日本語学』16-7 明治書院
中村明（1995）『悪文－裏返し文章読本』ちくま新書
野田尚史・森口稔（2003）『日本語を書くトレーニング』ひつじ書房
林四郎（1976）「書き手の論理と読み手の論理」林大・林四郎・森岡健二編『現代作文講座4 作文の過程』明治書院
藤沢晃治（1999）『「分かりやすい表現」の技術 意図を正しく伝えるための16のルール』講談社ブルーバックス
宮部修（2000）『文章をダメにする三つの条件』丸善ライブラリー
山田ズーニー（2001）『伝わる・揺さぶる！文章を書く』PHP新書

第6講　手際のよい説明

課題6

問1　以下は、新宿駅から早稲田大学文学部キャンパスまでの行き方を説明した文章である。あなたが初めて早稲田の文学部を訪れる受験生であるとしたら（なお、その試験は面接試験で当日は他に受験生は見あたらないものとする）、どの文章を持参していきたいか。持参していきたい順に文章番号を並べなさい。

問2　以下の文章で、とくに役立つと思われる情報や表現、優れた文章構成や文体的特徴などがあれば、文章番号とともにその内容を指摘しなさい。

問3　以下の文章で、とくに問題があると思われる情報や表現、わかりにくい文章構成や文体的特徴などがあれば、文章番号とともにその内容を指摘しなさい。

①「早稲田大学文学部キャンパスへの行き方」

JR山手線新宿駅から早稲田大学文学部キャンパスまでの道のりを説明します。手段は、JR山手線、地下鉄東西線、徒歩です。

まず、JR山手線新宿駅から「池袋・上野方面」行きの電車に乗ります。新宿、新大久保、高田馬場駅の順に各駅に停まるので、二つ目の高田馬場駅で下車してください。

次に、高田馬場駅の「早稲田口」からJR山手線の改札口を出ます。そのまま駅構内の右手に地下鉄東西線への階段があるので下っていきます。次に降りる駅は早稲田駅なのですが、ここから出る電車は、全て早稲田駅に停まるので、電車が来たらすぐに乗車してください。ここで注意してほしいのが、一番右側の車両に乗るということです。早稲田駅からキャンパスまで徒歩で行く際に、都合の良い出口に辿り着きやすいからです。高田馬場駅の次が早稲田駅です。すぐ左手に見える改札口から階段を昇ると、途中二手に分かれるので左に進んでください。

地上に出てきました。そこから右手に進んでいくと、まもなく交差点が見えるので、左手に見える信号を横断してください。そのまま直進すると、ようやく早稲田大学文学部キャンパスが見えるのです。

② 「文キャン探訪」

JR山手線新宿駅から池袋方面行き乗り込む。内回りと外回り、どちらに乗ろうか迷ったならば、比較的年齢層の高い方に乗ればまず間違いないだろう。

独特の雰囲気を漂わせる、意外と利用客の多い新大久保駅を通過する。通りの向こうに中央線の車輛が見える駅である。

そして、新宿駅から数えて2つ目の高田馬場駅へ到着する。鉄腕アトムの生誕の地であるこの駅では、電車の発着メロディが鉄腕アトムの曲である。アトムの曲が聴こえるこの駅で下車したあとは、構内の表示にしたがって「早稲田口」を目指す。エスカレーターのないコンクリート階段を降りて、改札を出る。

右に進むと、「早大正門」行きの都バスのバス停がある。そこからバスに乗り込むのだ。

車窓からは、ごみごみとした高田馬場の街並が見える。中央分離帯に人が寝ていたりするのも、この街の醍醐味である。歩道にバッグを抱えて歩く学生の姿が目立ってくると、早稲田大学はもうすぐ近くだ。

バス停「馬場下町」で下車。正面に見える大きな交差点を神社の方向へ右折し、「築地銀だこ」の方向へと直進する。その横断歩道を渡りきったならば、あとは右方向へ進むだけだ。左手に「早稲田大学文学部」の看板が見え、ティッシュやチラシなどを配布する人達に囲まれることだろう。

こうしてあなたは早稲田大学文学部キャンパス、通称「文キャン」へとたどり着くことが出来るのである。

③ 「JR新宿駅から早稲田大学文学部キャンパス（文キャン）への簡単MAP」

では参りましょう。まずJR新宿駅で130円分の切符を買って下さい。そして山の手線に乗り込みます。池袋方面ですよ。渋谷行ではありません。山の手線は黄緑色マークですのでお間違えなく。高田馬場で地下鉄東西線にお乗換えです。JRの改札を出ればすぐに東西線の入口が見えますから簡単です。早稲田方面（西船橋行）に乗って下さい。一番前の車両に乗るのがベストです。早稲田は馬場の次ですから寝ないで下さいね。早稲田で降りて、一番前の車両に乗っていたら、そのまま一番近い階段を昇って下さい。真ん中らへんだったら左手の階段です。改札を出たら左手（売店側）の階段を昇り、また左手の出口を出ましょう。道路の向かい側にケンタッキーと本屋が見えますね。そのまま右手に向かいましょう。

早稲田中学・高校の前を通り、am pm（コンビニ)、シャノアール（喫茶店)、本屋、おとぼけ（洋食屋)、松屋（店の順番は曖昧ですがすぐ分かります）を通りすぎ、三朝庵（ソバ屋）の前に立って下さい。もう早大文キャンが見えると思います。もう一息です。横断歩道を銀だこ・てんや側へ渡り、右側に進みましょう。メーヤウ（カレー屋）の前を通り、電話ボックスの前にたむろするティッシュ配りの兄ちゃん達をかわせば、そこは文キャン正門です。お疲れさまでした。

④「早稲田大学への道順」

JR 新宿駅から山手線に乗車。高田馬場で降車。営団地下鉄東西線に乗り換える。早稲田で降りる。後は駅の地図を見て考える。

⑤「早稲田大学文学部キャンパスへの行き方」

まず新宿から、JR 山手線外回り、池袋、上野方面行きに乗ります。二駅めの高田馬場で下車し、早稲田口へ出てください。

高田馬場からは、地下鉄、バス、徒歩のいずれかの方法で行くことができます。まず、地下鉄で行く方法を紹介します。早稲田口改札を出るとすぐ右手に営団地下鉄東西線の高田馬場駅があります。西船橋方面行きの最後尾に乗り、一駅めの早稲田で下車します。下車してすぐの改札を出て階段を左に昇ると早稲田通りに出ます。すぐ左手にある横断歩道を渡り道の反対側に行きます。本屋を左手に見て道なりに行くと文学部キャンパスに着きます。

次に、バスで行く方法を紹介します。この方法がわかりやすくておすすめです。早稲田口改札を出ると右側にバス停があります。早稲田正門行きのバスに乗り、三つめの馬場下町で下車します。下車してすぐの交差点を対角線の反対側（たこやき屋が目印）に渡り、たこやき屋を左手に歩くとすぐ文学部キャンパスです。

徒歩の場合は、バス停の左の横断歩道を渡り、早稲田通りをひたすら直進します。途中、大きな交差点がありますが、さらに直進すると、右手に交番がある交差点に出ます。その交差点をたこやき屋のほうに渡り右に進むとすぐ文学部キャンパスです。

⑥「早稲田大学への道」

まずはJR山手線に乗る。山手線というのは関西でいうと大阪環状線のような路線である。そこで乗る方向だが、上を見て黄緑色の看板を探す。決して緑ではない。池袋・田端・上野・東京という駅名が書いてある方のホームで、電車に乗る。電車はやがて十分程度でJR高田馬場駅に着くだろう。

下車したら、次は出口を探そう。ここで決して階段をのぼってはいけない。早稲田口という看板がある方に進み、階段を下りるのだ。そして、改札。ここでも注意。決して西武新宿線の乗り換え改札に行ってはならない。

次に、早稲田通りを歩こう。女の人の銅像がある方向に、まっすぐ進む。とにかく曲がらない。明治通りを横切り、数ある古本屋の前を通り、歩き続けること二十分。馬に乗った侍の、大きな銅像を発見したら、横断歩道を渡って右にまがり、カレー屋さんのメーヤウを通りすぎれば、早稲田大学文学部キャンパスが見える筈だ。

⑦「新宿から早稲田大学文学部キャンパスへの行き方」

JR新宿駅で百三十円分の切符を買い、山手線の池袋・上野方面行きの電車に乗る。二駅めの高田馬場駅で降り、一旦改札を出る。地下鉄東西線の高田馬場駅で百六十円分の切符を買い、浦安・西船橋方面行きの電車に乗る。次の早稲田駅で、降りて左に進んだところにある改札を出る。目の前の階段を上がり、階段の途中、踊り場に出たら左の階段をのぼって地上に出る。それから右に五十メートルほど歩き、一つめの交差点を左（「銀だこ」のある方）へ渡って十～二十メートルほどすすむと左手に早稲田大学文学部キャンパスがある。

⑧「道案内」

まず、新宿駅から山手線池袋方面行の電車に乗り、二駅目の高田馬場駅で降ります。所要時間は約四分です。それから改札口を一度出て、営団東西線の早稲田方面の電車に乗り、一駅目の早稲田で降ります。所要時間は約三分です。

そして早稲田大学方面の出口の方から駅を出て、左手に歩いて行きます。一つ目の交差点で、また左に曲がり歩きます。ちなみに、道路の向かいには交番がありますが、その信号は渡りません。そして歩いて行くとすぐ左側に早稲田大学文学部のキャンパスがあります。

⑨「新宿駅から早稲田大学文学部までの道のり」

まず新宿から、黄緑の看板に「山手線池袋方面行」と書いてあるホームに行かれて下さい。そこから二つ目の、高田馬場駅で下車し早稲田口の改札から出ると、キオスクの右側に地下に下る階段がございます。それを下りてすぐに地下鉄の改札がありますので、入って左側の早稲田行きと示してある階段を下りて下さい。そこから一つ目の早稲田駅で下車し、地上に上がっていただいて左に真っ直進んでいただきます。すると左手に銀だこというタコ焼き屋さんがありますので、そこから左に曲って少し行くと左手に早稲田大学文学部のキャンパスがございます。

⑩「新宿駅から迷うことなく早稲田大学文学部キャンパスに辿り着くための道順」

JR 新宿駅から池袋・上野方面の山の手線に乗り、新宿駅から 2 つ目の高田馬場駅で降りて下さい。高田馬場駅には早稲田口と戸山口の 2 つの改札がありますので、早稲田口から降りて下さい。早稲田口にも 2 つの出口があります。駅構内には西武新宿線の改札もありますので、それを右手に、それに沿って出て下さい。

駅を出ると目の前にバスのロータリーがありますので、BIGBOX という建物を右手にロータリーの横断歩道を渡ります。左手には早稲田通りという大きな道路がありますので、道路の右側の歩道を歩いて下さい。途中右手にスターバックスやセブンイレブン、レンタルショップのリバティーという建物があります。

リバティーを過ぎて少し歩くと明治通りという大きな道路との交差点に出ますが、気にせず横断歩道を進行方向に渡って下さい。渡り終えると目の前に洋服の青山があります。

更にそのまま早稲田通りを歩いて下さい。途中右手に長崎ちゃんぽんのリンガーハットやファミリーマート、博多ラーメンの一風堂、東京三菱銀行があります。東京三菱銀行を過ぎたあたりから道路が下り坂になりますが、そのまま下って下さい。そうすると右手に交番がある交差点に出ます。横断歩道を進行方向に渡り、目の前に銀ダコというタコ焼の店があります。そこを右に曲がり少し歩くと左手に早稲田大学文学部キャンパスが見えます。

6.1　説明の文章を書くトレーニングの必要性

この第6講で考えるのは手際のよい説明の方法です。このトレーニングは現代社会でとくに必要とされる文章技術であると思います。最近ではずいぶん改善されましたが、90年代のパソコンの使用説明書はわかりにくいものの代表のように言われていました。事実、きわめてわかりにくいものだったと思います。その理由は、専門家がまったくの素人のパソコンの知識レベルを想定できず、素人むけの文章を書けなかったことにあります。カーソルやダブルクリックといった専門用語はおろか、ディスプレイやマウスの存在を知らない人、電話線をつながないとインターネットが見られないことや、スイッチを押すと何が起こるかわからない人も世の中にはいるのです。パソコンに触ったことがない人の身に起こる数々のトラブルを、専門家は自らの高度な知識がじゃまをして予測できなくなっていたため、一部のユーザーにしか使えない使用説明書がちまたにあふれる結果になりました。

しかし、パソコンの専門家の説明が下手だと責めることはできません。というのは、パソコンの専門家をふくめ、日本で学校教育を受けた人のほとんどが、専門的な内容を知識のない人に的確に伝えるという説明の文章の書き方をならう機会がなかったからです。ならっていないことを上手にやれというのは無理があります。2003年の文部科学省の指導要領改訂で表現力重視が打ちだされ、事情は好転しつつあるように思われますが、国語教育の現場で教える教員が教員免許状を取得するさいにそもそもこうしたトレーニングを受けておらず、また、大学の教職課程においても、こうした文章の書き方をトレーニングするプログラムが確立されていません。まず、説明の文章をわかりやすく書くトレーニング法を確立することが急務であるといえます。

6.2　説明の文章を書くトレーニングの方法

では、そうしたトレーニングをどのようにおこなえばよいかですが、自分が知っていて意識せずにできるようになっていることについて説明の文章を書く練習をするというのが、常識的ながら一つの有力な方法です。

「課題」に挙げた道順の案内や、「練習」に入れた料理の作り方がそれに当たります。そのほかにも、車の発進のさせ方や、パソコンでの添付ファイルの送り方などもよい材料になるでしょう。いずれの場合も、本当にそれを知らない人に当該の文章を読んで実際にやってもらい、それができるかどうかでその文章を評価します。そして、その評価が高い文章、低い文章についてその原因を調べ、トレーニング法の確立に役立てていけばよいわけです。

実際にそうした文章を書いてみればわかることですが、知らない人にポイントを的確に伝えるということはじつに難しいものです。今回課題として挙げた①から⑩の文章は 200 名以上の人に書いてもらった文章のなかから選んだ優秀作品なのですが、それでもわかりにくいところ、誤解を招きやすいところがあるのです。知らない人にでもわかる配慮の行き届いた文章を書くことの難しさをあらためて感じた次第です。

6.3　道順の案内における説明のポイント

今回みなさんにやってもらった課題の調査結果から、道順を示すさいに大切だと思われるポイントを 15 項目厳選しました。そこには、道順以外の説明の文章でも当てはまる一般的なポイントと、道順の案内ということで生じた個別的なポイントの両方が含まれます。説明のトレーニング一般において、前者が重要なことはいうまでもありませんが、後者もまた同様に重要です。というのは、たとえば道順で問題になる距離（50 メートル）や所要時間（徒歩 10 分）、目印（交番を左折）といった情報は、料理では火の強さ（強火）や調理時間（5 分焼く）、目安（きつね色になったら火を止める）といった情報に類比して考えることができるのです。つまり、道順の案内の文章をうまく書ける人は、料理の手順もうまく書ける可能性が高く、個別的な問題であってもそれなりに汎用性があるのです。その意味で、説明のトレーニングにはある種の一般性があるように思われます。

さて、以下は、道順の案内における説明で大切な 15 項目のポイントです。みなさんのコメントを参考にまとめてみました。

【道順の案内のポイント】

⑴　情報の量　⑵　情報の質　⑶　情報の正確さ　⑷　ルート
⑸　鉄道　⑹　バス　⑺　徒歩　⑻　時間　⑼　空間　⑽　料金
⑾　読者の知識の想定　⑿　注意点の明示　⒀　タイトル
⒁　文章構成　⒂　文体

⑴「情報の量」は、文章の長さにほぼ比例すると考えてよいでしょう。長く書けばそれだけ情報の量が増え、読者がそれをもとに当該の内容を理解できる可能性が高まりますし、文章が短いと読者が必要とする情報が書かれていないことが多くなります。そう考えると長ければ長いほどよいということになるわけですが、長くなると細かい情報が増え、重要な情報にアクセスしにくくなり、また全体の流れもつかみづらくなります。また、次に述べる情報の質が悪ければ、余計な情報はかえってないほうがよいということにもなりかねません。質の高い情報が必要最小限書かれているというのが理想でしょう。

⑵「情報の質」は、その文章の目的にかなった情報かどうか、また、説明している内容にたいして関連性の高い情報かどうかということです。道案内の文章で、道のそばにある神社の歴史が詳しく述べられていたら、その情報は質が低いことになりますが、その文章が史跡を紹介する観光案内の文章であれば、その情報は質が高いことになるでしょう。このように、文章の目的におうじて、関連性の高い情報を選んでやる必要があります。

⑶「情報の正確さ」は、説明している内容に関連性が高い情報であっても、その情報が間違いであればかえってないほうがよいということを表しています。ある交差点を曲がるときに、「右に曲がる」と書くべきところで「左に曲がる」と書いてしまうと、何も書かなかったときよりもその被害は甚大です。つまり、誤った情報が提供されるくらいなら情報がないほうがまだましということになるわけです。また、たんに「交差点を曲がる」としか書いていない場合、読み手はとりあえずどちらかに曲がり、し

ばらく歩いてみて、その道で正しいかどうか確認する必要があります。その意味で、あいまいな情報もまた読み手にとって負担になります。

(1)から(3)までは説明文一般にいえることですが、これから述べる(4)から(10)までは道順の案内に固有の問題です。(4)「ルート」は、鉄道、バス、徒歩などが考えられます。新宿から早稲田までは、JR 山手線、西武新宿線、東京メトロ東西線、都営地下鉄新宿線、都営バス、都電荒川線など、さまざまな路線を組み合わせていくことができます。結果は同じであっても、わかりやすく、時間や費用のかからないルートを選ぶことが重要です。

(5)「鉄道」で問題になることは多々あります。新宿のようなさまざまな路線が集中する駅では乗る電車の線の名前。また、逆方向の電車に乗ってしまってはたまりませんから、電車の向かう方面。急行や快速に乗ると目的の駅に停まらない可能性もありますから、電車の種類と停車駅。乗りすごさないための停車駅の数や所要時間。迷う可能性が高い乗り換えのホームの番線や改札口の名前。こうしたさまざまな情報が電車に乗る場合に必要になってきます。

(6)「バス」の場合は電車と似ていますが、異なる情報が必要となる場合もあります。まず、バスの場合、同じバス停から乗るのでも、そのバス停を通る複数の行き先のバスが存在する場合が多いので、その行き先または路線番号。また、電車とちがい、バスの場合は前乗りか後乗りか、先払いか後払いかなどの情報も必要です。とくに、首都圏のバスはバスカードや IC カードで乗る人が多いので、先に乗車する人のやり方を見てまねるというのではかえって混乱を招いてしまいます。料金の支払い方法について詳しい説明があったほうがよいでしょう。また、バスでは車内放送が聞こえにくいものですから、電車以上にバス停の数や所要時間なども頭に入れておきたいものです。とくにバスの場合は渋滞にかかることもありますので、そうした情報もあると親切でしょう。

(7)「徒歩」の場合、歩く方向や距離感が重要になります。そのさい、目印が示されていると親切です。ラーメンが好きな人はラーメン屋が、本が好きな人は本屋が目印になるかもしれません。それぞれの個性で選べばよいと思いますが、普通に歩いていて視野に入りにくい目印は避け、できるだけ目立つ目印にしたほうがよいでしょう。また、つぎに述べる所要時間や方向感覚も重要です。

(8)「時間」は大切な情報です。人との約束などがある場合、遅れそうならば何らかの手段を講じる必要が出てくるからです。公共の交通の場合、的確な判断をするために、所要時間は、乗り換え時間や渋滞時の時間なども考慮に入っていることが望ましいと思います。一方、徒歩の場合、歩いても歩いても着かないと不安になってきますし、間違った道を歩いているとき、それに早く気がつくためにも所要時間の表示はぜひとも必要です。

(9)「空間」というのはやさしそうで難しい問題です。上下というのは逆立ちしないかぎり絶対的なものなので安全なのですが、前後左右は進行方向によって変わる相対的なものなので、気をつける必要があります。方角、すなわち東西南北は絶対的ではあるのですが、基準となる方角がわからないと使えませんのであまり実用的ではありません。また、進む方向だけでなく、目的地までの距離もあったほうがよい場合が多いです。

(10)「料金」ももし知っていればあらかじめ用意しておけますので、時間のロスが少なくなりますし、また、お金が足りなくなるといったトラブルも避けられます。とくにバスの運賃は、両替の方法に何種類かありますので、あらかじめちょうどの金額を準備できていたほうが安心です。

(11)から(15)まではまた説明文一般の話に戻ります。(11)「読者の知識の想定」はどんな場合でも必要なのですが、筆者にとって慣れ親しんだものの場合、相当気をつけないとすぐに読者の知らないことばが出てしまいます。とくに、「文キャン」(早稲田大学文学部キャンパス)や「馬場」(高田馬場駅)といった略語、「am pm」(コンビニエンスストア)や「TSUTAYA」(レンタルビデオ・CDショップ)といった店名でも、地方出身者は知らない可能性がありますので注意が必要です。

(12)「注意点の明示」は、あらかじめ読者が間違えそうなところを先回りして忠告しておくことです。「～しないでください」という否定の形で出てくることが多いのですが、これがあれば、読者がまちがえる可能性が低くなりますので有効です。

⒀「タイトル」は第4講で見たとおりです。読者はまずタイトルを見て自分にとって必要な情報かどうかを判断するので、読者がアクセスしやすい名づけをしておくことが重要です。

⒁「文章構成」は手順よく説明するためには欠かせません。「まず」「つぎに」「さらに」という指標を段落の冒頭に示しながら整理された文章は、手順がはっきりわかるものです。また、細部について説明するまえに、あらかじめ概略を示してもらえると、全体と部分の関係がわかり、読者にとって理解が容易になるでしょう。

⒂「文体」の選択もまた、文章の読みやすさにかかわる重要な部分です。簡潔に説明してほしいと思う人は普通体で要点だけを示してほしいと思うでしょうし、丁寧に説明してほしいと思う人は丁寧体でくわしく書かれてあるものを選ぶでしょう。読者の好みもそこに反映されてきますが、文章の用途にかなった文体選択もまた説明文における重要な部分です。

6.4　説明文の調査結果

①から⑩までの文章を持参したい順に並べた調査の結果は以下のようになりました。調査対象者は212名です。

【表　説明文の文章別評価結果】

	①	②	③	④	⑤	⑥	⑦	⑧	⑨	⑩
1位	68	9	36	5	44	5	8	5	1	31
2位	56	12	37	1	35	10	15	8	2	36
3位	30	18	32	2	45	15	28	6	4	32
4位	16	28	32	4	25	21	28	18	8	32
5位	12	28	20	3	16	28	33	26	19	27
6位	5	19	18	6	11	39	34	41	27	12
7位	13	17	7	4	15	36	30	32	38	20
8位	3	19	16	11	8	26	25	39	47	18
9位	7	47	11	18	10	24	11	33	49	2
10位	2	15	3	158	3	8	0	4	17	2

表だけではわかりにくいので、1位に10点、2位に9点、3位に8点、……10位に1点を、①～⑩の文章に与え、それを合計したものをグラフ化してみましょう。

【グラフ　説明文の文章別評価結果】

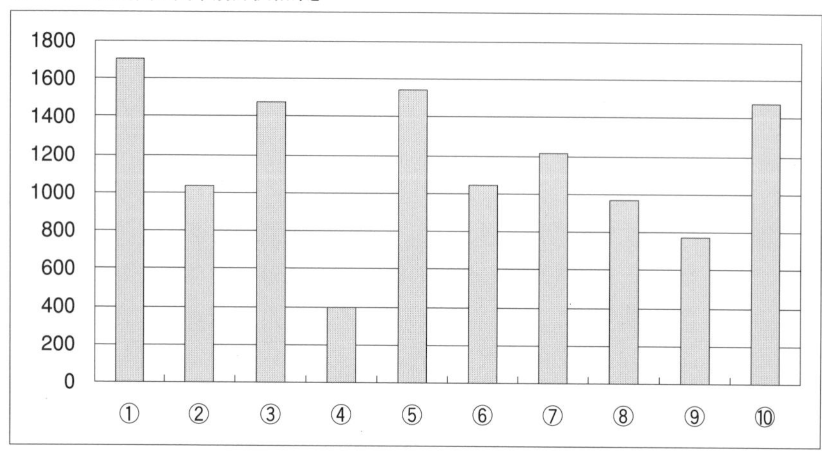

これを見ると、①がもっとも役に立つ文章と評価されており、③、⑤、⑩がそれに続いていることがわかります。⑦をはさんで、②、⑥、⑧が第二グループでしょうか。⑨がやや評価が低く、短い文章である④があまり役立たない文章と判断されているようです。ただ、④を一番役に立つと考えている人も5名おり、その意味では⑨をしのいで⑥、⑧と肩を並べています。

それでは、①から順に、それぞれの文章の優れた点および問題点を個別に見ていくことにしましょう。

①「早稲田大学文学部キャンパスへの行き方」

JR山手線新宿駅から早稲田大学文学部キャンパスまでの道のりを説明します。手段は、JR山手線、地下鉄東西線、徒歩です。

まず、JR山手線新宿駅から「池袋・上野方面」行きの電車に乗ります。新宿、新大久保、高田馬場駅の順に各駅に停まるので、二つ目の高田馬場駅で下車してください。

次に、高田馬場駅の「早稲田口」から JR 山手線の改札口を出ます。そのまま駅構内の右手に地下鉄東西線への階段があるので下っていきます。次に降りる駅は早稲田駅なのですが、ここから出る電車は、全て早稲田駅に停まるので、電車が来たらすぐに乗車してください。ここで注意してほしいのが、一番右側の車両に乗るということです。早稲田駅からキャンパスまで徒歩で行く際に、都合の良い出口に辿り着きやすいからです。高田馬場駅の次が早稲田駅です。すぐ左手に見える改札口から階段を昇ると、途中二手に分かれるので左に進んでください。

地上に出てきました。そこから右手に進んでいくと、まもなく交差点が見えるので、左手に見える信号を横断してください。そのまま直進すると、ようやく早稲田大学文学部キャンパスが見えるのです。

この文章は、全体のなかでもっとも支持を得た文章です。その理由は、JR 新宿駅から早稲田大学文学部キャンパスまでの道のりが過不足なく書かれていることと、文章の冒頭で大まかな道のりが示されてから文章が始まっていることにあります。とくに、後者はほかのどの文章にも見られない特徴で、あらかじめ新宿駅から早稲田大学までの行き方の輪郭を知ったうえで詳しい道順をたどれると、読者のがわに混乱が起きにくく、初めて行く人にやさしい文章になると思います。事実、

- 冒頭で交通手段の概略を示し、それから細かい指示を与えているのでわかりやすい。

というコメントがいくつも寄せられました。

全体の要約を最初に示すという方法は、新聞に見られるリードや学術論文に見られる要旨に相当します。これらは、詳しく書かれた本文の内容が忙しい読者にとって読むに値するものかどうかを判断する判断材料としての役割を果たすものです。こうした情報は先行オーガナイザーと呼ばれ、本文のトップダウン的な理解にもよい影響を与えることが心理学の実験によって示されています（谷口 1999、大村監修 2001）。

文章①の全体的な印象はおおむね好意的なものだったのですが、一方、細かい表現、具体的には「ここから出る電車は、全て早稲田駅に停まるの

で、電車が来たらすぐに乗車してください。」について二つの異なる意見が出たので紹介しておきます。

一つは肯定的な評価です。

- 「ここから出る電車は、全て早稲田駅に停まるので、電車が来たらすぐに乗車してください。」というのは、「快速電車でも停まるだろうか」といった不安をかき消してくれるのでよいと思う。

たしかに、地下鉄東西線には快速電車があり、慣れない人は快速電車が早稲田に停まるかどうか心配になるでしょう。かゆいところに手が届く配慮だと思います。

一方、否定的なコメントは以下のようなものです。

- 馬場から早稲田に行く東西線についての情報。(○○方面に乗れ…とも書かず)「ここから出る電車は、全て早稲田駅の停まるので…」。これで、中野方面に乗って、落合へ行ってしまい遅刻したらどうするのだ！　よって①は1番に持っていきたくない。

これももっともな指摘です。この文章の唯一といってもよい問題点はここです。東西線でどちら方面の電車に乗ればよいのかの指示がないのです。情報の量、質ともに申し分のない文章なので、ここさえ直せば、早稲田大学文学部キャンパスに確実にたどり着ける適切な道案内になるでしょう。

②「文キャン探訪」

JR山手線新宿駅から池袋方面行き乗り込む。内回りと外回り、どちらに乗ろうか迷ったならば、比較的年齢層の高い方に乗ればまず間違いないだろう。

独特の雰囲気を漂わせる、意外と利用客の多い新大久保駅を通過する。通りの向こうに中央線の車輌が見える駅である。

そして、新宿駅から数えて2つ目の高田馬場駅へ到着する。鉄腕アトムの生誕の地であるこの駅では、電車の発着メロディが鉄腕アトムの曲である。アトムの曲が聴こえるこの駅で下車したあとは、構内の表示にしたがって「早稲田口」を目指す。エスカレーターのないコンクリート階段を降りて、改札を出る。

右に進むと、「早大正門」行きの都バスのバス停がある。そこからバスに乗り込むのだ。

車窓からは、ごみごみとした高田馬場の街並が見える。中央分離帯に人が寝ていたりするのも、この街の醍醐味である。歩道にバッグを抱えて歩く学生の姿が目立ってくると、早稲田大学はもうすぐ近くだ。

バス停「馬場下町」で下車。正面に見える大きな交差点を神社の方向へ右折し、「築地銀だこ」の方向へと直進する。その横断歩道を渡りきったならば、あとは右方向へ進むだけだ。左手に「早稲田大学文学部」の看板が見え、ティッシュやチラシなどを配布する人達に囲まれることだろう。

こうしてあなたは早稲田大学文学部キャンパス、通称「文キャン」へとたどり着くことが出来るのである。

この文章の筆者は表現力があると思います。

- 読んでいて軽快で、高田馬場の町の様子が伝わってくるようで面白かった。タイトルと本文が合っているところも良いと思った。

というコメントがありましたが、そのとおりだと思います。まさに「文キャン探訪」にふさわしい雰囲気の出た観光案内だと思います。しかし、そのわりには全体としての評価が高くありません。その理由ははっきりしています。今観光案内と述べたように、観光案内としては優れた文章なのですが、道案内の文章としては役に立たない情報が多いのです。

- 道案内は簡潔であるほうがわかりやすいと思うので、道の様子、町の雰囲気などの情報を入れすぎるとかえってわかりづらくなってしまうのではないかと思う。

という指摘のとおり、情報の質に問題があるといえます。

また、「比較的年齢層の高い方に乗れば」「歩道にバッグを抱えて歩く学生の姿が目立ってくる」「ティッシュやチラシなどを配布する人達」などといった情報は、時間帯によって異なる不安定な情報で、情報の正確さの面でも問題があります。

早稲田周辺に詳しい人にとっては、「意外と利用客の多い新大久保駅」「電車の発着メロディが鉄腕アトムの曲」「中央分離帯に人が寝ていたりする」などといった記述に思わずうなずいてしまうでしょう。その意味で通好みの文章であるといえるのですが、初めて早稲田を訪れる人にとっては周辺的な情報ばかりが目立つ文章ということになってしまいます。当然のことではありますが、文章の目的や読者層によって、伝える情報の内容を変える必要があるわけで、早稲田に行ったことのある人への観光案内ではなく、早稲田に初めて行く人への道案内であるということを考えると、この評価もやむをえない感じがします。

③ 「JR 新宿駅から早稲田大学文学部キャンパス（文キャン）への簡単 MAP」

では参りましょう。まず JR 新宿駅で 130 円分の切符を買って下さい。そして山の手線に乗り込みます。池袋方面ですよ。渋谷行ではありません。山の手線は黄緑色マークですのでお間違えなく。高田馬場で地下鉄東西線にお乗換えです。JR の改札を出ればすぐに東西線の入口が見えますから簡単です。早稲田方面（西船橋行）に乗って下さい。一番前の車両に乗るのがベストです。早稲田は馬場の次ですから寝ないで下さいね。早稲田で降りて、一番前の車両に乗っていたら、そのまま一番近い階段を昇って下さい。真ん中らへんだったら左手の階段です。改札を出たら左手（売店側）の階段を昇り、また左手の出口を出ましょう。道路の向かい側にケンタッキーと本屋が見えますね。そのまま右手に向かいましょう。

早稲田中学・高校の前を通り、am pm（コンビニ）、シャノアール（喫茶店）、本屋、おとぼけ（洋食屋）、松屋（店の順番は曖昧ですがすぐ分かります）を通りすぎ、三朝庵（ソバ屋）の前に立って下さい。もう早大文キャンが見えると思います。もう一息です。横断歩道を銀だこ・てんや側へ渡り、右側に進みましょう。メーヤウ（カレー屋）の前を通り、電話ボックスの前にたむろするティッシュ配りの兄ちゃん達をかわせば、そこは文キャン正門です。お疲れさまでした。

この文章は高い支持を集めた文章の一つです。その一つの理由は、この文章が備えているやさしさのようなものにあると思います。

- 最初が「では参りましょう」で最後が「お疲れさまでした」となっており、呼応しあってすっきりした読後感がある。

の指摘のように、「では参りましょう」で始まり、「お疲れさまでした」で終わる構成。「池袋方面ですよ」「寝ないで下さいね」「もう一息です」のような読者に語りかけるような表現。初めて早稲田を訪れる受験生をねぎらう気持ちがあふれた、やさしいお姉さん的な語り口の文章だと思います。

しかし、私はこの文章は支持を得ないだろうと思っていました。というのは、この文章には、道案内の文章として大きな問題を抱えているからです。それは、「一番前の車両に乗るのがベストです」という文です。じつは、「一番前」に乗ると早稲田大学とは反対の方向に出てしまうのです。ここは、「一番後ろ」でなければなりません。

- 「一番前の車両に乗るのがベストです」。間違っている。最後尾の車両が正しい。

という指摘のとおりです。ここで間違えてしまうと、受験生が早稲田大学にたどりつけなくなります。情報の正確さにかんしては、注意して注意しすぎることはありません。

また、「JR 新宿駅で 130 円分の切符を買って下さい」という料金の提示はありがたい一方、東西線の料金の提示がないことや、「高田馬場」を「馬場」と略している部分があり、初めての人にとっては同一の駅と判断することが難しくなっていることなど、いくつかの小さい問題があります。

読者の立場に立ってこうした問題点を改善すれば、「やさしいお姉さん的文体」という特徴を備えている文章のよい面がより前面に出てくる、思いやりにあふれた文章になると思います。

④ 「早稲田大学への道順」

JR 新宿駅から山手線に乗車。高田馬場で降車。営団地下鉄東西線に乗り換える。早稲田で降りる。後は駅の地図を見て考える。

文章④はもっとも評価が低かった文章です。しかし、最低限のポイントはしっかりおさえられている文章で、ほかにも短い文章はいくつかあったのですが、そのなかでも出来のよいものです。

- 実際これで充分だと思う。

というコメントがありました。たしかに、メモとしてこの内容さえ持っていれば、最低限の用はことたりるかもしれません。

しかし、この文章だけで新宿駅から早稲田大学にたどり着けるかというと、やはり首をひねらざるをえません。高田馬場駅での複雑な乗り換え、早稲田駅から早稲田大学文学部に至るまでの複雑なルートを考えると、情報の量という部分で大きな問題を抱えている文章だと思います。

- 「後は駅の地図を見て考える。」もうちょっと説明をつけてほしい。突き放されても困る。

というのが、初めて早稲田大学を訪れる読者としての率直な印象でしょう。地下鉄の駅に地図があるというのは重要な情報ですが、せめてその地図が駅のどこにあるか示してあるだけでも読者の印象は違ったと思います。

⑤ 「早稲田大学文学部キャンパスへの行き方」

まず新宿から、JR 山手線外回り、池袋、上野方面行きに乗ります。二駅めの高田馬場で下車し、早稲田口へ出てください。

高田馬場からは、地下鉄、バス、徒歩のいずれかの方法で行くことができます。まず、地下鉄で行く方法を紹介します。早稲田口改札を出るとすぐ右手に営団地下鉄東西線の高田馬場駅があります。西船橋方面行きの最後尾に乗り、一駅めの早稲田で下車します。下車してすぐの改札を出て階段を左に昇ると早稲田通りに出ます。すぐ左手にある横断歩道を渡り道の反対側に行きます。本屋を左手に見て道なりに行くと文学部キャンパスに着きます。

次に、バスで行く方法を紹介します。この方法がわかりやすくておすすめです。早稲田口改札を出ると右側にバス停があります。早稲田正門行きのバスに乗り、三つめの馬場下町で下車します。下車してすぐの交差点を対角線の反対側（たこやき屋が目印）に渡り、たこやき屋を左手に歩くとすぐ文学部キャンパスです。

徒歩の場合は、バス停の左の横断歩道を渡り、早稲田通りをひたすら直進します。途中、大きな交差点がありますが、さらに直進すると、右手に交番がある交差点に出ます。その交差点をたこやき屋のほうに渡り右に進むとすぐ文学部キャンパスです。

文章⑤は、高田馬場駅から早稲田大学文学部キャンパスに行く方法として、地下鉄、バス、徒歩の三つのルートを紹介している点が特徴的です。この三つのルートを紹介しているという点がこの文章の長所でもあり短所でもあります。

まず、三つのルートを紹介している点を長所ととらえたコメントを紹介します。

- 高田馬場駅から文キャンまでの、行くことが可能な手段を三つ挙げ、行く側が選べる構成にしているところがよい。その中でもバスで行く方法を“わかりやすい”とすすめているところがとても丁寧な案内のように思われた。
- 三つの道案内が載っているため、もし万が一、自分の計画していた行き方では行けなくなった場合（地下鉄が止まった、交通事故による交通規制、大雪・大風等）でも対応できる。

たしかに、三つのルートを紹介し、そのなかでもお勧めの方法を示してあるのは親切です。それに、受験シーズンは大雪のシーズンですし、トラブルが起きたとき、別のルートを知っているのは一刻を争う受験生にとって心強いことです。複数のルートを示すというのは道案内の一つの有力な手段だと思います。

しかし、三つのルートを紹介すると、それぞれの情報が浅くならざるをえません。

- 徒歩、バス、電車と三種類の交通手段が書かれ、読み手は選択肢が増えていいが、そのぶん、ひとつひとつの手段の情報が少なくなった。

という指摘のとおりです。とくに、もっともお勧めとされているバスの情報について、運賃や所要時間の情報がないのは不安ですし、徒歩についても、歩いていくさいの目印や距離の情報がないのは心配です。複数のルートを示すのはよいのですが、その場合、個々の情報の量に問題が出てくることは否めません。したがって、複数のルートを示すさいには、情報の量の不足をカバーするだけの情報の質の高さが求められることになり、書き手に相当高い技量が要求されます。

また、個々の情報の量を減らした結果、「右」や「左」といった方向性を表す表現に頼りすぎることになり、情報にあいまいさが生じている点も問題があります。

- 「右」とか「左」を使いすぎている。これでは逆に右か左かを混乱

　　してしまう。

という指摘がありました。

複数のルートを示すことは、とかくトラブルに巻きこまれやすい受験生にたいする思いやりのある配慮だとは思いますが、反面、情報の量が減ってしまうので、情報の正確さを保ちつつ、情報の質を高めていく必要が出てきます。そのあたりのバランスの取り方が難しいところです。

⑥「早稲田大学への道」

まずはJR山手線に乗る。山手線というのは関西でいうと大阪環状線のような路線である。そこで乗る方向だが、上を見て黄緑色の看板を探す。決して緑ではない。池袋・田端・上野・東京という駅名が書いてある方のホームで、電車に乗る。電車はやがて十分程度でJR高田馬場駅に着くだろう。

下車したら、次は出口を探そう。ここで決して階段をのぼってはいけない。早稲田口という看板がある方に進み、階段を下りるのだ。そして、改札。ここでも注意。決して西武新宿線の乗り換え改札に行ってはならない。

次に、早稲田通りを歩こう。女の人の銅像がある方向に、まっすぐ進む。とにかく曲がらない。明治通りを横切り、数ある古本屋の前を通り、歩き続けること二十分。馬に乗った侍の、大きな銅像を発見したら、横断歩道を渡って右にまがり、カレー屋さんのメーヤウを通りすぎれば、早稲田大学文学部キャンパスが見える筈だ。

文章⑥の特徴は、初めて早稲田を訪れる人が間違えないように、間違えやすい場合を想定して、それに注意を喚起していることにあります。「決して緑ではない」「ここで決して階段をのぼってはいけない」「決して西武新宿線の乗り換え改札に行ってはならない」「とにかく曲がらない」といった否定表現を多用しているところにそれが現れています。こうした表現があることで、間違えて埼京線に乗ってしまったり、西武新宿線のホームに入ってしまったり、学習院女子大学の方面に行ってしまったりすることを防ぐことができます。こうしたトラブルを未然に防ぐコメントがあるのは、受験生にとってはたいへんありがたいことだと思います。

・間違う可能性のあるほうも記述し、「～てはいけない」や「ここでも注意」という表現で読者に注意をうながし、わかりやすいと思った。

という指摘がそのことを表しています。

ただ、この文章は電車を降りてからが少しわかりにくく、そのため評価を下げているようです。

・「早稲田通り」「明治通り」とあるが、初めてそこを歩く人にはどの道がそれなのか全くわからない。

という指摘はそのとおりで、たとえば早稲田通りでいえば、山手線のガード下で山手線と垂直に交差する片側2車線の大きな通りであるというような説明がほしいところです。通りの名前は、初めての人にとって意外とわかりにくいものだからです。

・早稲田通りは西早稲田近くで大きく弓なりに右へカーブする。それが書かれていないのは致命的。

という指摘もありました。私も早稲田通りをまっすぐ来れば早稲田大学文学部に着くと思っていましたが、言われてみればたしかにそのとおりです。ただ、「歩き続けること二十分」という所要時間の表示がありますので、もし間違えたとしてもリカバリーが早めにできそうです。その点は評価しておきたいと思います。

なお、関西圏以外の人からは、

・山手線の説明をするのに大阪環状線を用いるのはどうかと思う。

という指摘が多く寄せられていました。関西圏の人にとっては有益な情報ですが、できるだけ多くの読者が共有できるような説明ができればそれに越したことはないでしょう。

⑦「新宿から早稲田大学文学部キャンパスへの行き方」

JR新宿駅で百三十円分の切符を買い、山手線の池袋・上野方面行きの電車に乗る。二駅めの高田馬場駅で降り、一旦改札を出る。地下鉄東西線の高田馬場駅で百六十円分の切符を買い、浦安・西船橋方面行きの電車に乗る。次の早稲田駅で、降りて左に進んだところにある改札を出る。目の前の階段を上がり、階段の途中、踊り場に出たら左の階段をのぼって地上に出る。それから右に五十メートルほど歩き、一つめの交差点を左（「銀だこ」のある方）へ渡って十～二十メートルほどすすむと左手に早稲田大学文学部キャンパスがある。

文章⑦では、新宿から早稲田までの道順が簡潔にまとめられています。

- 切符の値段がわかるので、あらかじめ用意できる。
- 具体的に何メートルと書いてあると目的地にたどりつきやすい。

この二つの指摘に表れているように、「JR 新宿駅で百三十円分の切符を買い」「地下鉄東西線の高田馬場駅で百六十円分の切符を買い」のように、切符の値段が示されていること、「右に五十メートルほど歩き」「十～二十メートルほどすすむと」のように、距離が示されていることがこの文章の際立った特徴です。「階段の途中、踊り場に出たら左の階段をのぼって地上に出る」という部分も、①～⑩の文章のなかでもっともわかりやすい説明になっています。早稲田駅を降りてからは、この説明で確実に早稲田大学文学部にたどり着けるでしょう。ただ、初めて来る人が比較的混乱しやすい高田馬場駅の乗り換えについての説明が不足している点がこの文章の評価を下げたようです。

- JR 高田馬場駅の改札口の案内や、東西線高田馬場駅までの行き方の記述がもう少し詳しい方が好ましい。

という指摘が散見されました。また、「二駅め」「一つめの交差点」という表現も誤解を招きやすいので気をつけたいものです。どこから「二駅め」なのか、「一つめの交差点」なのかがわかりにくいのです。今いる地点を数に入れるかどうかによって、この「～つめ」タイプの表現は意味が変わってくるので注意が必要です。

⑧ 「道案内」

まず、新宿駅から山手線池袋方面行の電車に乗り、二駅目の高田馬場駅で降ります。所要時間は約四分です。それから改札口を一度出て、営団東西線の早稲田方面の電車に乗り、一駅目の早稲田で降ります。所要時間は約三分です。

そして早稲田大学方面の出口の方から駅を出て、左手に歩いて行きます。一つ目の交差点で、また左に曲がり歩きます。ちなみに、道路の向かいには交番がありますが、その信号は渡りません。そして歩いて行くとすぐ左側に早稲田大学文学部のキャンパスがあります。

文章⑧は所要時間の細かい記述に好感が持てます。

- 所要時間が書いてあるので、どのくらい時間がかかるのかが予想しやすい。

とあるとおり、時間どおりに予定の会場に到着することを要求される受験生にとって重要な情報です。早稲田駅を降りてからの所要時間も書かれていればもっとよかったでしょう。

この文章が評価を下げてしまったのは、早稲田駅の出口付近の記述です。早稲田駅から地上に出る出口は二つあり、そこからどう歩いて文学部キャンパスに行くかはつねに迷うところなのですが、

- 左右の感覚がよくわからず、「左手に歩いて行く」と文キャンと反対方向に進んでしまうのでは？　と疑問を持った。

というコメントにあるように、この説明に従うと、文学部とは反対の方向に行ってしまうのです。「右」「左」というのは相対的なものであり、つねに読者を混乱させる危険性をはらんでいますので注意が必要です。文章③のなかの表現「道路の向かい側にケンタッキーと本屋が見えますね。そのまま右手に向かいましょう」のように、真正面に基準となる目印をおき、そのうえで「右」「左」を示せばこうした混乱を防ぐことができます。

⑨「新宿駅から早稲田大学文学部までの道のり」

まず新宿から、黄緑の看板に「山手線池袋方面行」と書いてあるホームに行かれて下さい。そこから二つ目の、高田馬場駅で下車し早稲田口の改札から出ると、キオスクの右側に地下に下る階段がございます。それを下りてすぐに地下鉄の改札がありますので、入って左側の早稲田行きと示してある階段を下りて下さい。そこから一つ目の早稲田駅で下車し、地上に上がっていただいて左に真っ直進んでいただきます。すると左手に銀だこというタコ焼き屋さんがありますので、そこから左に曲って少し行くと左手に早稲田大学文学部のキャンパスがございます。

この文章は、道案内にふさわしい雰囲気を出そうと、案内嬢のような語り口で説明したところに特徴があります。雰囲気はよく出ていると思いますが、

・「行かれて下さい」という表現にまず違和感をおぼえます。

という指摘に現れているように、出だしでつまずいてしまったのが惜しまれます。

また、この文章が評価を下げてしまった第二の点は、

・早稲田駅で地上に上がって左に進むとあるが、右に進むはずである。

という指摘のとおり、⑧と同様、この指示に従うと、文学部キャンパスと反対の方向に行ってしまう点です。ここは、目的地にたどり着けるかどうかの境目ですので、細心の注意が必要です。早稲田駅の改札口を出てからの正確なルートは、文章①を参考にしてください。

⑩　「新宿駅から迷うことなく早稲田大学文学部キャンパスに辿り着くための道順」

JR 新宿駅から池袋・上野方面の山の手線に乗り、新宿駅から 2 つ目の高田馬場駅で降りて下さい。高田馬場駅には早稲田口と戸山口の 2 つの改札がありますので、早稲田口から降りて下さい。早稲田口にも 2 つの出口があります。駅構内には西武新宿線の改札もありますので、それを右手に、それに沿って出て下さい。

駅を出ると目の前にバスのロータリーがありますので、BIGBOX という建物を右手にロータリーの横断歩道を渡ります。左手には早稲田通りという大きな道路がありますので、道路の右側の歩道を歩いて下さい。途中右手にスターバックスやセブンイレブン、レンタルショップのリバティーという建物があります。

リバティーを過ぎて少し歩くと明治通りという大きな道路との交差点に出ますが、気にせず横断歩道を進行方向に渡って下さい。渡り終えると目の前に洋服の青山があります。

更にそのまま早稲田通りを歩いて下さい。途中右手に長崎ちゃんぽんのリンガーハットやファミリーマート、博多ラーメンの一風堂、東京三菱銀行があります。東京三菱銀行を過ぎたあたりから道路が下り坂になりますが、そのまま下って下さい。そうすると右手に交番がある交差点に出ます。横断歩道を進行方向に渡り、目の前に銀ダコというタコ焼の店があります。そこを右に曲がり少し歩くと左手

に早稲田大学文学部キャンパスが見えます。

文章⑩はとにかくたくさんの目印が挙げられているのが特徴です。

- 具体的に店の名前を挙げているので確認しながら行けてよい。

というのはそのとおりで、店の名前を一つ一つ確認していけば確実に目的地に着ける気がしてきます。また、

- とにかく題名が印象的である。受験生が安心できる。

の指摘のとおり、「新宿駅から迷うことなく早稲田大学文学部キャンパスに辿り着くための道順」というタイトルが魅力的で、受験生にとって心強い感じがします。

ただ、目印を挙げるさいの注意点としては、

- リンガーハットは、つぶれた。流動が激しい早稲田通りの店を使って説明してしまうと、最新の情報が提供できない可能性がある。他の文章も然り。
- 「洋服の青山」ではなく「AOKI」だと思う。

のように、情報の正確さを欠きやすいことが挙げられます。また、

- 「BIGBOX いう建物」初めての人は建物の名前はわからない。

というのもそのとおりです。この⑩でいえば「レンタルショップのリバティー」「博多ラーメンの一風堂」といった書き方、③でいえば「シャノアール（喫茶店）」「おとぼけ（洋食屋）」といった書き方が混乱を招かなくてよいと思います。

また、店の名前が一つ二つ違っても、

- 馬場から歩くとかなり時間がかかるので所要時間が書いてあるとよりよいだろう。

のように、所要時間が書いてあれば、歩いているほうとしては不安が軽減されます。おおよその距離でもよいのですが、歩く時間や長さの目安は必要です。

6.5 説明のまとめ

【説明のポイント】

i） 提供する情報については

(1) **情報の量：重要な情報が抜けておらず、なおかつ簡潔な情報。**

(2) **情報の質：説明する目的にかなった、関連性の高い情報。**

(3) **情報の正確さ：間違いやあいまいさのない情報。**

の3点を満たすことが必要である。この3点は説明の文章においてつねに重要である。

ii） とくに、道順の案内ということでいえば、

(4) **ルート**：わかりやすく、時間や費用のコストの低いルートの情報。

(5) **鉄道**：路線やホーム、改札口などの情報。

(6) **バス**：路線やバス停、渋滞などの情報。

(7) **徒歩**：歩く方向や距離、目印などの情報。

(8) **時間**：所要時間や乗り換え時間の情報。

(9) **空間**：上下、前後左右（要注意）などの空間の情報（東西南北や「～つめ」はわかりにくい）。

(10) **料金**：料金や支払い方法の情報。

などの情報が必要になる。こうした情報は道順の情報でのみ有効であるが、着眼点そのものは多様な説明文に応用可能である。

iii） 文章一般において読者への配慮は必要になるが、とくに説明文において必要となる読者への配慮としては、

(11) **読者の知識の想定：専門用語や略語にはとくに気をつける。**

(12) **注意点の明示：初めての人が間違えやすい点について否定文などを用いて注意を喚起する。**

(13) **タイトル：読者がアクセスしやすい、安心感を与えるネーミングが重要。**

(14) **文章構成：順序を示す表現をうまく用いる。冒頭で説明の骨子を示すのも有効。**

(15) **文体：文章の目的にかなった文体の選択が必要。**

の5点が挙げられる。

最後に、道案内についての興味深い指摘を紹介します。

- 道案内ってゴルフみたいなもんだなと思う。初めに正しい方向にちゃんと飛ばして、中継点で軌道修正してやって、最後でパターで細かくたたいてやる。

この指摘は、道案内だけではなく説明文一般に通用する基本的な原理だと思います。

練習6

問　あなたの得意料理の作り方について600字以内で書きなさい。また、その文章にふさわしいタイトルもあわせてつけなさい。

参考文献

市川孝（1978）『新訂 文章表現法』明治書院
大村彰道監修（2001）『文章理解の心理学 認知、発達、教育の広がりの中で』北大路書房
海保博之（1988）『こうすればわかりやすい表現になるー認知表現学への招待ー』福村出版
海保博之（2002）『くたばれ、マニュアル！ 書き手の錯覚、読み手の癇癪』新曜社
倉島保美（1999）『書く技術・伝える技術』あさ出版
黄明侠（2011）「説明文における中国人日本語学習者の序列の接続表現の選択ー日本語母語話者との比較を通じてー」『一橋大学国際教育センター紀要』2、一橋大学国際教育センター紀要
黄明侠（2011）「意見文における中国人日本語学習者の序列の接続表現の選択ー日本語母語話者との比較を通じてー」『専門日本語教育研究』13、専門日本語教育学会
篠田義明（1986）『コミュニケーション技術』中公新書
谷口篤（1999）『文章の理解と記憶を促進する具体化情報』風間書房
野田尚史・森口稔（2003）『日本語を書くトレーニング』ひつじ書房

6.5　説明のまとめ

藤沢晃治（1999）『「分かりやすい表現」の技術 意図を正しく伝えるための16のルール』講談社ブルーバックス

Grice, H. P. (1989). *Studies in the Way of Words*. Harvard University Press.（清塚邦彦訳（1998）『論理と会話』勁草書房）

第７講　目に浮かぶ描写

課題７

(園山俊二『ペエスケ③　ガタピシの子守うた』朝日新聞社より)

これは、漫画『ペエスケ』の１回分です。何が書いてあったか、この漫画を見ない人にも、この内容がよくわかるように、文章で教えてあげてください（400字以内）。

7.1　文章における選択と配列の重要性

さすがに今では言われないと思いますが、以前の国語教育では「見たとおりに書け」と教えられることがありました。たとえば、小学校の国語の時間、天気のよい日に先生が生徒を学校のそばの神社に連れていき、生徒をそのまえに座らせて原稿用紙を渡し、写生のときと同じように「目のまえの神社を見たとおりに書きなさい」と言って、文章を書く練習をさせたのです。

しかし、見たとおりに書くということはどういうことなのでしょうか。そもそも文章の書き方がわからない生徒は、目のまえにある神社のどの部分から書きはじめてよいかわからずに、立ち往生してしまいます。また、文章を書きはじめた生徒も、目のまえの神社を正確に描こうと、詳しく書けば書くほど、実際に書いた文章が目のまえの神社から離れてしまうというジレンマに陥りがちです。文章には文章特有の構造があって、その構造を意識せずに漫然と書いても、読者に伝わる文章は書けないからです。

文章というものは、見たとおりに書けるものではありません。写生にしても、一人一人の描いた絵は違ったものになりますが、文章の場合、全体の構成という点でいえば、写生以上に個性が出ます。それは、写生の場合、3次元の映像を2次元の絵に写しとるため、写実的に描くことが可能になるのですが、文章の場合、3次元の映像を、言語という1次元の線条的な記号で写しとるため、写実的に書くことがきわめて難しく、何を選んでどの順序で書くかという選択と配列が、写生以上に意味を持つからなのです。

7.2　内容の統一とその限界

今回はみなさんを近くの神社に連れていくというわけにもいきませんので、課題として園山俊二氏の4コマ漫画『ペエスケ』を用意しました。こうした4コマ漫画を用いる方法は、堀川（1968）の「文体比較法の一つの試み」という論文に見られます（課題の設問の文体も堀川（1968）に従って丁寧体にしています）。

堀川（1968）は、文章の読みやすさを調べるために、根本進氏の4コマ漫画『クリちゃん』の内容を400字以内で説明しなさいという課題を、学者や作家など200名にアンケート調査という形で依頼し、そのうち回答があった83名の文章を分析したものです。堀川氏がこのような調査を試みた動機は、既成の文章を使って文章の読みやすさを分析した場合、それぞれの文章の内容が異なるため、その読みやすさが文章の内容に由来するのか、それとも、表現に由来するのかがわからなかったためです。内容を統一して初めて、読みやすい文章の表現というものが見えてくると考えたのです。

こうした研究は海外でも見られ、Chafe編（1980）では、異なる言語や文化的背景を持つ人に、ことばが話されない自主制作の映画を見せてその内容を説明させ、それを比較、分析するという比較文化論にまで発展するスケールの大きな研究をおこなっています。今までの文章の研究というと、すでに書かれたものについて理解者のがわから分析するという研究が多かったのですが、これからの文章研究は同じ内容で文章を書かせてみて、その異同を比較することによって、文章の実態を明らかにするという表現者のがわからの分析が求められているように思います（渡辺文生（2003）を参照）。

さきほど挙げた堀川（1968）には、とくに興味深い指摘が二つ見られます。一つは筆者の職業によって文章の難易が異なるという点です。文章が難しい順に、人文科学者、自然科学者、評論家、翻訳家、小説家、童話作家の順になるそうです。もう一つの興味深い点は、童話作家だけが、4コマ漫画についてほかのグループとは別の解釈をしたという点です。

その解釈を紹介するまえに、元の実験に使われた『クリちゃん』がどんな内容のものかを説明しておきましょう。まず、台所でクリちゃんという男の子が戸棚から食材を取りだして調理しています。その様子をお母さんとおばあちゃんが陰からこっそり見ています。それが1コマめと2コマめです。3コマめではクリちゃんができあがった料理をお皿に盛って、ちゃぶ台のある居間へと運んできます。お母さんとおばあちゃんはその料理を食べさせてもらえるかと期待して、ちゃぶ台のまえに座り、にこにこしながら待っています。しかし、4コマめでは、クリちゃんが二人のまえを素通りし、庭の犬のところに料理を運んでいくのです。犬はしっぽを振ってそれを歓迎し、お母さんとおばあちゃんはその様子をまたにこにこしながら眺めているというものです。もちろん、セリフのない絵だけの4コマ漫画です。

さて、童話作家の解釈だけが違うという点ですが、原文の説明をそのまま紹介しましょう。

さきほど童話作家グループだけが違った内容に理解したといいましたが、童話作家以外の人びとは、この漫画のストーリーを、次のように解釈しました。即ち、クリちゃんは、初めから犬にやるつもりでご馳走を作っているのに、お母さんとおばあさんは自分たちにくれるのだと勘ちがいして、あとでガッカリする、と見るのです。ところが童話作家は違います。クリちゃんは、初めはお母さんたちにあげるつもりでご馳走を作っているのですが、犬の鳴き声を聞いて急に気が変り、犬のほうにやってしまう、と解するのです。これでは、根本的にオカシサの基準が違ってきます。同じ漫画でも、これを見る人の環境や性格によって理解のされ方が違うことが、よくわかります。童話作家のような考え方は大人の解釈としてはかなり珍しいものですが、子どもの解釈としては自然なもののようで、実際、ある小学校の先生がこれと同じやり方で6年生に文章を書かせたところ、子どもたちの大半は童話作家と同様の解釈をしたそうです。つまり、内容をそろえようとしても、そこにはさまざまな解釈の余地があるということです。

今回の『ペエスケ』の調査でも予想外の解釈が見られました。2コマめで犬がボールを握り隠すという解釈、3コマめで赤ちゃんが犬にはいはいをして見せているという解釈、4コマめで怒っている犬に必死に弁明しているという解釈などです。どれも一見無理のある解釈に思えるのですが、もとの漫画を眺めていると、そのような解釈の余地はたしかにあるように感じられます。見たとおりに書いたつもりでも、ほかの人も同じように見るとはかぎりません。表現だけでなく内容も人によって変わりうるという事実は、「見たとおりに書ける」という素朴な信念へのアンチテーゼになっています。

7.3　4コマ漫画の描写に見る選択と配列

みなさんに書いてもらった文章はそれぞれ興味深いものでした。しかし、そのすべてを紹介するわけにもいきませんので、書き出しの1文の表現を分析することをとおして、表現の共通性と多様性を考えることにしましょう。

まず、今回文章を書いてくれた169名のうち、「です」「ます」という丁寧体を選択した人が64名、「だ」「である」という普通体を選択した人が105名でした。そうした選択だけでも、文章が物語り調になるか、説明調になるかに影響が及び、文体印象がずいぶん違ってきます。

つぎに、個々の表現について考えてみましょう。1コマめでは、注目すべき事態は以下の四つであると考えられます。

(1) 「犬が寝ている」

(2) 「そのそばにボールが転がっている」

(3) 「赤ちゃんが犬に近づいてくる」

(4) 「赤ちゃんは寝ている犬の背中に乗ろうと思っている」

かりに、筆者がこの1コマめの一部分を切りとってきて書き出しの文を書くとすると、この四つのうち、どれを選んで初めの表現に据えるかに筆者の個性が表れると考えられます。

(1)を選ぶ場合、犬が主語になると考えられます。今回、文章を書いてくれた人は169名だったのですが、そのうち23名は犬を主語に選んでいました。犬を主語にした場合、(5)のような存在で表すか、(6)のような状態で表すかのいずれかになります。例文はすべて実例です。

(5)　寝ている犬が一匹います。（存在：4名）

(6)　犬が寝ている。（状態：19名）

一方、(2)を選ぶ場合、ボールが主語になりますが、(7)のようにボールを主語にする人はほとんどいませんでした。ボールは赤ちゃんと犬の相対的位置関係を明示するためだけに存在しているだけで、ボールそのものには焦点が当たっていないからです。

(7)　赤ちゃんと眠っている犬がいて、そばにはボールが転がっている。（状態：2 名）

(3)や(4)を選ぶ場合、赤ちゃんを中心にとらえるので、赤ちゃんが主語になります。また、(3)の場合でも、(4)の場合でも、赤ちゃんだけでなく、犬も文のなかに登場します。(1)のように犬を中心にして描いた場合、赤ちゃんが登場しなかったのとは対照的です。以下の(8)「知覚」、(9)「遭遇」、(10)「移動」が(3)に、(11)「思考」が(4)に対応します。また、(12)のような「心内発話」も(4)に含まれると考えられます。

(8)　ペエスケは犬を見つけました。（知覚：3 名）

(9)　まだハイハイしかできない赤ちゃんが、眠っている犬と出会った。（遭遇：2 名）

(10)　気持ち良さそうに眠っている犬のところへ、赤ん坊がはいはいでやって来た。（移動：63 名）

(11)　赤ちゃんのペエスケは、目の前で寝ている犬の背中に乗ろうと思った。（思考：31 名）

(12)　「金太郎が熊に乗っているみたいに、僕も犬に乗りたいな。」（心内発話：3 名）

なお、赤ちゃんが主語のもので、二コマめの内容まで示されているものもあります。そうしたものは「その他」としておきます。

(13)　ペエスケは犬の上に馬乗りして遊びたいと思いついて、寝ている犬に正面からこっそり近づいていったが、犬の目の前まで近づいた時に犬が目を覚ましてしまって、ペエスケが犬に何かしようとしていたことを気づかれてしまう。（その他：5 名）

なお、余談ですが、赤ちゃんの名前は「ペエスケ」ではなく「平太」、犬の名前は「ガタピシ」です。「ペエスケ」というのは「平太」くんのお父さんの名前で、この第 7 講末尾の「練習」の 4 コマ漫画に出てくる若いサラリーマン風の男性です。また、「ガタピシ」くんはこの「ペエスケ」氏の飼い犬です。「ペエスケ」氏は、自宅である古い賃貸アパートの、建てつけの悪い雨戸を毎朝「ガタピシ」と音をたてて開けるのですが、その音を聞くと、この「ガタピシ」くんは散歩に連れていってもらえると大喜びします。「ガタピシ」はそこからついた名前です。

さて、これまで述べてきたことを、ここで一旦まとめておきましょう。

(1)'「犬が寝ている」(主語：犬、登場人物：犬、23 名選択)

(2)'「そばにボールが転がっている」(主語：ボール、登場人物：赤ちゃんと犬、2 名選択)

(3)'「赤ちゃんが犬に近づいてくる」(主語：赤ちゃん、登場人物：赤ちゃんと犬、68 名選択)

(4)'「赤ちゃんは寝ている犬の背中に乗ろうと思っている」(主語：赤ちゃん、登場人物：赤ちゃんと犬、34 名選択)

主語にくるものは焦点が当たっているものであると考えると、焦点が当たっている割合は、赤ちゃん：犬：ボール＝102：23：2 です。つまり、人間である赤ちゃん、動物である犬、無生物であるボールという順に焦点が当たりやすくなっているわけです。このことはもちろん、無生物よりも動物、動物よりも人間のほうが読者が視点を同化しやすいという事実を表しているわけですが、この漫画においては、対象のそうした属性だけでなく、動きや大きさというものが主語による焦点化と関わっているように感じられます。

つまり、ボールは犬の向きを決める基準になっており、まったく動きません。犬は赤ちゃんの位置を決める基準となっており、向きは変えますが、その場からは動きません。それにたいし、赤ちゃんはコマのなかを、円を描きながら移動するのです。ものの位置を決める基準となっているものを視点論ではベースといいますが（渡辺伸治 1999)、ベースは焦点が当たっていないため、主語にはなりにくいのです。

犬の「ガタピシ」くんは、漫画『ペエスケ』において完全に擬人化されています。一方、赤ちゃんの「平太」くんは生まれたばかりで、複雑なことを考えることはできません。その意味で、犬と人間という境界は、「ガタピシ」くんと「平太」くんのあいだにあっては、さほど意味を持たないように思います。むしろ、どちらが位置の基準となっており、どちらが動きを持っているか、そのことで主語になるかどうかが決まっているようです。登場人物として赤ちゃんと犬の両方が出てくる場合、ベースになっている犬を、位置を表す格助詞「に」などで導入し、犬のまわりを動いている赤ちゃんのほうを主語として導入するのが普通です。

また、赤ちゃんと犬を別々の文で導入する場合は、最初の文で犬が主語として描かれ、つぎに犬にむかって移動する赤ちゃんが主語として描かれます。逆の順序で導入されることはほとんどありません。その理由は、最初に動かない犬をベースとして導入し、つぎにその犬との相対的位置関係を示しつつ、動く赤ちゃんを導入したほうが、読者が混乱を来さずに済むからです。そのため、「犬が寝ている」→「そこへ赤ちゃんが近づいてくる」という順に描かれる傾向にあるのです。

さきほど、登場人物として赤ちゃんと犬の両方が出てくる場合、赤ちゃんのほうが主語になるのが普通だと言いましたが、犬のほうが主語になることもないわけではありません。以下の⒁や⒂のような場合です。

⒁　赤ん坊の男の子が、ハイハイをしていると、前方にねむっている犬がいる。（存在：2名）

⒂　ペエスケがボールを追いかけていくと、目の前に犬が昼寝をしていた。（状態：2名）

いずれの場合も文全体の主語は犬ですが、「～すると」の文型を用いることで、視点が犬ではなく赤ちゃんにあることを表しています。また、⒃のように、2コマめまで描き、文全体の主語が犬になることもあります。しかし、その場合でも「～すると」の文型が多く用いられるようです。

⒃　赤ちゃんが、犬に乗りたいなと思って、寝ている犬に近づいて行くと、犬の目の前まで近づいた所で、犬が目を覚ましてしまいます。（その他：11名）

こうして見ると、いずれの例も、登場人物に赤ちゃんと犬の両方が出てくる場合、視点が赤ちゃんのがわにあるため、赤ちゃんが主語になるという原則の例外とは言えないようです。

以上で、だいたいの組み合わせは見ることができたのですが、いずれもコマの描写でした。実際には、描写ではなく説明のスタイルのものもあります。⒄と⒅は赤ちゃんが主語で、登場人物は赤ちゃんのみ、⒆と⒇は赤ちゃんと犬が主語で、登場人物も赤ちゃんと犬のものです。

⒄　ペエスケはまだ歩くこともできない赤ちゃんです。(説明：2名)

⒅　一人の赤ん坊がいました。(存在：2名)

⒆　登場人物は赤ん坊のペエスケと犬。(説明：3名)

⒇　幼児と犬がいる。(存在：12名)

こうした例は、いきなり描写に入らず、まず漫画の枠組を設定しようという意味で、初めての読者にもわかりやすい表現になっています。こうした漫画の枠組を設定する極端な例は以下のようなものです。

(21)　この漫画は4コマ漫画である。(大枠：2名)

(22)　この漫画から、筆者が子供の発想と犬の習性をするどく見抜いていることが伺われる。(感想：1例)

4コマ漫画であるという情報は、そのことを知らない読者にとって重要な情報なのですが、そのことが自明の筆者の立場からは、そこまで説明することは、なかなか思いいたらないものです。こうした説明はもともとの漫画の味わいを損ねる可能性もありますので、好みは分かれると思うのですが、そうした説明も可能であり、場合によっては有効であるということは知っておいたほうがよいでしょう。

以上、冒頭の1文をめぐるみなさんの発想の共通性と多様性について見てきました。整理すると、次ページの表のようになります。

ここから感じられることは、描写には筆者の個性が表れる一方、描写の文法とでもいうべきある一定の認識の方法、表現の方法があるということです。つまり、表現というものは、「見たとおりに書け」と言えないことからもわかるように方法が一つに限定されるものではないのですが、かといって無限の方法がありうるものでもなく、ある限られた範囲での選択とその組み合わせによってなされるものなのです。3次元の現実世界を1次

【表　冒頭文の発想の共通性と多様性】

	内容	主語	登場人物	選択者数	例文
描写	犬の存在	犬	犬	23名	ボールのそばに犬が寝ている
描写	ボールの存在	ボール	赤ちゃんと犬	2名	赤ちゃんと犬のそばにボールが転がっている
描写	赤ちゃんの接近	赤ちゃん	赤ちゃんと犬	68名	赤ちゃんが犬に近づいてくる
描写	赤ちゃんの計画	赤ちゃん	赤ちゃん	34名	赤ちゃんは寝ている犬の背中に乗ろうと思っている
描写	2コマめまで	赤ちゃん	赤ちゃんと犬	5名	赤ちゃんは犬に背中に乗る計画を気づかれてしまう
描写	犬との出会い	犬	赤ちゃんと犬	4名	赤ちゃんがはいはいしていると、寝ている犬がいる
描写	2コマめまで	犬	赤ちゃんと犬	11名	赤ちゃんが寝ている犬に近づくと、犬が目を覚ます
説明	赤ちゃんの紹介	赤ちゃん	赤ちゃん	4名	まだ立って歩けない1人の赤ちゃんがいた
説明	赤ちゃんと犬の紹介	赤ちゃんと犬	赤ちゃんと犬	15名	登場人物は赤ちゃんと犬である
説明	漫画の大枠紹介	漫画	なし	3名	この漫画は4コマ漫画である

元の記号世界に落としこむ表現の世界では、「何を選んで」「どう並べるか」という選択と配列が、何よりも重要になってくるのです。

7.4　描写文の調査結果

今回、受講生のみなさんが書いた文章のなかから八つを選んで、それを別の人に評価してもらったものがあるので、その調査結果を紹介しましょう。調査対象者は102名、もちろんこの漫画を見たことがない人ばかりです。それぞれの人に1位から8位までつけてもらい、1位を9点、2位を

【グラフ　描写文の文章別評価結果】

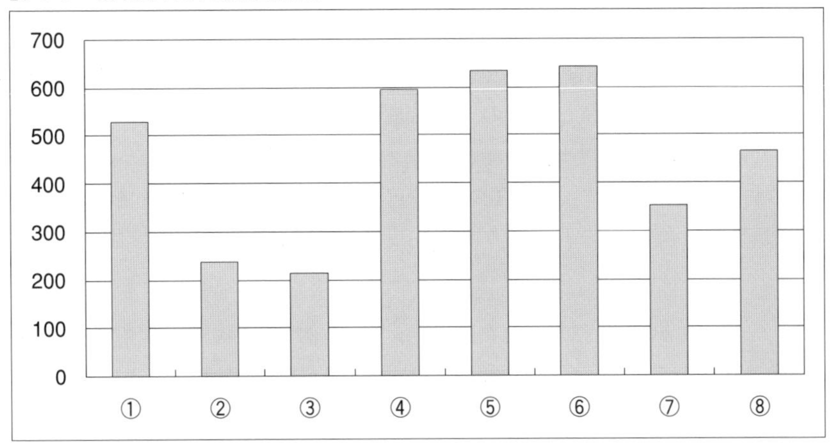

8点、……8位を1点とし、それを合計した結果が以下のグラフです。なお、①から⑧までの文章については、具体的な説明のなかで一つ一つ紹介していくことにします。

① まだ1歳未満ほどで、わんぱく小僧といった様子の赤ちゃんが、自分と同じくらいの大きさの犬の上に乗って遊ぼうと考え、静かに寝ている犬のところへはいはいをして近づいています。赤ちゃんが犬のそばにたどり着くと、犬は突然目を覚まし、赤ちゃんと犬は顔を合わせてしまいます。驚いた赤ちゃんは、あわてて向きを変え、そのままはいはいをしながら、犬の後方へまわろうと、ぐるりとまわります。一方、顔を合わせたときはきょとんとしていた犬は、むすっとした表情をして、自分の足で体をかいています。赤ちゃんはぐるりとまわって犬の後方にやってきますが、すでに犬は向きを変えて横になっていたために、また、赤ちゃんと顔を合わせてしまいます。犬はいたって冷静に赤ちゃんを見つめていますが、赤ちゃんは驚いて、冷や汗をかいています。

①は、全体の4位に位置する標準的な文章です。起こった出来事を過不足なく書いているため、何があったのかがとらえやすく、また、赤ちゃんや犬の表情やしぐさをていねいに描写しながら、時間的な流れにそって説明しているため、場面が想像しやすいと感じさせるよい文章だと思います。

しかし、この文章にはわかりにくい部分もあります。1コマ1コマで起こっていることを長い文で羅列して書いてしまっているため、視点が次々に変わっている点です。つまり、箇条書き的に書かれており、その箇条書きをまとめる文が存在しないので、読者は起こっている一つ一つの事態は理解できても、事態同士のつながりや、どこに話の盛り上がりがあるのかが理解できないのです。視点をある程度統一し、全体の流れをまとめる文を冒頭に置けば、もっとわかりやすい文章になるだろうと思います。

② 一匹の犬が寝ています。犬の側にボールが一個ころがっています。そこへ赤ちゃんがハイハイして来て、いつもの様に犬の背に乗って遊ぼうとしますが、犬が起きてしまい、顔を合わせてしまって乗れなくなったので、赤ちゃんは今度は犬の尾っぽの方に回って乗ろうとします。ところが赤ちゃんがハイハイして犬の尾っぽの方に回っている間、犬は、初め側に転がっているボールの、向かって右側に頭を向けて寝ていたのが、左側に頭の向きを変えて寝てしまいます。赤ちゃんは、ボールの向かって右側から犬に近づいてきて、犬が向きを変える様子を見ずに、ボールを支点として時計回りにハイハイして回ってきてしまったために、また犬と顔を合わせてしまい、自分は確かに犬の尾っぽの方に回って来たのに、また今度も犬と顔を合わせてしまったことを、赤ちゃんはその幼い頭で理解することができず、大変驚いている、というお話です。

②は論理的な文章です。ボールを基準にして登場人物の位置関係を説明するという一貫した態度で書かれています。もとの漫画でもボールはそうした位置関係を明確にする働きをしており、とらえ方は間違っていません。オチの説明もきちんとなされています。しかし、調査結果を見ると、③とならんでもっともわかりにくい文章の一つに評価されています。なぜでしょうか。

それは、皮肉なようですが、ボールを中心にして、登場人物の位置関係を詳しく描きすぎてしまったことによります。ボールはたしかに登場人物の位置関係を示す基準になっているのですが、ボールそのものはストーリーに関わっていないという意味で余計な要素なのです。漫画そのものに描かれ、また、そのなかで一定の役割を果たしているものであっても、文章では書かないほうがよいものもあるのです。何を選んで書くかによって文章のわかりやすさはかなり違ってくるものです。

③　ボクは犬に乗って、王様気分でそのへんをうろうろしてみたい。だけど寝てる犬に近づいて行ったら犬は目を覚まして怒ってそっぽを向いてしまった。仕方ないからボクが犬にお手本を見せようとして、ハイハイをしてあげたんだけど、犬にはその意味が分かんなかったみたいだったよ。犬は全く動じないからこっちが驚いてしまったよ。

③は②とは反対に主観的な態度で書かれた文章です。「ボクは」という書き出しがそのことを象徴的に示しています。こうした「ボク」視点で一貫して書かれているという点ではわかりやすい文章です。しかし、調査結果では、もっともわかりにくい文章とされています。

その理由の一つは、「ボク」視点そのものにあります。１人称視点で書くことはかならずしも悪いことではなく、むしろ文章をわかりやすくすることのほうが多いと思います。視点が一貫するため、３人称視点の客観描写ではAとBとの関係を描かなければならないところでも、１人称視点ならAの視点に立ってBのみを描けばよく、文の複雑さを回避できるからです。

しかし、１人称視点で気をつけなければいけないのは、１人称視点から見える周囲の状況の描写に熱心になるあまり、１人称自身の説明がなくなってしまうということです。つまり、この③でいうと、犬の描写は精緻なのですが、「ボク」についての説明がないために、「ボク」がどんな人物なのか、イメージが湧かないということが起こってしまうのです。「ボク」がまだ幼い赤ん坊であるということがわかるような記述が最初にあれば、この文章はずっと読みやすくなると思います。

読みにくいもう一つの理由は、ほかの文章とまったく解釈が異なっている点です。「ボクが犬にお手本を見せようとして、ハイハイをしてあげたんだけど、犬にはその意味が分かんなかったみたいだったよ」というのはこの文章独自の解釈です。おもしろい解釈だと思うのですが、この解釈は無理があるということを、今回の調査結果が示しているように思われます。

④　ある日、小さな男の子は、犬の背中に乗ってみたいと思いました。ちょうど犬は寝ています。今のうちに背中に乗ろうと正面からハイハイをして近づくと……はっ！犬に気づかれてしまいました。しまったと思い、今度は後ろから気づかれないように乗ろうと背後からそっと忍びよると……ばちっと犬と目が合ってしまいました。えっなんで、どうして？と小さな男の子は何が何だか分からなくなりました。犬は小さな男の子の考えていることは全てお見通し。後ろを向いて待ち構えていたみたいです。小さな男の子より犬のほうが一枚上手であったというわけですね。

④はわかりやすいという評価を受けた文章の一つです。その評価を支える理由の一つは子どもに読み聞かせるような文体にあります。文章全体のうち、はじめの3分の2は「小さな男の子」の視点で描かれ、残りの3分の1では犬に寄った視点で、「小さな男の子」が混乱してしまった背後の事情を説明しています。それぞれが読みやすい視点構造になっています。

また、文の切り方も適切です。「思いました」「寝ています」「気づかれてしまいました」「目が合ってしまいました」「何が何だか分からなくなりました」という文による事態の切り取り方がコマとうまく適合し、ポイントが明確になっています。目に浮かぶような描写になっている文章です。

⑤　漫画『ペエスケ』は四コマ漫画です。今回の登場人物は、赤子と犬です。まず一コマ目で、赤子が犬にまたがって遊ぼうという考えを抱き、犬に近付きます。犬が眠っているので好都合です。二コマ目では、赤子が犬の目の前にまで近付きます。しかし犬が目を覚ましてしまいます。犬と目が合ってしまった赤子は驚きます。あせってしまった赤子は、三コマ目で、犬の背後からだったら犬に気づかれずにまたがれると思い、頑張って犬の背後に回り込もうとします。しかしこの時、犬は向きを変えてしまいます。案の定、四コマ目では、赤子は犬の正面に出くわしてしまうのです。赤子は、背後に回り込んだはずなのに、そこに犬の顔があるので、とても不思議がります。赤子の狭い世界での、一生

懸命の策略と努力が簡単に崩れさってしまうというのが、今回の漫画『ペエスケ』のオチです。

⑤もわかりやすいという高い評価を受けた文章です。描写の部分はほかの文章とくらべて少なく、説明が軸になっています。

まず、「漫画『ペエスケ』は四コマ漫画です」が個性的です。ほかの人が無意識のうちに前提としてしまっている部分を言語化しています。そのうえで、「今回の登場人物は、赤子と犬です」と登場人物の紹介をしています。こうして、漫画の大枠を限定することで内容がわかりやすくなります。

次からは描写になるのですが、「まず一コマ目で」「二コマ目では」「三コマ目で」「四コマ目では」とコマ割りを明記しているのもまた特徴的です。ですから、描写がおこなわれていても、描写というより説明という印象を受けることになります。選ばれている事態はどれも適切なものです。

最後のオチは、また説明文として書かれ、全体としてかっちりとした構成になっています。

この文章を書いたのは法学部の学生です。法学部の人がすべてこうした文章を書くわけではないでしょうが、堀川（1968）で見た筆者の職業と文体は相関するというテーゼを思いおこさせます。

こうした文章はストーリーの臨場感を失い、4コマ漫画の味を消しさってしまうため、好みが分かれる文章だとは思いますが、説明調の文章としては出色の出来であるということを調査結果は示しています。

⑥「金太郎が熊に乗っているみたいに、僕も犬に乗りたいな。」赤ちゃんはそう思って飼っている犬に近づきました。「やったー、ちょうど眠ってるぞ。」赤ちゃんが犬の顔の目の前までやってくると、突然犬が目をあけました。赤ちゃんはビックリ！　あわててその場を離れます。「あぶないあぶない。やっぱり犬の顔の前にいったら起きちゃうんだ。そうだ！　お尻の方からのろう！　そうすれば気づかれないぞ。」赤ちゃんはそう思って犬の周りをグルッと一周ハイハイでまわることにしました。犬はツーンとそっぽをむいて、後足で顔をかいてい

ます。ようやく動きおわった赤ちゃん。さあお尻からのっちゃおう！　と思ったら、「あれ！？」寝そべった犬の顔がまたまた赤ちゃんの目の前に。赤ちゃんは大パニック。「どうしてお尻に顔があるの？」赤ちゃんにはわかりません。実はこの犬、後足で顔をかいた後、さっきとは逆の方向をむいて横になったのです。きっと犬も驚いたんでしょうね。

⑥は全体のなかでもっとも支持を受けた文章です。基本的に赤ちゃんの視点で書かれていますが、赤ちゃんの行動や赤ちゃんの見ているものだけでなく、赤ちゃん自身の気持ちについても「　」つきで説明されていますので、１人称視点が陥りがちな１人称自身のことがよくわからないという事態を避けることができています。赤ちゃんの行動、赤ちゃんの視線、赤ちゃんの気持ちがバランスよく含まれ、しかもその整理がうまくいっているため、まさに目に浮かぶ描写になっています。

また、「！」や「？」という記号の多用や、ややくだけた文体が、4コマ漫画の雰囲気を壊すことなくうまく伝えていると思います。そうした細かい配慮がこの文章の支持率を押しあげたのでしょう。

⑦　赤ん坊が、犬の背に乗って遊ぼうとして、犬のいる所までハイハイして行ったが、犬の頭が邪魔で（もしくは前向きに乗りたかったため）犬の後ろに周り込もうとする。犬は赤ん坊と目が合ったのを嫌がり、寝ている向きを変えた。周り込んでいる赤ん坊は、犬が向きを変えたのが見えていなかったので、周り込んだ後にまた頭が自分に向いていたのが理解できないでいる、という面白味のないものである。

⑦は今一つ評価されなかった文章です。説明は簡潔で、「犬が向きを変えた」「赤ちゃんがそれを見ていなかった」という、この漫画のオチを理解するのに必要な二つの要点が含まれており、その意味では評価できそうです。

しかし、あまり高い評価を受けなかった背景にはいくつかの理由があります。一つは説明のわかりにくさです。「犬の後ろに周り込もうとする」

「犬は赤ん坊と目が合ったのを嫌がり」の事態の先後関係がわかりにくく、また「犬の頭が邪魔で」や「目が合った」という記述が突然現れるので、そうした説明を受けていなかった読者は混乱します。また、「寝ている向きを変えた」というのも「どう」向きを変えたのかがわからないのが理解しにくい点です。この漫画を知らない相手に説明するには、説明不足の部分が多いように感じられます。

また、最後の「面白味のないものである」という評価が読者に後味の悪さを与えます。こうした説明にそもそも筆者の評価を加えるべきかどうかも吟味の必要があるでしょうが、それ以上に、否定的な内容を書くときには細心の注意が必要です。どうしてそうした評価に至ったのかがわからないと、内容だけでなく、その文章を書いた筆者自身も読者に否定的に受けとられる可能性がありますので、注意が必要です。

⑧　ある時、ペエスケは人が馬に乗るように、自分も犬に乗ってみたいと思いました。そこで、犬が寝ているすきに、ハイハイで犬に忍び寄っていきました。しかし、あと一歩のところで犬とはち合わせしてしまいました。ならば、今度は尻尾の方からなら気づかれまい、と先ほどとは反対の方向から犬に忍び寄っていきました。しかし、たどりついたのは尻尾ではなく、犬の視線の先でした。犬が先ほどとは反対の方向を向いていたのです。赤ん坊の発想は実に単純でおもしろいものです。

⑧は、①とともに平均的な評価を受けた文章です。赤ちゃんの行動に焦点を当てるという執筆態度で一貫しており、その意味ではわかりやすい文章です。挙げられている事態も過不足のないものだと思います。

しかし、わかりにくい部分が二つあります。一つは「ペエスケ」が赤ちゃんであるということが途中までわからないこと、もう一つは「犬とはち合わせ」「犬の視線の先」という表現が何を指しているのか明確でないことです。この⑧を目にする段階では、①から⑦まで読んできていて、漫画を見ていない人でもかなり話の内容が理解できていますので、何となく読みすごしてしまいますが、この⑧だけしかなかったとすると、理解には相当の困難が伴うように思います。⑦でもそうでしたが、この漫画を知らない読者の立場に立った適切な説明というものの難しさを感じます。

7.5　描写のまとめ

【描写のポイント】

i）　言語による描写は、ことばという1次元の記号の列によって書くもので、**表現の選択と配列をつねに伴い、「見たとおりをそのまま書く」ことは不可能である。**

ii）　書く題材を同じものにしても、筆者の個性によって、解釈や文体が自然と異なってくるので、**誰が書いても同じ文章になるということはない。**

iii）　一方、書く題材を統一すると、無生物よりも人間を主語に据えたり、動いていないものを先に導入して、つぎにそれとの位置関係で動きのあるものを導入したりするなど、**表現の選択や提示の順序には一定の傾向が存在する。**

iv）　**描写を中心とした文章は、作品のイメージや臨場感を伝えるのに適している**が、事態の単なる羅列で話のポイントがぼやけたり、事態間の関係に整合性がつかなったりする場合がある。また、**説明を中心とした文章では、話の大枠やポイントを整理して伝えるのに適している**が、臨場感に欠け、作品の雰囲気が伝わってこないきらいがある。ほかにも、1人称視点、3人称視点という**視点の選択**や、丁寧体、普通体という**文末の丁寧さの選択**、さらには**描く事態そのものの選択や事態提示の順序**など、表現行為にはさまざまな選択が伴う。そうした表現選択のさいには、**それぞれのメリット、デメリットを計算し、読者の立場に立って選択する必要がある。**

練習7

以下は、漫画『ペエスケ』の1回分である。何が書いてあったか、この漫画を見ていない人にも内容がよくわかるように、400字以内で説明しなさい。

（園山俊二『ペエスケ①　こっち向いてガタピシ』朝日新聞社より）

参考文献

烏日哲（2010）「中国人日本語学習者と日本語母語話者の語りにおける説明と描写について－『絵本との一致度』の観点から－」『日本語教育』145、日本語教育学会

樺島忠夫（1990）「描写の構造」『表現研究』52 表現学会

樺島忠夫編（1979）『文章作法事典』東京堂出版

久野暲（1978）『談話の文法』大修館書店

中村明（1991）『文章をみがく』NHK ブックス

堀川直義（1968）「文体比較法の一つの試み」『文体論研究』12 日本文体論学会

松木正恵（1992）「『見ること』と文法研究」『日本語学』11-9、明治書院

渡辺伸治（1999）「「視点」諸概念の分類とその本質」『言語文化研究』25 大阪大学大学院言語文化研究科

渡辺文生（2003）『日本語学習者と母語話者の語りの談話における指示表現使用についての研究』平成13～14年度科学研究費補助金（基盤研究(C)(2)）研究成果報告書（課題番号 13680348）

Chafe, Wallace. (ed.). 1980. *The Pear Stories: Cognitive, Cultural, and Linguistic Aspects of Narrative Production*. Norwood, N. J. : Ablex

第 8 講　問題提起文の力

課題 8

問　以下の文章を読み、後続の文章展開に影響を与えている、問を表す文（問題提起文）を選び、その文番号を書きなさい。また、その問題提起文の問に対応する、答になっている文を選び、その文番号も書きなさい（いずれも複数選択可）。

さらに、問題提起文やその答になっている文が、文章理解のさいにどのような役割を果たしているか、論じなさい。

⑴年をとってくると、体の抵抗力がなくなり、病気にかかりやすくなる。⑵抵抗力は免疫機能と言い換えてもいいが、免疫機能を向上させれば、いつまでも元気に暮らすことができるのだが……。

⑶免疫というと難しいと思われがちだが、簡単に言ってしまえば、生体の防御反応のひとつだ。

⑷例えば、風邪をひいたときに、熱が上がり、せきが出たりするが、体に入ってきたバイ菌（ウイルス）をやっつけようとして、生体防御反応が起こっている証拠なのだ。⑸けがをして、膿（うみ）が出ることがあるが、これも、傷口から入ってきた細菌と戦っていることをあらわしている。

⑹このように、人間の体は異物が入ってくると、それを攻撃して、排除するようにできている。⑺しかし、生体防御反応も年をとるにつれて、弱くなってくる。

⑻老人が風邪をひきやすく、治りにくいのもそのためだ。⑼また、若い人には無害な、どこにでもいる細菌が悪さをして病気になってしまうこともある。⑽老人の死因で多いのが肺炎というのも、風邪などで弱った体に、普段はなんともない細菌が感染して、肺炎になってしまうというケースが多いからだ。

⑾どうして、年をとると生体防御反応が弱くなってしまうのだろうか。⑿この反応のシステムをもう少しくわしく知れば、理解しやすいだろう。

⒀生体防御反応の第一段階は、皮膚や粘膜によって、体内に敵（細菌など）

が侵入するのを防ぐ。⒁第一バリアが破られた場合、体内に侵入した細菌を直接殺してしまうNK細胞、殺菌力のある血液成分の好中球や、細菌を食べてしまうマクロファージなど、自然免疫系と呼ばれる機能が働くのが第二段階。⒂そして、最終的な防御機能となるのがリンパ球が主体の獲得免疫系の機能だ。

⒃自然免疫系は生後間もなく機能しはじめ、一生を通してそれほど変化はない。⒄しかし、獲得免疫系は成長とともに発達し、20歳前後でピークに達して、その後は徐々に低下する。⒅40歳くらいではピーク時の半分ほど、70代では約10%までに低下する。

⒆獲得免疫系の主役は、骨髄で作られるT細胞とB細胞と呼ばれるリンパ球。

⒇T細胞は骨髄で作られたあとに、心臓の前あたりにある小さな臓器、胸腺(きょうせん)で、教育を受ける。(21)体に入ってきた異物を異物と認識できる能力を胸腺で教えられるのだ。(22)専門的には自己と非自己の認識をすることだ。

(23)胸腺は10歳前後から縮小しはじめて、60代では最大重量だったときの約40%、90代では10%以下になってしまう。(24)胸腺の縮小とともにT細胞に依存している免疫機能が落ちてくる。(25)しかし、胸腺の縮小のほうが先行し、機能の低下は縮小率ほど激しくはない。

(26)B細胞は抗原抗体反応の主役だ。(27)体外から侵入してきた敵を覚え込んで、再び侵入してきたときには、T細胞などと協力して即座に攻撃、撃退してしまう。(28)コレラの生ワクチンなどはこの反応を応用したものだ。

(29)人間は年をとるにつれて、さまざまな細菌と出合うので、B細胞のつくる抗体は多くなり、それだけ体内の攻撃力も多様になるが、他の免疫系との連携がうまくいかなくなるために、システム全体として機能が低下してくる。

(30)免疫系の研究は進んでいるが、いまのところ医学的に機能の低下を抑える方法はみつかっていない。(31)では、どうすればいいのか？

(32)九州大学生体防御医学研究所所長の野本亀久雄さんは、免疫力を向上させるためには免疫ミルクとクロレラを勧めている。

(33)免疫ミルクは母親の初乳に含まれる免疫物質にヒントを得て、米国で開発された。(34)牛乳に免疫グロブリンGや抗炎症因子などが含まれているミルクで、飲用することによって免疫力が高まるといわれる。

(35)野本さんらの研究では、免疫ミルクを飲ませたマウスと、普通のミルクを飲ませたマウスにX線を照射し、その後、同じようにミルクを飲ませたところ、免疫ミルクマウスのほうが生存率が40％も高かった。(36)また、内臓内の悪玉菌数も減少することがわかった。(37)クロレラに関しても、マウスの実験でT細胞を活性化することが証明された。

(38)野本さんはすでに臨床的に、がんの治療などに応用して効果をあげている。

(39)免疫機能に関しては、ストレスや栄養不足が機能を低下させることも明らかになり、笑いが機能をアップさせるという研究結果も報告されている。

(40)健康に長生きするためにも、ストレスを軽減し、栄養バランスのとれた食事を心がけ、笑いを生活のなかに取り込むことが大切ではないだろうか。

（西尾岳「免疫機能を高め、健康長寿」『毎日新聞』2000.3.19朝刊より）

8.1　文章とは何か

今回の講義では問題提起文について考えますが、そのまえに文章とは何かという大きな問を考え、その問から得られる文章観との関連で問題提起文を見ていきたいと思います。

これまで文章の書き方についていろいろと解説してきたにもかかわらず、文章とは何かという根本的な問については避けて通ってきました。じつは、文章とは何かという問に答えることは容易なことではなく、専門家のあいだでもいまだに議論があるのです。しかし、いつまでも避けて通りつづけるわけにはいきませんので、わかる範囲で文章とは何かについて考えてみることにしましょう。

文章の定義を考えるさいには以下の四つの観点が重要であると考えられます。

一つめは、文章の単位性です（時枝1950：18-23）。後述するように、1文だけの文章というものが考えられないことはないのですが、文章ということばで一般的に想定されるのは、複数の文からなる文の複合体でしょう。「語」「文」「文章」というものを区別して考え、「語」が集まって「文」ができ、「文」が集まって「文章」ができるというイメージを持っておくことは、言語の研究をする場合はもちろん、文章の書き方を考えるうえでも大切なことだと思います。みなさんのことばづかいのなかで、「『メロスは激怒した』という文章は名文なのだろうか」「新聞の社説の文は読みにくい」といった言い方を耳にすることがあるのですが、これは厳密には誤りです。「『メロスは激怒した』という文は名文なのだろうか」「新聞の社説の文章は読みにくい」とすべきところです。

二つめの重要な観点は、文章の文脈性（一貫性）です（市川 1978：22-24）。複数の文が存在するからといって、それがかならず文章になるわけではありません。そこに文脈が存在して初めて文章として認められるのです。「台風が九州に上陸した。政府の政策には理念がない。」という文連続は文章として認められません。そのあいだに文脈が存在しないからです。「台風が九州に上陸した。その日1日、九州を発着する空の便の欠航が相次いだ。」や「不必要な道路の建設が続けられる一方、教育や福祉の切り捨てが進められている。政府の政策には理念がない。」といった文連続であれば文章として認められるでしょう。2文のあいだに文脈が認められるからです。

三つめの重要な観点は、文章の全体性です。一つめの観点にしたがって文章に単位性を認めるとすると、一つのまとまりとして文章の全体性を保証しておくことが重要になります。文章には、その前後に文脈を持たないという意味でかならず初めと終わりがあり、また、文章全体の内容を統括するある種の内容上のまとまりがあります。文章にまとまりを与える表現にはさまざまなものがありますが、そうした表現と文章のまとまりの関係を議論する統括論という考え方（永野 1986）は、ある特定のジャンルの文章には有効な枠組みになっていると考えられます。

しかし、実際の文章を考えると、この文章の全体性を認定する方法が難しい場合が多いのも事実です。「古池や蛙飛び込む水の音」という俳句は文章なのだろうか、「大丈夫！」と一言だけ書かれたメールの返信は文章なのだろうか、「止まれ」という道路標識は文章なのだろうか、国語の教科書に載っている長編小説の一節はそれ自体で一つの文章なのだろうか、1クラス分を集めた卒業文集全体はそれ自体で一つの文章なのだろうかなど、人によってかなり判断が揺れるのではないでしょうか。

このように考えると、文章に全体性を認めることはきわめて難しいということになります。この文章の全体性をどう解決するかが文章を定義できるかどうかの鍵になっていると考えられるほどです。

この問題の解決法の一つとしては、文章の全体性の問題を、文と文とがどう結びつき、どうまとめられて文章が構成されるかという量的な側面からではなく、文というものが現実の場面とどう働きあい、意味を構成するかという質的な側面から考えるという方法があります。これが、四つめの重要な観点となる文章の場面性です。

一例として「雨！」という発話を考えてみましょう。「雨」は、それ自体は語です。しかし、「雨」が「外は雨だ」「雨が降ってきた」という事態を表し、その事態を「雨」ということばで切りとって語っている点では文です。さらに、「雨！」を聞き手に伝達することで、「ほら、外を見てごらん！」「待ちに待った恵みの雨だ！」「早く洗濯物を取りこんで！」といった、その場面におうじた機能を帯びる点では文章といえます。

このように考えると、文章とは、表現者が理解者にまとまった言語表現をとおしてあるメッセージを伝えるものということになります。複数の文からなる書きことばが文章だと考えてきた人にとっては、「雨！」のような1文からなる話しことばに文章という用語を拡張することに抵抗を感じるかもしれません。しかし、複数の文からなるという量的側面だけでなく、ことばと場面の関わりという質的側面によっても文章というものが規定できるということは心に留めてほしいと思います。近年、談話分析（discourse analysis）や語用論（pragmatics）と呼ばれる言語学の分野の研究が盛んになってきましたが、これらはいずれもことばの場面性を重視して研究する分野です。

以上、文章を四つの観点から整理してみました。文章がつねにこの四つの観点を満たすわけではありませんが、この四つの観点を整理してまとめてみることで、典型的な文章の姿が見えてくると思われます。

【文章の定義】

文章は、複数の文からなり（**文章の単位性**）、その複数の文が相互に意味的に結びついたものである（**文章の文脈性**）。そして、その複数の文が内容上一つのものとしてまとめ上げられ（**文章の全体性**）、そのまとめ上げられた内容が実際の場面のなかで活きたことばとしてさまざまな機能を発揮するものである（**文章の場面性**）。

8.2 問と答の文章観

前節では、文章を定義しようとするさい、文章の全体性をどう認定するかをめぐって困難な問題が存在すること、そしてその問題は、統括という文章をまとめる表現を想定する方法、ことばと場面の関わりを問う方法、いずれかの方法によって解決の可能性があることを述べました。

しかし、統括という文章をまとめる表現を想定する方法は、つねにそうした表現が存在するとはかぎらないことから、ある一部の文章でしかこの議論が成立しないという問題があります。また、ことばと場面の関わりを問う方法は、場面という、おもに話しことばに適用しやすい着眼点であるため、話しことばも含めた広い意味での文章ではなく、複数の文からなる書きことばという狭い意味での文章を問題にするさいにはあまり有効な方法とはいえません。そのため、書きことばとしての文章の定義を考えるさいには、別の方法を考える必要があります。その解決方法として有力なのは、文章を理解するという行為を問題解決の過程としてとらえるという方法です。

文章理解を問題解決過程ととらえる文章理解観は、心理学の分野でしばしば見られるものです（たとえば内田(1982：162)や阿部ほか(1994：207-209)）。そのなかでも、とくに興味深いモデルとして、Graesser & Franklin（1990）が提唱した、QUESTと呼ばれる疑問解決モデル(question-answering model)が挙げられます。この疑問解決モデルでは、読者は文章を読んでいるときに感じた疑問を自問し、それを文章そのものや読者自身の推論によって解決しながら読みすすめているとされています。

また、文学の分野でも、ドイツで発達した受容理論において、イーザーという文学者が、文章に見られる空所や否定を契機に、読者と文章の相互作用がなされるという議論を展開しています（イーザー 1982）。文章を理解するということは、読者と文章との対話によってなされるというこの理論もまた、文章の理解をある種の問題解決過程ととらえています。

日本語学において目立つのは、長田（1998）の自問自答による理解モデルです。長田（1998）は、長田（1995：序）で示した「文章は、その文章の作り手の文字言語による一つの「答」として成立する」という文章観をさらに深め、「文章を読む言語行為とは、文章の表現に即しながら自問自答を繰り返す言語行為である」（長田 1998：7）という仮説を立て、その仮説のもとで、文章理解の方法の分析をおこなったものです。

長田（1995）の「文章は、その文章の作り手の文字言語による一つの「答」である」という文章観は、「文章を成立させ、それを統一する問」が、答である文章のなかに潜在しているということを意味します（長田 1995：30-31）。つまり、文章の全体性は、答である文章全体をまとめる問によって保証されていると見るわけです。もちろん、この問はつねに顕在化しているわけではありませんし、すべての文章にこの問を設定することが可能かどうかを証明することは難しいでしょう。しかし、文章が大小さまざまな問にたいする答からできあがっており、文章全体をまとめる問が存在するという考え方は、私たちの直観に照らしあわせてみても、多くの文章に当てはまりそうな気がします。

この文章全体をまとめる問というものを実感できるのが、問題提起文を持つ、問題提起型と呼べるような構造の文章です。たしかにこの問題提起型の文章を読むと、文章全体をまとめる問を設定することが文章理解のうえでとても大切なことであるということが体感できます。そこで、今回の講義では、この問題提起型の文章を取りあげることにします。みなさんが文章を書くとき、文章全体をまとめる問を表す問題提起文を、問の形で顕在化させるかどうかは時と場合によるでしょうが、文章を書くにあたり、文章全体をまとめる問を設定し、そしてそれに答える形で文章を展開させていくことは、文章の一貫性を強め、説得力を高めるうえで役立つにちがいありません。

事実、みなさんが期末に書くレポートでも、4年次に書く卒業論文でも、大学院生が書く学会誌論文でも、この問が明確に設定され、文章全体がその問に答える形で書かれている文章はきわめて高い論理性と説得力を有します。しかし、残念なことに、その問がつきつめられるまえに書きはじめられたために、文章の内容があいまいになっていたり、せっかく問の設定がきちんとできていても、その問に最後まで答えずに済ます論文が大半なのです。よい論文は、よい問を探し、よい答を見つけることにつきると言っても過言ではありません（澤田 1983）。

8.3 問題提起文の諸相

文章全体の問を表す文の典型は、いうまでもなく問題提起文です。問題提起文は疑問文の形で表されます。「どのように～なのか」「どうして～なのだろうか」などの Wh 疑問（疑問語疑問）文で表される(1)のようなものと、「本当に～なのか」「はたして～のだろうか」などの Yes-No 疑問（肯否疑問）文で表される(2)のようなものとがあります。

(1) 新聞というメディアは、近代民主主義のなかでどのように発展したのか。

(2) はたして日本人は江戸時代からそんなに長時間働いていたのだろうか。

また、「てみたい」「てみよう」といった文末表現で表される意志の表現や、「べきだ」「なければならない」といった文末表現で表される当為の表現なども、問題提起文に似た働きをすることがあります。前者が(3)に、後者が(4)に相当します。

(3) ここでは、たたみが日本文化に与えた影響について考えてみたい。

(4) 小学校から英語を教えるべきではない。

(3)は「たたみが日本文化にどのような影響を与えたのか」という問を表しており、(4)は「小学校から英語を教えるべきか」の答であると同時に、「なぜ教えるべきではないか」という新たな問を誘発しています。

存在を表す文(5)や名詞述語文(6)もまた、問題提起文に似た働きをします。その場合、「理由」「結論」「事件」「問題点」など、具体的内容の充塡を必要とする名詞が提示されていることが条件になります。(5)では「北海道で環境破壊が進んでしまった理由は何か」、(6)では「今回の判決の問題点は何か」が問として想定できます。

(5)　北海道で環境破壊が進んでしまったのにはいくつかの理由がある。

(6)　今回の判決の問題点は、以下の3点である。

「～のは」や「のである」という強調を表す文や、逆接のあとの文など、焦点化された文も、問題提起文に準じた働きをすることがあります。以下の(7)では「どうして省庁幹部の発言に納得できないのか」、(8)では「なぜ交通事故件数そのものが一向に減る気配がないのか」といった理由を要求する問が読者のなかに誘発されます。

(7)　一連の報道を見ていて納得できないのは省庁幹部の発言だ。

(8)　たしかに交通事故による死者の数は減った。しかし、交通事故件数そのものは、一向に減る気配がない。

以上見てきたように、疑問文だけでなく、疑問を引き起こすさまざまな文が問題提起文として想定することができます。

8.4　問題提起文の調査結果

課題文で、問題提起文として選ばれた文は以下の表のとおりです。番号のないものは選んだ人がいなかったものです。表を見れば一目でわかるように、圧倒的に(11)と(31)が多く選ばれています。なお、全数は258名です。

【表　問題提起文として選ばれた文】

文番号	(1)	(2)	(3)	(6)	(7)	(11)	(19)	(30)	(31)	(40)
人数	6	32	2	1	1	235	1	34	212	9

明快に問の形として表れているのはたしかに(11)と(31)であり、その意味でこの結果は妥当なものといえます。しかし、実際には、問の形になっていなくても、問を誘発するような文は数多く存在します。文章の線条的な構造にしたがって、課題の文を冒頭から順に1文1文読みすすめる過程で、そうした文を洗いだしていきたいと思います。

⑴年をとってくると、体の抵抗力がなくなり、病気にかかりやすくなる。⑵抵抗力は免疫機能と言い換えてもいいが、免疫機能を向上させれば、いつまでも元気に暮らすことができるのだが……。

⑴「年をとってくると、体の抵抗力がなくなり、病気にかかりやすくなる」という条件表現は、一般性の高い表現です。このように一般性の高い表現が文章の冒頭にあると、それが文章全体の主題として働く傾向があります。この⑴から派生する問は、「どうして年をとってくると、体の抵抗力がなくなり、病気にかかりやすくなるのか」という問です。先回りして述べると、この問は⑾で問題提起文として具体化されることになります。

⑵も、⑴と同じ抽象レベルにある一般性の高い表現です。この⑵から派生する問は、「いつまでも元気に暮らすために、どうすれば免疫機能を向上させられるか」です。こちらも先回りして述べると、この問は(31)で問題提起文として具体化されることになります。したがって、より大きな目で見れば、⑴と⑵が組みになって一般的な命題を表しており、この部分がいわば新聞記事に見られるリードのような役割を果たし、後続の文章展開に大きな影響を与えていると考えることができます。

⑶免疫というと難しいと思われがちだが、簡単に言ってしまえば、生体の防御反応のひとつだ。

⑷例えば、風邪をひいたときに、熱が上がり、せきが出たりするが、体に入ってきたバイ菌（ウイルス）をやっつけようとして、生体防御反応が起こっている証拠なのだ。⑸けがをして、膿が出ることがあるが、これも、傷口から入ってきた細菌と戦っていることをあらわしている。

⑹このように、人間の体は異物が入ってくると、それを攻撃して、排除するようにできている。

⑶は、「免疫とは何か」という問に答える文です。「免疫」という語が「簡単に言ってしまえば」「生体の防御反応のひとつだ」と定義されています。原文には「簡単に言ってしまえば」とありますが、読者としてはけっ

して簡単になった気がせず、説明としては不充分に感じられます。そこで、ここでは、「生体の防御反応とは何か」という問が誘発されます。この問にたいする答は(4)と(5)の具体例をへて、(6)でまとめられています。

(3)から(6)は、(1)から派生する「年をとるとなぜ免疫機能がおとろえるか」、(2)から派生する「免疫機能を向上させるにはどうすればいいか」という二つの問の前提となる「免疫＝生体防御反応とは何か」の説明に当たるもので、文章全体から見れば小さな問とその答にすぎません。しかし、ここで注目したいのは、(3)で開かれた問が、具体的な説明をへてその答を示す(6)で閉じられている点です。このことは、文章のパーツもまた問と答の対によって構成されており、この問と答の対が文章のブロックを形成する働きがあるということを表しています。

(7)しかし、生体防御反応も年をとるにつれて、弱くなってくる。

(8)老人が風邪をひきやすく、治りにくいのもそのためだ。(9)また、若い人には無害な、どこにでもいる細菌が悪さをして病気になってしまうこともある。(10)老人の死因で多いのが肺炎というのも、風邪などで弱った体に、普段はなんともない細菌が感染して、肺炎になってしまうというケースが多いからだ。

(7)「しかし、生体防御反応も年をとるにつれて、弱くなってくる」は、(1)の問「年をとると体の抵抗力がなくなり、病気にかかりやすくなるのはなぜか」の答に当たります。(8)～(10)の説明がそれを裏づけています。(1)の問は、この(7)の答をへて、(11)という新たな問へと姿を変えることになります。

(11)どうして、年をとると生体防御反応が弱くなってしまうのだろうか。(12)この反応のシステムをもう少しくわしく知れば、理解しやすいだろう。

(11)は疑問の形で示されており、この文は問題提起文であると考えることができます。ただし、この文が文章全体の問を表す問題提起文かどうかはこの時点ではわかりません。一般に、ある問題提起文が文章全体の問を表す問題提起文かどうかは、以下の３条件で判断をします（石黒 2002）。

【文章全体の問を表す問題提起文の判断基準】

①　「か」を伴う疑問文であること（とくに「のか」「のだろうか」を伴うことが多い。また、「一体」「果たして」「本当に」などと共起することも多い）。

②　当該の文章の話題や前提を導入する部分である序論が終わった直後であること。

③　その文の問が後続文脈に広く影響を及ぼしている問であること。

その文が文章全体の問を表しているかどうかは、最終的にその文章を読みおえるまではわからないわけですが、①～③の条件を満たしている数が多いほど文章全体の問を表している可能性が高いと考えられます。この⑾は、「のだろうか」で終わっているという点で①を、「免疫＝生体防御反応」の説明と、それが年とともに弱くなるということを説明した直後という点で②を、⑵以降、この⑾の問を深く掘り下げて説明していこうという姿勢が見られる点で③を、それぞれ満たしていますので、この文が文章全体の問を表している可能性は高いと見てよいでしょう。

⑿には、「この反応のシステムをもう少しくわしく知れば」とあります。したがって、ここでは「生体防御反応のシステムがどうなっているか」という問が誘発されます。

⒀生体防御反応の第一段階は、皮膚や粘膜によって、体内に敵（細菌など）が侵入するのを防ぐ。⒁第一バリアが破られた場合、体内に侵入した細菌を直接殺してしまう NK 細胞、殺菌力のある血液成分の好中球や、細菌を食べてしまうマクロファージなど、自然免疫系と呼ばれる機能が働くのが第二段階。⒂そして、最終的な防御機能となるのがリンパ球が主体の獲得免疫系の機能だ。

⒃自然免疫系は生後間もなく機能しはじめ、一生を通してそれほど変化はない。⒄しかし、獲得免疫系は成長とともに発達し、20 歳前後でピークに達して、その後は徐々に低下する。⒅40 歳くらいではピーク時の半分ほど、70 代では約 10

%までに低下する。

⒀〜⒂は、⑿の問を受けて、生体防御反応のシステムがくわしく説明されています。⒀では、皮膚や粘膜によって外敵の侵入を防ぐ「第一段階」が、⒁では、自然免疫系による「第二段階」が、⒂では、獲得免疫系による「最終段階」の説明がなされています。

⒃では、皮膚や粘膜といったわかりやすい「第一段階」を省き、「第二段階」の自然免疫系から説明が始まり、⒄⒅ではそれを受け、「第三段階」の獲得免疫系の説明がなされています。加齢とともに獲得免疫系が衰えることが説明されているので、ここまでで、⑾⑿の問にたいする説明が終わっていると見ることもできますが、なぜ加齢とともに獲得免疫系が衰えるのかというさらに一歩踏みこんだ疑問を誘発すると見ることもできます。原文では、⒆「獲得免疫系の主役は」と始まっていますので、⑾の問にたいする答はさらに後続の文脈に求めていくことになります。

⒆獲得免疫系の主役は、骨髄で作られるT細胞とB細胞と呼ばれるリンパ球。

⒇T細胞は骨髄で作られたあとに、心臓の前あたりにある小さな臓器、胸腺で、教育を受ける。㉑体に入ってきた異物を異物と認識できる能力を胸腺で教えられるのだ。㉒専門的には自己と非自己の認識をすることだ。

㉓胸腺は10歳前後から縮小しはじめて、60代では最大重量だったときの約40%、90代では10%以下になってしまう。㉔胸腺の縮小とともにT細胞に依存している免疫機能が落ちてくる。㉕しかし、胸腺の縮小のほうが先行し、機能の低下は縮小率ほど激しくはない。

⒆では「T細胞とB細胞と呼ばれるリンパ球」という表現で、「T細胞」「B細胞」というものが導入されます。ここで、「T細胞とB細胞というものが免疫を作りだすためにどんな働きをし、それが加齢によってどのように働きを失っていくのか」という新たな問が誘発され、その問を解決するために⒇以降の文章を読みすすめることになります。

⒇から㉕までは、T細胞由来の免疫機能の説明です。⒇から㉒で、T細

胞の働きは何かという問にたいする答、すなわち「自己と非自己の認識」が示され、(23)と(24)で、T細胞を教育する「胸腺」の縮小が加齢とともに進むことが示唆されます。そのため、免疫機能の低下の原因がT細胞にあるように思って読みすすめることになりますが、(25)の「しかし」で、免疫機能の低下は胸腺の縮小率ほど激しくはないことが述べられ、読者としてはその先入観の修正を余儀なくされます。その結果、(11)の「年をとると生体防御反応が弱くなってしまう」最大の要因は、「T細胞は」ではなく「B細胞」にあるという期待のもとで後続の文章を読んでいくことになります。

(26)B細胞は抗原抗体反応の主役だ。(27)体外から侵入してきた敵を覚え込んで、再び侵入してきたときには、T細胞などと協力して即座に攻撃、撃退してしまう。(28)コレラの生ワクチンなどはこの反応を応用したものだ。

(29)人間は年をとるにつれて、さまざまな細菌と出合うので、B細胞のつくる抗体は多くなり、それだけ体内の攻撃力も多様になるが、他の免疫系との連携がうまくいかなくなるために、システム全体として機能が低下してくる。

(26)から、B細胞由来の免疫機能の説明が始まります。(26)で示される専門用語「抗原抗体反応」とは何かという問にたいする答が(27)と(28)で示され、(29)で加齢によるB細胞の免疫機能の低下のしくみが説明されます。(29)の説明は、(11)の答としては、より説得的です。事実、(30)以降ではもう一つの大きな問に話題が移ってしまうので、(11)の問はこの(29)をその答として閉じられることがわかります。

(30)免疫系の研究は進んでいるが、いまのところ医学的に機能の低下を抑える方法はみつかっていない。(31)では、どうすればいいのか？

(30)は、(29)までの内容をまとめると同時に、後続文の新たな展開を予告する文になっており、(31)に、二つめの問「では、どうすればいいのか？」が現れます。

この文を見ると、新聞記事のリードのようになっていると指摘したこの文章の冒頭を思い出します。「(1)年をとってくると、体の抵抗力がなくなり、病気にかかりやすくなる」「(2)免疫機能を向上させれば、いつまでも元気に暮らすことができる」という二つの命題から成り立っていた冒頭です。(1)についての説明がこれまでの内容に相当し、その文の内容を象徴するのが(11)の「どうして、年をとると生体防御反応が弱くなってしまうのだろうか」という問でした。一方、(2)についての説明はこれからの内容に相当し、その内容を象徴するのが「では、どうすればいいのか」というこの(31)の問であると考えられます。

この(31)が文章全体の問を表す問題提起文かどうかを考えてみます。(11)の説明のところで示した3条件を思い出してほしいのですが、①の「か」を伴う疑問文であるという第一の条件は、「のか」という文末を備えていることから満たしています。また、②として示した第二の条件、「当該の文章の話題や前提を導入する部分である序論が終わった直後であること」も満たしています。(30)までを序論と呼ぶにはいささか長すぎるきらいはあるのですが、(11)から始まった、加齢による免疫機能の低下のメカニズムの説明が終わり、それを前提として「では、どうすればいいのか」という疑問を発しているからです。「では」という接続詞は、それまでの内容を前提として踏まえ、問題の核心に新たに踏みこもうという姿勢を表していると考えられます。さらに③として示した第三の条件「その文の問が後続文脈に広く影響を及ぼしている問である」ことは、直後の(31)から結末の文(40)までがこの(31)の問の答になっているため、三つの条件のいずれも満たしていると考えられます。

(32)九州大学生体防御医学研究所所長の野本亀久雄さんは、免疫力を向上させるためには免疫ミルクとクロレラを勧めている。

(33)免疫ミルクは母親の初乳に含まれる免疫物質にヒントを得て、米国で開発された。(34)牛乳に免疫グロブリンGや抗炎症因子などが含まれているミルクで、飲用することによって免疫力が高まるといわれる。

(35)野本さんらの研究では、免疫ミルクを飲ませたマウスと、普通のミルクを飲ませたマウスにＸ線を照射し、その後、同じようにミルクを飲ませたところ、免疫ミルクマウスのほうが生存率が40％も高かった。(36)また、内臓内の悪玉菌数も減少することがわかった。(37)クロレラに関しても、マウスの実験でＴ細胞を活性化することが証明された。

(38)野本さんはすでに臨床的に、がんの治療などに応用して効果をあげている。

(32)は、(31)にたいする答になっています。しかし、(32)は新たな問を誘発します。「免疫ミルクとクロレラとは何か」（とくに「免疫ミルク」という語は見慣れない語なので）、また、「なぜ、免疫力を向上させるために免疫ミルクとクロレラを勧めるのか」という問です。この問にたいする答えが(33)から(38)までで示されています。

(39)免疫機能に関しては、ストレスや栄養不足が機能を低下させることも明らかになり、笑いが機能をアップさせるという研究結果も報告されている。

(40)健康に長生きするためにも、ストレスを軽減し、栄養バランスのとれた食事を心がけ、笑いを生活のなかに取り込むことが大切ではないだろうか。

(31)の問にたいする答は、(39)と(40)でも引き続き記述されています。(39)では「ストレス」「栄養不足」が免疫機能の低下を招き、ぎゃくに「笑い」が免疫機能を向上させるという研究結果を紹介し、(40)では(39)の内容を踏まえて、「ストレス」「栄養不足」の状態を改善し、「笑い」を生活に取りいれることを提案して文章を締めくくっています。また、「大切ではないだろうか」という文末表現は、(31)の「では、どうすればいいのか」という文にたいする直接の答になっていると考えられます。したがって、文章全体の問を表す問題提起文は(31)、その答を凝縮した文は(40)であると、文章を読みおわったこの時点で判断することになります。

しかし、そう考えた場合に問題になるのは、(11)は文章全体の問を表す問題提起文ではなかったのか、ということです。もし文章の全体性を厳密に考えるなら、どちらか一方に絞らなければならないと思うのですが、すでに述べたように、この文章の冒頭にある二つの命題、「(1)年をとってくると、体の抵抗力がなくなり、病気にかかりやすくなる」「(2)免疫機能を向上させれば、いつまでも元気に暮らすことができる」が、この文章全体の要約に近い働きをしていると見れば、この文章は二つの問からなる文章として考えることも可能でしょう。

(1)そのものの説明が、「体の抵抗力」「免疫」「生体の防御反応」と言い換えられる概念の説明を中心に(3)～(10)でなされ、「なぜ」(1)のようなことが起こるのかという理由が(11)をはさんで(12)～(30)で述べられる。そして、(2)を実現するための方法が(31)をはさんで(32)～(40)で語られる。この文章はこのような構造になっています。そして、(3)～(10)、(12)～(30)、(32)～(40)という三つのまとまりを生みだしているのが(11)と(31)の二つの問なのです。

文章理解というものを問題解決の過程としてとらえることによって、文章には大小さまざまな問が存在し、その問にたいする答で文章が構成されているということがわかっていただけたと思います。問を意識しつつ文章を読むと、文章を構成するそれぞれのブロックの始まりと終わりが明確になるだけでなく、文章の理解そのものも深まります。また、問を意識しつつ文章を書くと、内容に一貫性のある、読者にとって読みやすい文章に仕上がります。

会話のような話しことばにおいて、場面を共有する話し手と聞き手が語りあうのはもちろんなのですが、文章のような書きことばにおいても、読み手は文章をとおして内なる書き手と語りあい、書き手は文章をとおして内なる読み手と語りあっていると考えられます。直接相手をまえにしていないにもかかわらず、問題提起文という疑問文が示され、その疑問文を手がかりに文章の表現、理解が進められることが何よりの証拠であるといえるでしょう。

8.5　問題提起文のまとめ

【問題提起文のポイント】

i）　文章は「複数の文からなり（**文章の単位性**）、その複数の文が相互に意味的に結びついたものである（**文章の文脈性**）。そして、その複数の文が内容上一つのものとしてまとめ上げられ（**文章の全体性**）、そのまとめ上げられた内容が実際の場面のなかで活きたことばとしてさまざまな機能を発揮するものである（**文章の場面性**）」と定義される。

ii）「文章の単位性」「文章の文脈性」「文章の全体性」「文章の場面性」という四つの条件のなかでも、「文章の全体性」の定義が難しいが、**文章の全体性を保証する一つの方法として「文章全体をまとめる問」を想定する**という方法がある。

iii）**文章全体の問を表す文は、「どのように～なのか」「どうして～なのだろうか」といった疑問語疑問文、「本当に～なのか」「はたして～のだろうか」といった Yes-No 疑問文で表されるのが典型**である。そのほか、「てみたい」「てみよう」などの意志の文末表現、「べきだ」「なければならない」などの当為の文末表現、「理由」「問題点」などの具体的内容の充塡を必要とする名詞を含む存在文や名詞述語文、「～のは」「のである」などの強調を表す文や逆接のあとの文などの焦点化された文なども文章全体の問を表す文になりうる。

iv）**文章理解というものを問題解決過程としてとらえると、文章は大小さまざまな問とその答から構成されていることがわかる。**問を意識しつつ文章を読むと、**文章の重層構造がよくわかり、理解が深まる**一方、問を意識しつつ文章を書くと、**内容に一貫性のある、説得力のある文章が書ける**ようになる。

練習 8

問　以下の文章を読み、後続の文章展開に影響を与えている、問を表す文（問題提起文）を選び、その文番号を書きなさい。また、その問題提起文の問に対応する、答になっている文を選び、その文番号も書きなさい（いずれも複数選択可）。

　さらに、問題提起文やその答になっている文が、文章理解のさいにどのような役割を果たしているか、論じなさい。

⑴四月二十七日の新聞各紙の夕刊には、ナチスの独裁者アドルフ・ヒトラーのものとされる頭蓋骨の一部が写真で掲載された。⑵記事によると、この遺骨を公開したのはロシア連邦保安局で、これが初めての公開になるという。⑶迫り来る連合軍を前に、一九四五年四月三十日、ヒトラーはついに短銃自殺をはかったが、これがその時に彼が死亡した事実の証拠品だというわけである。

⑷写真を見ると、頭部の左目のやや上方の部分に、たしかに自殺の際の弾丸の痕らしき穴がぽっかりとあいているのがわかる。⑸ただし頭蓋骨のDNA鑑定はまだ行なわれていない段階だと、一部の新聞では報じていた。

⑹つまりその頭蓋骨が本当にヒトラーのものかどうかは、突き詰めると定かではないことになる。⑺とはいえ、この頭蓋骨の真偽の如何にかかわらず、ヒトラーが愛人だったエバ・ブラウンと、四五年四月二十九日に結婚し、その翌日にベルリンの総統官邸の地下壕で短銃自殺したことは間違いないだろう。⑻ヒトラーは、お気にいりの建築家だったアルベルト・シュペアーにベルリンの総統官邸を設計させたが、その新古典主義の荘厳な建造物の地下深くにつくられた防空壕が、ついに彼の墓所ともなってしまったわけである。

⑼ヒトラーが自らの最期の場所に、防空壕としてつくった「地下」を選んだことは、いまあらためて考えてみると、何か象徴的なことのような気がする。⑽地下にあった執務室でもよかったはずだが、彼はあえて地下壕の方を選んで自ら果てた。⑾もちろん、連合軍に追い詰められて、致し方なく逃れた場所が結果的にそこであったとの見方もできなくはないが、私はヒトラーが無意識のうちにもその地下壕を最期の場所として、生前から考えていたのではないかと思いたいのである。⑿その理由は、独裁者のヒトラーにとって「地下」という空間が、何よりも重要な場所であったということがあげられる。⒀それゆえにこそヒトラーはそこを最期の場所と定めたというわけだが、ではなぜヒトラーにとってそれほどまでに「地下」は重要な空間であったか。⒁そうした推論を強く主張するには、いくつかの根拠がある。

⒂ヒトラーはどこへ行っても、まず最初に防空壕をつくらせたという。⒃これは先の建築家シュペアーの証言（『ナチス狂気の内幕』、品田豊治訳、読売新聞社）に基づくが、その天井の強度は高まるばかりで、ついには天井の厚さが五メートルにまで達したと言われている。⒄防空壕はベルリンの他にミュンヘンやオーバーザルツブルクなどの迎賓館、ナウハイム近くやソンム河畔の総統

大本営につくられ、第二次世界大戦終結の前年にあたる四四年には、何千人もの労働者を使ってシレジアやチューリンゲンに二つの地下大本営をつくらせた。⒅それらの労働力は、他の場所で必要だったにもかかわらず、大本営の地下掘削に当てられたという。⒆またカリンハルからベルリンへ向かう七十キロの道には、コンクリートの地下防空壕が規則的な間隔で次々につくられていったことも、同じシュペアーの回想録に記されている。

⒇ヒトラー自身の「地下」への執念とは裏腹に、それらの地下防空壕は現実的にはそれほどの数を必要としてはいなかった。㉑またそれほどの天井の厚さも必要なかっただろうし、それほどの建設の緊急性もなかったと思われる。㉒それなのになぜヒトラーは地下防空壕にそのような「厚さ」と「数」と「緊急性」を求めたのか。㉓その理由はひとえにそれが彼の内部に潜む根深い欲望によるものだったという他はない。㉔地下を用意することで、ヒトラーはおそらくある不思議な安堵感を得ていたのではないか。㉕五メートルの天井の厚さとは、決して機能的な数字を指しているのではなく、それはヒトラーの精神をはかる一つの物差しと考えた方がいいだろう。

㉖しかし安堵感と書いたからと言って、私はよく言われるような地下の持つある種の「母性的なるもの」を、そのままヒトラーの幼児的な「根深い欲望」と結びつけるつもりはない。㉗そのような地下への郷愁と、独裁者の精神が結びつく場所としての「地下」を、私は考えているのではない。㉘それよりも私が指摘したいのは、「地下」という世界に関わる本質的な事柄についてである。

㉙そもそも地下とは不思議な空間である。㉚そこには窓がないから光が降り注ぐこともない。㉛したがって風も通らないし、雨も降り込まない。㉜つまりそれが何を意味するかといえば、「地下」では、私たちが地上においてごく普通に享受する「自然」というものが、ことごとく排除されていることである。

㉝アメリカの歴史学者で技術史家のロザリンド・ウィリアムズは、その著書『地下世界』（市場泰男訳、平凡社）の中で、「地下環境を定義づける特徴は、自然を排除すること、つまりさまざまな生物、季節、植物、太陽、星をいっさいしめ出すことだ」と語っているが、私の指摘したい事柄も、このウィリアムズの発言に近いところにある。㉞すなわち「地下」という空間に秘められた力学は、一言でいえば、「排除の論理」なのではないかということである。

㉟地上にあるような自然をことごとく排除して行こうとする意志、いや、自

然に限らず、さまざまなものを「排除」して行くこと、それはその人にとって特別に気に入らないものかもしれないし、その人の何かに対する強い不満かもしれないが、とにかく物理的な自然だけでなく、その人にとってのさまざまな精神的な「軋轢（あつれき）」を極力排除していった場所がすなわち「地下」なのではないかと私は思うのだ。

⑶6ヒトラーが「地下」に象徴的に求めていたものも、本質的にはそうした「排除の論理」だったと思われる。⑶7そしてそれは地下だけでなく彼の思想においても同様であった。⑶8彼が世界に対して行なおうとしていたことを思えば、それがいかに「排除」の思想に基づくものであったかは歴然としており、さらに言えばそのことは、あの憂鬱なアウシュヴィッツを思い浮べればもっとわかりやすい。⑶9ヒトラーがそこでどれだけ残酷かつ非人間的な「排除の論理」を実際に行なって見せたか、それはいまや多くの説明を必要としないだろう。⑷0その意味で言って、大量殺戮を行使したアウシュヴィッツもまた、地上にありながら、隠喩的な意味ではもう一つの「地下空間」だと私は思う。

⑷1ところでそのように「地下」というものについて考えて行くと、いささか唐突に聞こえるかもしれないが、一九九五年に東京都心部で起こったあの「地下鉄サリン事件」が、どうして「地下」という特殊な場所で発生したのか、その意味もまた見えてくるような気がする。

⑷2この事件にあって、なぜ、犯人たちはテロの現場として「地下」を選んだのか。⑷3一つにはもちろん、地下という空間が地上に較べれば、サリンという気体が効率よく充満していく恐ろしく「機能的」な密室であったという、犯罪者側のいびつな戦略があったからに違いない。⑷4事実、地下という閉鎖された空間の中では、サリンという気体はどこまでも地下空間の中をとどまることなく広がって行くような不安と不気味さを私たちに感じさせた。

⑷5けれども地下が事件の標的となったのは、それだけの理由なのだろうか。⑷6そのような「機能的」な意味付けだけで、あの事件の構造を語ることが果たしてできるのか。⑷7ヒトラーにとっての天井の「厚さ」が単に機能的な理由では語り切れないように、あの地下鉄サリン事件もまた、単純な機能論理では割り切れないような意味が隠れてあるように思えてならない。

⑷8つまりあの事件においても、やはりヒトラーの考えにきわめて近い「排除の論理」が犯罪者たちのどこかで働いていたのではないか、ということである。

(49)それは事件の中で、まるでヒトラーのごとく独裁者然としている教祖によって言われた「ポア」という言葉が何よりも端的に物語っているのだが、自分たちの考えや意向に添わない者を簡単に「ポア」する、つまり「排除」しようとする発想が、あの犯罪の根底に強くあったのではないかということだ。(50)そのいびつさが、「地下」という空間がもともと持っている「排除」の特性とどこかでつながって、結果的に事件は「地下」で行なわれたと、私はそう思わないではいられないのである。

(飯島洋一「地下は自然を排除する」
『母のキャラメル　’01年版ベスト・エッセイ集』文藝春秋より)

参考文献

阿部純一・桃内佳雄・金子康朗・李光五（1994）『人間の言語情報処理ー言語理解の認知科学』サイエンス社

イーザー、ヴォルフガング（轡田収訳）（1982）『行為としての読書ー美的作用の理論ー』岩波書店

石黒圭（2002）「説明文読解の方法ーたどり読みによる文章構造の把握ー」『一橋大学留学生センター紀要』5

市川孝（1978）『国語教育のための文章論概説』教育出版

内田伸子（1982）「文章理解と知識」佐伯胖編『認知心理学講座 3　推論と理解』東京大学出版会

澤田昭夫（1983）『論文のレトリック』講談社学術文庫

寺井正憲（1987）「自然科学的な説明的文章における文章構成モデルー問に対する解決過程としての説明・探求の論理に着目して」『人文科教育研究』14　人文科教育学会

時枝誠記（1950）『日本文法口語篇』岩波書店

長田久男（1995）『国語文章論』和泉書院

長田久男（1998）『文章を読む行為の研究』渓水社

永野賢（1986）『文章論総説』朝倉書店

Graesser, A. C., & S. P. Franklin. (1990). QUEST : A model of question answering. *Discourse Processes*, 13, 279-304.

第９講　謎解き型の文章

課題９

問　以下の文章は説明文であるが、冒頭から順に読んでいくと、読者を引き込むためになされたある工夫が見られる。そうした工夫が見られる表現を含む文番号を挙げ、その表現上の工夫を具体的に説明しなさい。

⑴別にクイズをやる気もないし、次の作品の著者名を記せ、というテストをやるつもりもない。⑵だが、以下にあげる作品がこの世に出ることがなかったら、戦後日本の文学の風景はかなりちがったものになっていただろう。

⑶『永遠なる序章』『仮面の告白』『贋学生』『真空地帯』『長い旅の終り』『落ちる』『霧と影』『世阿弥』（劇作）『憂鬱なる党派』『青年の環』『何でも見てやろう』『悲の器』『夏の砦』『笹まくら』……。

⑷もちろん、これらの作品は椎名麟三、三島由紀夫、島尾敏雄、野間宏、中村真一郎、多岐川恭、水上勉、山崎正和、高橋和巳、小田実、辻邦生、丸谷才一といった戦後文学を代表する人たちによって書かれたものであり、作品についての評価と名声はその人たちに属する。⑸だが、作品が書かれることと、世に出ることとの間には介在者が要る。⑹一般に編集者と呼ばれている存在である。⑺彼らはただ介在しておればよい、というものではない。⑻文学青年という語があるように書きたいと思う人は多くいるなかで、世に問うに価する作品かどうかを識別する能力が要るし、場合によってはそういう作品に仕上げるための助言、強制（書き直し）すら必要である。⑼その一方で、才能は明らかなのにそれを作品に結実できないでいる潜在的書き手に刺激を与えて、書かせる能力も求められる。⑽仮りにこれらの作業が全てうまくいったとしても、その結果を読者が受け入れる、つまり売れるとは限らない。⑾秀れた編集者を抱えた出版社がしばしばつぶれることがあるのはこのためである。⑿幸い、世間の評価が高い作品を送り出すことに成功したとしても、その栄光は専ら著者のものだ。

⒀そういう世界で長らく言われてきたのに「編集者＝黒子論」というのがある。⒁観客の目を惹くのは舞台の役者たち（文楽では人形）だが、そうあるためにはさまざまな裏方の支えが必要であり、やむを得ず舞台に出る場合も黒衣をまとって透明な存在に徹するのが黒子である。⒂編集者とはそういう役回りであり、それに徹すべきだという論である。

⒃冒頭にあげた作品群は全てあるひとりの黒子が手がけた作品の一部である。⒄どの編集者も、これだけの仕事をできるわけではないから、偉大なる黒子と言えるだろう。⒅先日、80歳で世を去ったこの伝説的人物に対して、彼を知る人たちの間からは「志を持った編集者」「最後の編集者」などの献辞が捧げられた。

⒆その名を坂本一亀（さかもとかずき）という。

⒇「志」「最後」という献辞には多少の注釈が必要である。(21)編集者には大別して二つのタイプがある。(22)ひとつは時には従僕のように著者にひたすら密着して作品を書いてもらうタイプ。(23)もうひとつは著者に時には論争を吹っかけ、注文を付け、刺激することで作品を書かせるタイプ。(24)「北風と太陽」のたとえに似ているかもしれない。(25)坂本氏は注文がきびしく、原稿が真赤になるほど朱を入れ、繰り返し書き直しを求めることで知られた編集者だった。(26)負けず劣らず鼻柱の強い無名の若者、小田実はこのお節介な編集者と衝突を繰り返していたが、そのすすめで書いた『何でも見てやろう』はベストセラーとなり、一躍脚光を浴びる。(27)初めて上京した早熟の文学少年（高校生）の小田氏をしばらく自宅に居候させたのも坂本氏だったから「北風」一方ではなかった。

(28)私たちが知る文豪、水上勉もこの人なしに存在しなかったかもしれない。(29)デビュー後10年筆を絶っていた水上氏に社会派推理小説を書かせて再出発させたのもこの編集者だった。(30)食うや食わずの生活をしていた水上家に刷り上がったばかりの『霧と影』を持って来た坂本氏は、「もう内職はしなくてよい」と夫人に言った。

(31)「芸人は親の死に目に会えない」という悲哀を、自分は芸人ではないと思っていた長男、龍一氏はツアー先の欧州で味合うことになった——。

（筑紫哲也「戦後日本文学の偉大なる黒子」
『週刊金曜日』434号 2002. 11. 1より）

9.1　読者を惹きつける説明文

大ざっぱにいって、文章は大きく二つのタイプに分かれると思います。描写型の文章と論説型の文章です。描写型の文章、すなわち描写文は、小説やエッセイなどに典型的に見られ、ある場面のなかで誰かの視点をとおして描かれるものです。論説型の文章、すなわち論説文は、教科書や論文などに典型的に見られ、場面はかならずしも伴わず、筆者の考え方や立場を論理的に示すところにその特徴があります。

それぞれの文章は、さらに二つのタイプに分かれます。具体的には、描写文は物語文と報告文に、論説文は説明文と説得文に、それぞれ分かれます。描写文のうち、物語文は、あたかもその場にいるかのような臨場感をもって語られる文章です。それにたいし、報告文は、見てきた時間と書いている現在とが分離し、書いている現在からそのとき起きた出来事をとらえて書かれる文章です。

一方、論説文のうち、説明文は、読者が知らない概念や考え方などをわかりやすく説明するものです。もう一つは説得文で、真偽や賛否が分かれる話題について、筆者が自分自身の意見や立場を根拠とともに表明し、読者を説得しようと試みる文章です。これらの文章のタイプを整理すると、以下のようになります。

【文章のタイプ】

描写文：ある場面を誰かの視点をとおして描写する
　物語文：その場にいるかのような臨場感をもって描く
　　…小説、童話など
　報告文：書いている現在とそのときの場面を分離して描く
　　…報道、記録など
論説文：筆者の考え方や立場を論理的に示す
　説明文：読者が知らない概念をわかりやすく説明する
　　…概説、教科書など
　説得文：筆者が自身の意見を根拠とともに表明する

…論文、社説など

今回、扱おうとしている謎解き型の文章は、説明文の一種です。じつは、説明文については、第6講と第8講において、何を選んで、どう配列して、それをどう整理して示すかという観点からくわしく見てきました。読者が知らないことを整理してわかりやすく示すというトレーニングは、そこで充分積めただろうと思います。

しかし、そこで欠けていたのは、その知らないことについて、読者に興味を持って読んでもらう技法です。文章を書く人は誰でも自分の書いている文章を読者に夢中になって読んでほしいと願うものです。わかりやすく整理して伝えること自体は重要なのですが、それだけでは読者がその文章に没頭するところまではいたらないでしょう。読者が読んでいるうちにその文章に引きこまれてしまうような文章を書くためにはどのような工夫をすればよいのでしょうか。この第9講では、説明文の一連のトレーニングの締めくくりとして、読者を惹きつける説明文の書き方について考えてみたいと思います。

9.2　文章を読みすすむさいの推進力

すでに第1講の「書き出し」で示したように、文章の続きを読んでもらうためには情報の適度な空白が必要です。読者は、情報の空白を認識し、その空白部分を知りたいと思うから、後続文脈を読もうとするのです。このことは何も文章の冒頭にかぎりません。後続文脈があるかぎり、こうした空白は必要になります。

文章が展開していくときに必要な推進力の一つは時間です。それは、描写文に典型的に見られます。ある場面のなかで起こる一連の描写を理解しようとするとき、読者は「それで？」「それから？」といった問で後続文脈に来る内容を探りつつ、文章を理解していきます。

一方、場面という制約がなく、時間軸が存在しない論説文の場合、文章が展開していくさいのもっとも重要な推進力は、この情報の空白であると考えられます。「どうして？」「どうやって？」といった問を頭のなかに思い浮かべつつ、文章理解を進めていくわけです。したがって、優れた物語が、つぎに何が起こるのだろうかというドキドキ感、ワクワク感を読者の胸のうちに起こさせ、物語世界に読者を引きこむことができるのと同じように、説明文において、この情報の空白を自在に操れるようになれば、つぎに何が来るのか、予測を繰り返させることで、知らず知らずのうちに読者を夢中にさせることも可能になるでしょう。

そうした文章を、ここでは謎解き型の文章という名称で扱いたいと思います。優れた謎解き型の文章は国語の教科書の説明文、とくに科学的説明文によく出てきます。段階を追って読みすすむにつれて謎が徐々に解けていき、まるでロールプレイングゲームをしているような感覚に陥ります。

こうした謎解き型の文章の代表例として、『五重塔はなぜ倒れないか』（上田編 1996）という文章のあらすじを紹介します。タイトルだけでも魅力的で、この謎をぜひ解いてみたいと思わせる文章です。このタイトルは、前講で見た問題提起文に相当します。

文章の冒頭は、高校時代、幸田露伴の『五重塔』という小説を読み、嵐のなかでフワフワとゆれる、しかしけっして倒れない五重塔に筆者の上田篤氏が疑問を抱くところから始まります。また、五重塔を再建させた名工が、ほかの誰も気づかない塔の傾きに自ら気づき自殺する話を紹介し、なぜその名工だけがその塔の傾きに気づいたのか、という疑問もあわせて提示します。

そののち、その疑問が解決することを期待し、大学の建築学科に進んだ筆者は、在学中「五重塔はなぜ倒れないか」という疑問に誰も答えられないことを知ります。そして、卒業後、町屋建築を調べているとき、五重塔の中心にある太い心柱が五重塔を支えてはおらず、むしろ上から吊りおろされることで建物全体が垂直かどうか確かめるのに使われていたことに気づきます。これで、名工が塔の傾きに気づいた理由はわかったのですが、心柱によって支えられていないのだとしたら、五重塔は何によって支えられているのか、かえって謎が深まることになります。

そこで、筆者はいろいろと調べていくのですが、まず、五重塔には通し柱がなく、キャップを五つ重ねたようなキャップ構造になっていることを発見します。しかし、キャップ構造では、大きな地震が来れば重の上下がずれたり落ちたりしそうなものなのに、それがずれたり落ちたりしないという構造上の疑問が新たに湧いてきます。

その新たな疑問は、五重塔の軒の出の深さに気づくことによって解決されます。つまり、それぞれの重にある大きな庇がヤジロベエのような働きをすることによって建物のバランスが保たれているということがわかるのです。

しかし、そこからさらに疑問が湧いてきます。五重塔が倒れないためにはこの五つのヤジロベエが互い違いに動かなければならないわけですが、それがどうして可能なのかという疑問です。その疑問は、建物の垂木が天秤のような構造になっていて、下の重が右に傾いて外側の垂木が下に下がると、建物の内側の垂木はぎゃくにはね上がって上の重が左に傾くという、互い違いに波をうつような構造になっていることに気づくことで解決します。その結果、五重塔は、地震や嵐のときでも建物全体がスネーク・ダンスをし、幸田露伴の『五重塔』で描かれている「嵐のなかでフワフワとゆれ」ても倒れない五重塔になるというのです。

この文章は、さらに心柱の比較文化的意義へと話題が展開していくのですが、興味のある人は自分で続きを読んでもらうことにして、ここで言いたかったことは、問題提起文で示されるような大きな問を最終的に解決するために、上記のような一つ一つの問が積み重ねられているという点です。そうした一つ一つの問を解決するつもりで読んでいくと、一見硬いように見える説明文でも、引きこまれるように読めてしまうところが謎解き型の文章の魅力です。

9.3　謎解き型の調査結果

課題で取りあげた文章は、ニュース・キャスターとして知られ、2008年に亡くなった筑紫哲也氏の文章です。この筑紫哲也氏も、上田篤氏と同様、謎解き型の文章の優れた使い手です。今回、みなさんがこの文章を読んだ感想として、

- 各文が短いのでテンポよく読める。謎かけをし、その答えを出すというパターンをくりかえすことで、次の文、次の文へとひっぱる力を持たせている。しかも最後の一文は、「え、そうなの！？」と読者を強くひきつける「仕掛け」になっていて、読後感も心地良いし、上手いなぁと思う。
- 前文で「何だろう」と思わせておいて、後文で「タネ明かし」をしている。
- 文章を読みすすめていく上で、読者に「以下にはどのような内容が来るか」を「予想させる」のが、非常にうまいと思う。
- 謎かけ→謎ときを繰り返して文章が進んでいる。「編集者」について語るのに、まず人々になじみのある作品から語るなど、計算しつくされた文章であると思う。

というものが見られました。いずれもこの謎解き型の文章をよく見ぬいたコメントだろうと思います。

しかも、文章が展開するにつれて、繰り返される問が文章全体の問、つまり問の核心部分に次第に近づいていくことを見ぬいていた人も多くいました。そのことは、

- だんだんと核心に迫っていく感じで続きが気になった。
- 文が進むにつれて、それらの後を発展させているところ。つまり「介在者→編集者→黒子→あるひとりの黒子→偉大なる黒子→伝説的人物→彼」というふうに。
- 一見難しそうな迷路が一発でクリアできる感じ。

というコメントに現れているように思います。

さらに、重要な指摘として、文章理解の能動性についてコメントしていた人もいました。

- 読者がただ受動的に内容を受けとっていくのではなく、疑問を持ってその答えを読みとろうと能動的になれる文章だから引き込まれると思う。

このコメントは重要で、その文章をおもしろく読めるかどうかは、読者がその文章に主体的に関われるかどうかで決まってくるように思います。そ

の意味でも謎解き型の文章は優れていると思います。

　さて、このような謎解き型の文章の魅力を、たどり読みによって冒頭から順に1文ずつ読みすすめることで確かめていくことにしましょう。

(1)　別にクイズをやる気もないし、次の作品の著者名を記せ、というテストをやるつもりもない。

　文(1)は、「やる気もないし」「やるつもりもない」という否定表現とは裏腹に、「次の作品の著者名を記せ」という「クイズ」や「テスト」が出てくることを予測させます。以下のコメントがそのあとの展開を読みたくなる気持ちをうまく表しています。

- 書き出しで「別に～するつもりもない」と少し引き気味な姿勢をとることによって逆に読み手は「じゃあ何なんだろう？」と興味を持ち、引きつけられる。冒頭で使われている「クイズ」や「テスト」という言葉にもマジックがあると思う。人はクイズやテストと聞けば「やってやろうじゃん」というような挑戦的・積極的気分になるものだし、目につきやすい（カタカナ）言葉なので、読者の注意をひくのに効果的に働いている。

(2)　だが、以下にあげる作品がこの世に出ることがなかったら、戦後日本の文学の風景はかなりちがったものになっていただろう。

　(1)で見た、「クイズ」や「テスト」の素材が提示されるという予測にたいする確信は、(2)のなかでますます強まります。とくに、(2)は全体として反事実の条件文であり、「以下にあげる作品」が「戦後日本の文学の風景」を大きく変えたということが、間接的に、かつ効果的に述べられているため、読者は、戦後日本の文学に大きな影響を及ぼした作品というのはどんな作品であるのか、さらに強い興味を持って後続文を読みすすめることになります。

⑶ 『永遠なる序章』『仮面の告白』『贋学生』『真空地帯』『長い旅の終り』『落ちる』『霧と影』『世阿弥』（劇作）『憂鬱なる党派』『青年の環』『何でも見てやろう』『悲の器』『夏の砦』『笹まくら』……。

⑶は、⑵の予測を承け、「以下にあげる作品」に相当する「戦後日本の文学」の作品名が列挙されています。⑴の「次の作品の著者名を記せ」という表現が頭に残っている読者は、これらの作品の著者が誰かということを考えることにもなります。よほどの文学通でないかぎり、これらの作品の著者名をすべて思い出すことは不可能でしょう。そのため、多くの読者は、後続文にその思い出せなかった筆者名を求める予測を働かせることになります。一方、これらの作品の著者名をすべて思い出すことができた文学通もまた、自らの答が合っているかを確認するためにやはり後続文を読もうとするでしょう。

⑶ではもう一つ問題になることがあります。表面的に読むだけなら作品名に該当する筆者名だけわかればよいのですが、より深く読もうとした場合、何のために筆者がこのように作品名を列挙したのか、その意図を問う読みになるでしょう。そうすると、これら多数の作品を束ねる共通性を、筆者の意図との関わりで考えてみたくなります。そのことを、以下のコメントはうまく表現しています。

- 一見特に系統立って書かれてあるわけではない作品群（これがもし同一作家のものであったり、同じ“ジャンル”としてくくれるものであれば、「このことについての話だな」と想像がついてしまう）に「一体何をこれから書くのだろう」という興味をそそられる。

しかし、この筆者の意図、つまりこれらの作品を束ねる共通性は、この直後では明らかにされず、文章の中ほどで明らかにされることになります。

⑷ もちろん、これらの作品は椎名麟三、三島由紀夫、島尾敏雄、野間宏、中村真一郎、多岐川恭、水上勉、山崎正和、高橋和巳、小田実、辻邦生、丸谷才一といった戦後文学を代表する人たちによって書かれたものであり、作品についての評価と名声はその人たちに属する。

(4)では、(3)での予測のとおり、作品の著者名が明らかにされ、明示的な情報のスキマは埋められます。一方、(4)であらたに喚起される予測があります。それは逆接です。「もちろん」という副詞的表現と、「作品についての評価と名声」に後接する対比の「は」がその予告マーカーになっています。この「は」の対比的作用から、「作品についての評価と名声」以外で著者以外の人物に属するものがこのあとに来ることが想定されます。

(5)　だが、作品が書かれることと、世に出ることとの間には介在者が要る。

(5)では、(4)の逆接の予測のとおり「だが」で始まり、「介在者」という新たな存在が導入されます。「介在者」という抽象的な概念はそれ自体では何を指しているかはっきりしません。そこで、後続文でその「介在者」の正体が明らかにされるという予測が働くことになります。

(6)　一般に編集者と呼ばれている存在である。

ここへ来て、後続文の予測を続けてきた読み方が一段落します。(6)そのものは予測を誘発させる文ではありません。ただ、なぜ編集者が出てきたのかというのは、それまでの文脈との関係で気になるところであり、勘のいい読者は、(3)で示された多数の作品を束ねる共通性が編集者と関わるということに気づくかもしれません。

(7)　彼らはただ介在しておればよい、というものではない。

(7)は、「ただ介在しておればよい、というものではない」ですから、編集者には「介在」以外の役割が期待されていることがわかります。その役割が何なのか、読者は次の文で示されることを予測します。

(8)　文学青年という語があるように書きたいと思う人は多くいるなかで、世に問うに価する作品かどうかを識別する能力が要るし、場合によってはそういう作品に仕上げるための助言、強制（書き直し）すら必要である。

(9)　その一方で、才能は明らかなのにそれを作品に結実できないでいる潜在的書き手に刺激を与えて、書かせる能力も求められる。

(10)　仮りにこれらの作業が全てうまくいったとしても、その結果を読者が受け入れる、つまり売れるとは限らない。

(11)　秀れた編集者を抱えた出版社がしばしばつぶれることがあるのはこのためである。

(12)　幸い、世間の評価が高い作品を送り出すことに成功したとしても、その栄光は専ら著者のものだ。

(8)や(9)では、(7)で予測された、単なる介在にとどまらない、編集者に求められるさまざまな高度の資質の必要性が示されます。また、(10)～(12)では、そうした高い資質を必要とする仕事のわりには、報いが少ない、日の当たらない仕事だということが語られます。この(8)～(12)においては、情報の空白が小さく、後続の展開を予測することで文章を読みすすめる推進力があまり感じられません。ここでは、このあとの文章展開のために、編集者は大変な職業だということを読者に感じさせることが、筆者の目的であるように読みとれます。

(13)　そういう世界で長らく言われてきたのに「編集者＝黒子論」というのがある。

編集者とは大変な職業だという、(8)～(12)の展開を承けて、(13)では「編集者＝黒子論」という新たな概念が導入されます。ここでは、「介在者」という観点からとらえられていた編集者は「黒子」という新たな角度から切り取られることになります。「黒子」という語を見慣れない読者は当然のことながら、この語の意味を後続文に予測することになるでしょうし、「黒子」という語の意味を知っている読者も「編集者＝黒子」がどのような関係を示しているのか、その説明を後続文に求めることになるでしょう。

(14)　観客の目を惹くのは舞台の役者たち（文楽では人形）だが、そうあるためにはさまざまな裏方の支えが必要であり、やむを得ず舞台に出る場合も黒衣をまとって透明な存在に徹するのが黒子である。

⒂　編集者とはそういう役回りであり、それに徹すべきだという論である。

⒁は、⒀で見られた二つの予測のうち、「黒子」という語そのものの意味の詳しい説明に相当し、⒂は、「編集者＝黒子」という関係についての説明に相当します。

⒃　冒頭にあげた作品群は全てあるひとりの黒子が手がけた作品の一部である。

⒄　どの編集者も、これだけの仕事をできるわけではないから、偉大なる黒子と言えるだろう。

⒅　先日、80歳で世を去ったこの伝説的人物に対して、彼を知る人たちの間からは「志を持った編集者」「最後の編集者」などの献辞が捧げられた。

⒃で、⑴から⑷までで語られた一群の戦後日本文学の作品と、⑸から⒂までで語られた編集者の話が統合されます。読者はこの時点で、なぜ筆者は⑶に見られるような多数の作品を選んで列挙したかという謎と、なぜ筆者は延々と編集者という縁の下の力持ちの話を展開してきたのだろうという謎が見事に氷解します。

- ここで一気に目が覚めた。こんなに有名な作品を手がけたのが同一人物！？と驚いたし、それが誰なのかとても気になった。

というコメントにあるとおりです。

この⒃によって、それまでの謎が氷解したわけですが、それだけにかえってある一つの謎にはっきりと焦点が当たることになります。それは「あるひとりの黒子」が誰かということです。

その予測は、「あるひとりの黒子」が⒄の「偉大なる黒子」、⒅の「伝説的人物」「志を持った編集者」「最後の編集者」と言い換えられることによって、ますます強まっていきます。その編集者は一体誰なのだろうという謎が後続文で解き明かされるのを、読者は待ちこがれるようになるのです。

⒆　その名を坂本一亀（さかもとかずき）という。

⒆で、「あるひとりの黒子」の名が「坂本一亀」という人物であるということが明かされます。この短い１文が１段落で示されているため、ひときわ目をひきます。

「黒子」である以上、多くの読者はこの名を知らないと思われるのですが、たとえ知らない人物であっても、この「偉大なる黒子」のプロフィールを知りたいと思うようになるのは、これまでの文章の展開の賜物です。もし冒頭で「坂本一亀」という人物が紹介されていたとしても、読者はここまでこの人物に興味をそそられなかったはずです。そのことをうまく指摘していたコメントを以下に二つ紹介しておきます。

- 一般の人になじみのない坂本一亀という編集者について書きたいと思った時に、最初からその名前を出さず、まずは読者が聞いたことのある作家（作品）の名前を出しているから、読んでみる気にさせる。
- 話題の持ち出し方に工夫がなされている。中心的な話題となる事柄をはじめから持ちだすのではなく、より一般的、抽象的で納得しやすい話題から入って共感を促してから、うまく中心的な話題につなげている。

読者は、⒇以降で、この「坂本一亀」の人となりが紹介されるのを期待しつつ読んでいくことになります。

⒇　「志」「最後」という献辞には多少の注釈が必要である。

⒇でも、「多少の注釈」ということばを示すことで、つぎにその内容を予測させようという姿勢が貫かれています。つまり、文章全体をとおして、謎解きでいこうという筆者の姿勢はここでも一貫しています。

㉑　編集者には大別して二つのタイプがある。

(21)は二種類の予測を生みだす力を担っていると考えられます。もちろん予測の第一は編集者の二つのタイプとは何かという予測ですが、同時に、この文脈の中心が坂本一亀という編集者の人となりを示すことにあるということを考慮すると、坂本一亀という編集者はその二つのタイプのどちらに入るのかということも、いずれ予測することになります。

(22) ひとつは時には従僕のように著者にひたすら密着して作品を書いてもらうタイプ。
(23) もうひとつは著者に時には論争を吹っかけ、注文を付け、刺激することで作品を書かせるタイプ。
(24) 「北風と太陽」のたとえに似ているかもしれない。

(22)と(23)は、(21)の「二つのタイプ」のそれぞれを説明する文で、対になっています。(22)は、「ひとつは」で文が始まっていますから、必然的に(23)の「もうひとつは」を予測させます。そして、(21)のところで述べたように、(23)でその「もうひとつは」の説明が終わった時点で、坂本一亀氏がそのどちらのタイプに入るのだろうかという予測を読者は働かせることになります。ただ、直後の(24)では、(23)と(24)で示された二つのタイプを「北風と太陽」になぞらえて、まとめてみせていますので、その予測が働いてくるのは(25)以降ということになります。

(25) 坂本氏は注文がきびしく、原稿が真赤になるほど朱を入れ、繰り返し書き直しを求めることで知られた編集者だった。
(26) 負けず劣らず鼻柱の強い無名の若者、小田実はこのお節介な編集者と衝突を繰り返していたが、そのすすめで書いた『何でも見てやろう』はベストセラーとなり、一躍脚光を浴びる。
(27) 初めて上京した早熟の文学少年（高校生）の小田氏をしばらく自宅に居候させたのも坂本氏だったから「北風」一方ではなかった。

(25)では、坂本一亀氏が北風タイプであることが示されています。「原稿が真赤になるほど朱を入れ、繰り返し書き直しを求める」というのは、その仕事ぶりの激しさを如実に伝えている表現です。しかし、ここで語られているのは、特定のある作家や作品にたいしてのことではなく、一般論としての坂本氏の姿です。したがって、たとえばどんなふうにこの厳しい校正がなされていたのかという予測が成り立つ余地が生まれ、事実、(26)では小田実氏の例が示されることになります。

なお、(27)では、坂本一亀氏が北風タイプであるだけでなく、太陽タイプでもあったことが記されています。

(28)　私たちが知る文豪、水上勉もこの人なしに存在しなかったかもしれない。

(29)　デビュー後10年筆を絶っていた水上氏に社会派推理小説を書かせて再出発させたのもこの編集者だった。

(30)　食うや食わずの生活をしていた水上家に刷り上がったばかりの『霧と影』を持って来た坂本氏は、「もう内職はしなくてよい」と夫人に言った。

(28)では、小田実氏につづき、水上勉氏も紹介されます。「この人なしに存在しなかった」という表現から、坂本氏の編集者としての手腕の高さを感じると同時に、そう筆者が判断した根拠となるエピソードが後続の文脈に示されるのを期待することになります。

(29)と(30)は、(28)の予測にたいする答えになっています。(29)からは具体的な話に広がっていってもよさそうです。とくに、(30)のエピソードからは坂本氏の「もう内職はしなくてよい」という予言が的中した場面が描かれてもよさそうですが、筆者はここではあえて筆を抑えています。しかし、この省筆の手法により、謎解き型の文章に慣らされた読者はこの部分を自らの推論を働かせて読むことになり、「『霧と影』が売れた」という事実と、それを見ぬいた坂本氏の眼力の確かさを逆に深く印象づけられることになります。

(31)　「芸人は親の死に目に会えない」という悲哀を、自分は芸人ではないと思っていた長男、龍一氏はツアー先の欧州で味合うことになった――。

結末では、まったく予想もしていない文(31)が付加されて文章は閉じられます。「長男、龍一氏」という言い方で、坂本一亀氏が、有名な音楽家、坂本龍一氏の父親であったことが最後に明かされて終わるのです。筆力のない書き手であれば、坂本一亀氏が坂本龍一氏の父親であるということで注意を惹きつけて書きはじめてしまうと思われますが、この文章の筆者、筑紫哲也氏は、読者に繰り返し予測させるという手法で坂本一亀氏に興味を持たせる一方、オチとして坂本龍一氏の父親であるという事実を開示して文章を閉じています。じつに巧みな手法だと思います。以下のコメントを参照してください。

- 「坂本龍一の父」という事実を冒頭に持ってこなかったところが上手い。最後に読者を驚かせる仕組みがおもしろい。
- 最後で彼が坂本龍一氏の父であるという事が判ると、もう一度最初から読み直してしまった。

以上のことから、この文章は、情報の空白部分を予測によって意識させ、そのあとの文でその情報を充塡するというサイクルを繰り返すことで、文章の全貌が徐々に明らかになるようにできていることがわかります。

(1)と(2)で戦後日本の文学に強い影響を与えた文学作品を予測させ、(3)でその文学作品を多数示し、その筆者と作品の共通性を予測させます。(4)で作品にかかわる筆者以外の人物の存在を暗示し、(5)で「介在者」という語から(6)の「編集者」を予測させます。(7)で編集者は介在以外の役割が期待されていることを述べ、その予測が(8)から(12)で結実することで編集者稼業の大変さが描かれます。

(13)で「編集者＝黒子論」という見慣れない概念が導入され、そこから新たな予測が生じます。「黒子」そのものの説明は(14)で、「編集者＝黒子論」の説明は(15)でなされます。(16)ではそれまでの文脈が統合され、(3)の作品群を手がけた「あるひとりの黒子」が誰かに焦点が集まります。(17)の「偉大なる黒子」、(18)の「伝説的人物」「志を持った編集者」「最後の編集者」によってその焦点が絞られます。

(19)で、「坂本一亀」という人物の名が明かされ、読者の関心は坂本一亀氏の人となりに移ります。(20)では、「志」「最後」という献辞についての「多少の注釈」の内容が予測され、(21)では編集者の「二つのタイプ」の予測がなされます。(22)の「ひとつは」、(23)の「もうひとつは」で、(21)の編集者の「二つのタイプ」が説明され、(24)の「北風と太陽」のたとえによって、坂本氏がいずれのタイプに当てはまるかに読者の注目が向けられます。(25)では、坂本氏が「北風」タイプであったことが示され、そこで予測される具体像が(26)で描かれます。一方、(27)では「太陽」タイプも兼ね備えていたことが明らかにされます。

(28)では、文豪、水上勉氏の存在もまた坂本一亀氏の存在に負うところが大きいと主張され、読者はその根拠を予測します。(29)、(30)でそのエピソードが紹介されたあと、突然、(31)で坂本一亀氏が音楽家坂本龍一氏の父であることが示され、文章が閉じられます。

このように見てくると、「文学作品」「編集者」「坂本一亀氏」にかかわる一連の予測が文章を支え、それによって読者がこの文章に引きこまれていくことがわかります。では、どうしたら、このような謎解き型の文章を生みだすことができるのでしょうか。

謎解き型の文章のコツは、連用修飾部や連体修飾部を後続文に転出させることと、転出させた部分を焦点化することです。

たとえば、「きのう夜更かししたから、試験中、頭が働かなかった」という連用修飾部や、「先日、夏目漱石の『こころ』という作品を読んだ」という連体修飾部は、「試験中、頭が働かなかった。きのう夜更かししたからだ」「先日、ある作品を読んだ。夏目漱石の『こころ』という作品だ」としたほうが謎解き型らしくなるわけです。さらに、転出した部分を焦点化するような表現をくわえ、「試験中、頭が思うように働かなかった。きのう夜更かししたからだ」「先日、とても心に残る作品を読んだ。夏目漱石の『こころ』という作品だ」とすれば、より謎解き型として効果的になります。こうした謎解き型の文章を書くさいには、読者の理解の軌跡を想定して、それにそって文章を書かなければなりません。そのため、謎解き型の文章では、優れた文章がかならず備えている特徴である読者への配慮が自然とおこなわれることになります。

9.4 謎解き型のまとめ

【謎解き型のポイント】

i）文章には、大ざっぱに分類すると、以下のようなタイプに分かれる。

描写文：ある場面を誰かの視点をとおして描写する

物語文：その場にいるかのような臨場感をもって描く

…小説、童話など

報告文：書いている現在とそのときの場面を分離して描く

…報道、記録など

論説文：筆者の考え方や立場を論理的に示す

説明文：読者が知らない概念をわかりやすく説明する

…概説、教科書など

説得文：筆者が自身の意見を根拠とともに表明する

…論文、社説など

ii）説明文において、読者を惹きつける方法として、**後続文の内容を予測させることを繰り返す、謎解き型の文章で書く方法がある。**謎解き型の文章は、後続の展開を想像しながら読め、読者が主体的に文章に関われるようになるので、**読者を自然に文章世界に引きこむ力がある。**

iii）**謎解き型の文章を書くコツは、連用修飾部や連体修飾部を後続文に転出させることと、注意を惹く修飾語をつけるなどして転出させた部分を焦点化すること**である。謎解き型の文章を書くさいには、読者の理解の軌跡を考慮して書くことが何より重要である。

練習 9

問　以下の文章は説明文であるが、冒頭から順に読んでいくと、読者を引きこむためになされたある工夫が見られる。そうした工夫が見られ

る表現を含む文番号を挙げ、その表現上の工夫を具体的に説明しなさい。

⑴日本史上、鬼は文学や演劇や絵画に数限りなく登場してきた。⑵だが、こうした空想上の鬼とは別に、平安時代には鬼とみなされた人々が現実に存在した。⑶遍歴する職人や芸能者、宗教者などだ。⑷一言でいえば、平地の里人の視野の外側にいて、そのふるまいが異様と見られた人々である。⑸その神秘性から、里人はしだいに彼らを鬼の仲間と見なすようになる。

⑹全国各地に鬼の子孫の言い伝えが残っている。⑺このうち平安京の北方には「八瀬童子」と呼ばれる人々がいた。⑻彼らは比叡山延暦寺に従属して雑役を務める一方、朝廷の奉仕作業も務めることで、税の免除が認められていた。⑼歴代天皇の葬儀の際、棺を担いできたことでも知られる。⑽成人した後も、髪形や衣服が子供と同じ格好だったため「童子」と呼ばれた。⑾子供の姿になり、鬼の子孫を名乗ることで、先祖代々、ケガレを清める聖なる役割を担ってきたことを誇ってきた。⑿そこには免税特権の由来を正当化するという現実的な理由もあった。

⒀職人や芸能者も鬼と同一視されやすかった。⒁生きているかのような仏像や、見事な刀を作る技術も「人間業ではない」と畏敬されたのである。⒂茶道や花道の極意なども「鬼神に通じる」と考えられた。⒃中でも里人に衝撃を与えたのは、鉱山技師や鍛冶職人の技術だった。⒄民俗学者の若尾五雄さんは、鬼の子孫の伝承や鬼の伝説が残る地域を全国的に調べ、その近くには決まって鉱山が存在したことを明らかにした（大和書房『鬼伝説の研究』）。⒅鬼と金属は縁が深いらしい。⒆「鬼に金棒」の言葉にも、歴史的な背景があるようなのだ。

⒇図は、地獄の鬼が罪人を責める光景を描いた『北野天神縁起絵巻』である。(21)鬼たちの道具に注目してほしい。(22)いずれも鍛冶職人や大工が使う金具である。(23)なぜ鬼は地獄にいるのに、この世で使われる金具を手にしているのか。(24)なぜ炎の中にいても平気なのか――。

(25)『鬼の宇宙誌』（平凡社）の著者で、作家の倉本四郎さんはこう語る。(26)「炎を自在に操り、岩石に生命を与えて、そこから農具や刀などを取り出したり、地中から金、銀、銅などを掘り出す技術は、中世以前の人々にとって、魔法と同じだったに違いない。(27)だから金属を生み出す人々は、神秘化され、鬼と見られた。⑱彼らが里に定住せず、鉱山を求めて遍歴していたことも、神秘化の一因だった」

⑲昔話では、鬼はいつも豊富な財宝を持っている。⑳鬼が所有する「打手の小槌」は、振れば振っただけ富を生み出す魔法の道具である。㉛実際、当時の鉱山労働者は採掘の際に小槌を使っていた。㉜小槌を振ることで金や銀を生産したのだ。

㉝朝廷などの権力者にとって、無限の財宝を生む鉱山やその鉱山を所有する「鬼」たちは、何としても支配下に置きたい存在だった。㉞里人が語り伝える昔話で、鬼たちに最初から「悪者」のレッテルが張られているのは、このせいなのだろう。㉟鬼は弁明の機会も更生の猶予も与えられないまま、人間の代表である桃太郎や一寸法師らに、繰り返し退治され、一方的に財産を奪われる。㊱しかし相手が「悪い鬼」である限り、我々はその略奪行為に不自然さも理不尽さも感じないのである。

（大島透「鬼の正体　なぜ金棒を持っているのか」
『毎日新聞』2001.7.15 朝刊より）

参考文献

イーザー、ヴォルフガング（轡田収訳）（1982）『行為としての読書ー美的作用の理論ー』岩波書店

庵功雄（1999）「テキスト言語学の観点から見た談話・テキスト研究概観」『言語文化』36 一橋大学語学研究室

石黒圭（1996）「予測の読みー連文論への一試論ー」『表現研究』64 表現研究

石黒圭（1998）「理由の予測ー予測の読みの一側面ー」『日本語教育』96 日本語教育学会

石黒圭（2001 a）「句の説明の予測ー予測の読みの一側面ー」『一橋論叢』126-3 一橋大学一橋学会

石黒圭（2001 b）「格成分の説明の予測ー予測の読みの一側面ー」『一橋大学留学生センター紀要』4

上田篤編（1996）『五重塔はなぜ倒れないか』新潮選書

倉島保美（1999）『書く技術・伝える技術』あさ出版

杉山ますよ・田代ひとみ・西由美子（1997）「読解における日本語母語話者・日

本語学習者の予測能力」『日本語教育』92 日本語教育学会
寺村秀夫（1987）「聴き取りにおける予測能力と文法的知識」『日本語学』6-3 明治書院
中村明（1991）『日本語レトリックの体系』岩波書店
林四郎（1973）『文の姿勢の研究』明治図書
Thorndyke, P. W. (1979). Knowledge Acquisition from Newspaper Stories. *Discourse Processes*, 2. 95-112.

第 10 講　伏線の張り方

課題 10

以下のショートショートを、結末がどうなるか、意識しながら読み、そのあとの問に答えなさい。

「⑴結婚して下さいッ」

⑵キャサリンの悲痛な叫び声が薄暗い礼拝堂に響き渡った。

⑶二列に整然と並べられた五人掛けの長椅子。⑷その一番前の長椅子の片隅に、軀（からだ）を小刻みに震わせている女がいた。⑸面を上げず、ジッと床を見据えたままでいる。

⑹短髪で、まるで化粧気のない華奢（きゃしゃ）な女だった。

⑺キャサリンが視線を落としている所から半歩ほど前に一足の黒い靴がある。⑻靴は痩身のロバート・パーキンス神父の軀を支えていた。

⑼彼は丸い銀縁の眼鏡をはずすと、親指と人差し指でそっと目頭を押えた。

「⑽正気かね」

⑾神父は眼鏡を掛け、おもむろに言った。

「⑿キャサリン、あなたは自分が何を言っているのか判っているのですか」

⒀キャサリンは両手をグッと握りしめた。

「⒁神父様は先程おっしゃったはずです。⒂『私に出来ることがあれば何でもしてあげよう』と」

「⒃…………」

「⒄神様の御前で確かにおっしゃいました。⒅神父様は嘘を言われない方だと思います」

⒆キャサリンは毅然（きぜん）と言い放った。⒇神父の顔が苦渋でゆがんだ。

「㉑あなたは昂奮しておられる」

「㉒私が冷静であることは、確信を持って言えることです」

㉓神父は無言のまま首を左右に振った。

「㉔あなたと結婚したいんです。㉕私の一生のお願いを叶（かな）えてはもらえないものでしょうか」

⑵彼女は初めて顔を上げ、神父を食い入るように見つめた。⑵すべてをかなぐり捨てたその眼差しに気圧(けお)され、ロバート・パーキンス神父は胸の内で後退りをした。

「⑵女として生まれてきたならば、一度は結婚してみたい。⑵神父様にもこの気持ちはお判りになることと思います」

「⑶だが何故わたしと」

「⑶他にお願い出来る方を知りません」

⑶神父は下唇を噛みしめた。

「⑶神父様はこの十字架の前で、私の望みを聞いて下さるとおっしゃいました」

⑶キャサリンの声は深く沈んでいた。

⑶彼は怒濤のように押し寄せる彼女の気迫に耐えきれず、思わず声を荒だてた。

「⑶私は神父だッ。⑶君がこんな莫迦(ばか)なことを言い出すとは思ってもみなかった。⑶わたしは君がこの教会で懺悔(ざんげ)するものと思ったからこそ、力を尽くしてここに連れてきてあげたんだ。⑶それを……」

「⑷私の願いを叶えて下さいッ。⑷叶えて欲しいんです」

⑷キャサリンは床に膝を落とし、神父に懇願した。⑷両眼にうっすらと涙がにじんできた。

⑷この世に生を享(う)けてから四十八年間、神父はこうした形で女に泣きつかれた経験は皆無と言っていい。

⑷彼は踵(きびす)を返し、彼女に背を向けた。⑷涙を見ることに耐えられなかったのだ。⑷キャサリンは力なく立ち上がり、黒い僧服に言葉を掛けた。

「⑷明日、三時五分前まであなたをお待ちしております。⑷神父様は、私の一生のお願いを、純白のウェディングドレスを身にまとってみたいという願いを叶えて下さる方だと信じております」

⑸彼女の言葉が言い終るか終らないかのうちに、パターンと礼拝堂の重い扉が開いた。

⑸肩幅の広い三十前後のひげの男が、扉の外から彼女に出るよう顎(あご)で促(うなが)した。

⑸神父は振り返らなかった。

⑸キャサリンは扉に向けてゆっくりと足を運ぶのだった。⑸そして戸口の所

まで来ると歩みを止め、

「女は一度は……」

(55)そう呟やいて戸外に出た。

(56)一夜が明けた。

(57)もう陽は中天を過ぎたというのに、神父は昨夜からずっと礼拝堂の長椅子に座り続けたままでいる。

「(58)何故わたしでなければいけないんだ」

(59)机に肘（ひじ）をつき、両手をきつく握りしめて作ったこぶしをコツコツと額に当てた。

(60)二時を回った。(61)神父の耳にキャサリンの言葉が響いてくる。

『(62)三時五分前まであなたをお待ちしております』

(63)彼は眉根に皺を寄せた。(64)彼女の気持ちは痛いほどよく判る。(65)しかし……。

(66)夕べから幾度反芻（はんすう）しただろうか。

(67)確かに彼女にとって結婚を申し込む相手は私をおいて他にいなかったのかもしれない。

「(68)三時五分前までか」

(69)神父は何気なく呟いた。(70)その時、彼は頭の中に目も眩（くら）むような光が炸裂するのを感じた。

(71)三時五分前……三時……三時五分過ぎ。

(72)このまま時が過ぎ去って行ったとしたら、自分はここにいて果たして後悔しないのだろうか。(73)彼は神の声を聞いたような気がした。

(74)ロバート・パーキンス神父は血相を変えて礼拝堂を飛び出して行った。

(75)二時十七分。

(76)神父はタクシーの中にいた。

「(77)三番街までやってくれ。(78)買い物があるんだ。(79)グズグズしておれない。(80)すべての責任はわたしが持つからぶっとばしてくれ」

(81)二時二十九分。

(82)神父は洋服屋にいた。

「(83)この衣装を箱に入れてくれ。(84)お代はあとだ。(85)夜、教会に金を取りに来たまえ」

(86)二時四十五分。

(87)神父は平べったい箱を抱え、キャサリンの前に立っていた。

「(88)来て下すったんですね」

(89)彼はニッコリと微笑んだ。

「(90)これがウェディングドレスです。(91)わたしは後ろを向いているから、すぐに着換えなさい」

(92)神父は彼女に箱を手渡すと、しみのついた灰色の壁のほうに顔を向けた。

(93)二時五十分。

(94)神父が自ら行った結婚式により、二人は永遠の愛を誓い合った。

(95)三時五分前。(96)鉄の重い扉が開き、ひげの男が入って来た。

「(97)私の一生の願いを聞き入れて下すって感謝しております」

(98)ひげの男は神父と顔を見合わせ頷くと、キャサリンに顎で外に出るよう促した。

「(99)ロバート、私、とても幸せでした」

(100)彼女はほんのひと時の間、神父と眼を合わせるとひげの男と共に外に出て行った。

(101)神父は彼女の後ろ姿を無言で見送り、やがて静かに両眼を閉じ、胸の前で十字を切って両手を結んだ。

(102)純白のウェディングドレスに身を包んだキャサリンは別室に入ると、目を輝かせながら、一歩一歩十三階段を上って行った。

(103)三時。

(104)殺人罪により、パーキンス夫人の死刑が執行された。

（佐々木清隆「三時五分前」星新一編
『ショートショートの広場1』講談社文庫より）

問1　あなたが、文章を読んでいて、結末の見当がついた最初の文の文

番号を書きなさい。

問2　上の文章のなかで、(104)の結末の伏線となっていると考えられる内容・表現を含む文の文番号をすべて挙げなさい。

10.1　高度な技術としての伏線

前講の「謎解き」では、読者の予測能力を利用して、文章世界に引きこむ文章構成について見ました。読者につぎに何が来るのかを考えさせ、そして、その内容を後続の文で明かすということを繰り返すことで、その作品世界のなかに自然に巻きこんでいくのです。しかし、本講の「伏線」では、反対に、読者の予測能力が働かないようにすることに意味がある文章について見てみたいと思います。

推理小説において、犯人がすぐにわかるものは読んでいておもしろくありません。読者はもちろん予測能力を働かせて犯人を探ろうと努力するのですが、そこでは、筆者のがわで読者の予測能力をコントロールし、犯人ではない人をあたかも犯人のように描くことで誤解誘導したり、犯人につながる手がかりをあえてわかりにくくしたりすることで、犯人像がエンディングまで絞れないようにします。しかし、難しいのは、エンディングを読んだとき、「ああ、この人が犯人だったのか」と納得がいくようなものでなければならないということです。犯人を知ったとき、「えっ、何でこの人が犯人だったの？」と思われるようでは、推理小説としては失敗です。エンディングに至るまでのさまざまな場面に真犯人につながる伏線が張られていることが必要ですが、その伏線は、そこから簡単に犯人が想像できるようなものではなく、読者がその伏線を何気なく読み飛ばしてしまったり、かえって謎が深まったりするようなものであることが必要です。そうした伏線が巧みに張られていればいるほど、作品としての完成度は高まり、読者が最後に犯人を知ったとき、なるほどと納得できるのです。

ここでは推理小説を典型的な例としてあげましたが、推理小説にかぎらず、SFでも、一般の小説でも、ホラー小説でも、エッセイでも、落語や漫才の台本でも、今回課題として出したショートショートでも、読むこと自体が楽しみとなる文章では、ラストがわからないように作られているのがつねです。しかし、最後まで文章を読んでいったときに、そのラストが読者にとって必然性が感じられるものでなければなりません。そのためには、優れた伏線が必要不可欠になります。では、どのような伏線が優れた伏線なのでしょうか。

10.2　優れた伏線の条件

優れた伏線とは、結末を簡単に予測させてはいけないが、結末を読んだとき、それまで隠されてきた伏線が一連のつながりのあるものとして見えてくるような伏線です。これは、かなり高度な技術を要するものです。

言語学の考え方に有標と無標という考え方があります。有標というのは、言語使用者に意識されるようなある特徴を持っていること、無標というのは、そうした特徴を持っていないことを指します。たとえば、「服」ということばにたいして、「洋服」「和服」ということばは和洋の区別を持っている点で有標と言うことができます。

しかし、現代の日本社会のなかで、「洋服」は「服」とほぼ同じ意味で使われます。ほとんどの日本人が洋服を着ているからです。それにたいして、和服を着ている人はあまり見かけません。その意味で、「和服」ということばだけが現代日本社会で有標と見ることができます。

ところが、明治時代、とくにその初期においては、服といえば和服のことを指し、一部の人だけが洋服を着ていたと考えられます。そうした時代状況では、むしろ「洋服」が有標であったでしょう。このように、時代の文脈によって、有標か無標かが変わってくる可能性があります。また、時代の文脈だけでなく、場面、たとえば、正式な茶会の席や将棋のタイトル戦では、現代社会においても和服の着用がむしろ普通でしょう。つまり、何が有標になるかどうかは、広い意味での文脈によって異なってくるわけです。

伏線についても、この有標、無標の考え方がきわめて重要になります。冒頭から順に、初めて通して読むときの文脈では、伏線は無標でなければなりません。つまり、当該の文脈のなかで、伏線となっている表現は読んでいる人に意識されず、文脈に埋没していたほうがよいわけです。しかし、結末を読み、そこで新たな事実が初めて明らかにされたとき、それまでの文脈は一変します。そのとき、新しい文脈において、それまで無標だった伏線が有標なものとして意識され、その新しい文脈のなかで浮きあがって見える必要があるのです。このような伏線こそが優れた伏線であると見なすことができます。

抽象論だけではわかりにくい部分もありますので、課題の文章をもとに、優れた伏線のあり方について、検討してみることにしましょう。

10.3　伏線の調査結果

今回は、280 名を対象に調査しました。その結果は 2 本の棒グラフで示されています。色の薄い、あまり数値に変動のないほうが、文章を冒頭から順に読みすすめ、この文章の結末の見当がついた最初の文の番号、すなわち、問 1 の結果です。別のことばでいうと、この文章を初めて読んだとき、最初に有標だと気づいた文を示した結果であるということです。

【グラフ 1　伏線の張ってある文(1)】

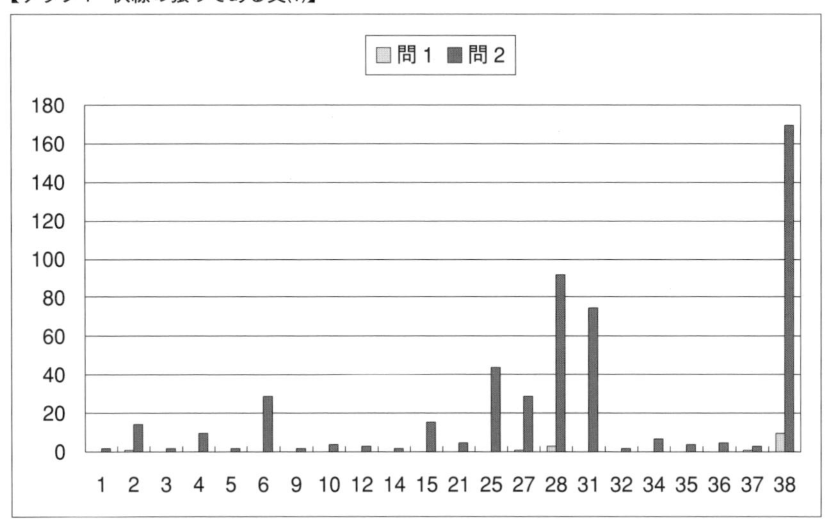

【グラフ２　伏線の張ってある文(2)】

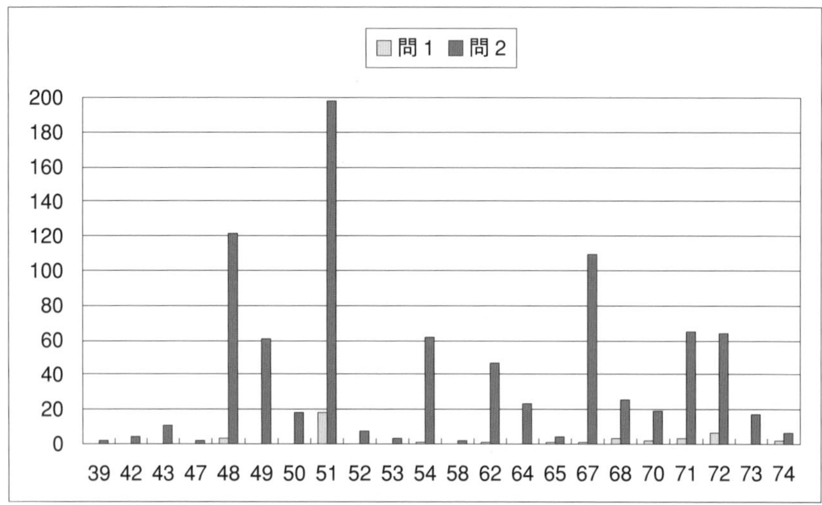

【グラフ３　伏線の張ってある文(3)】

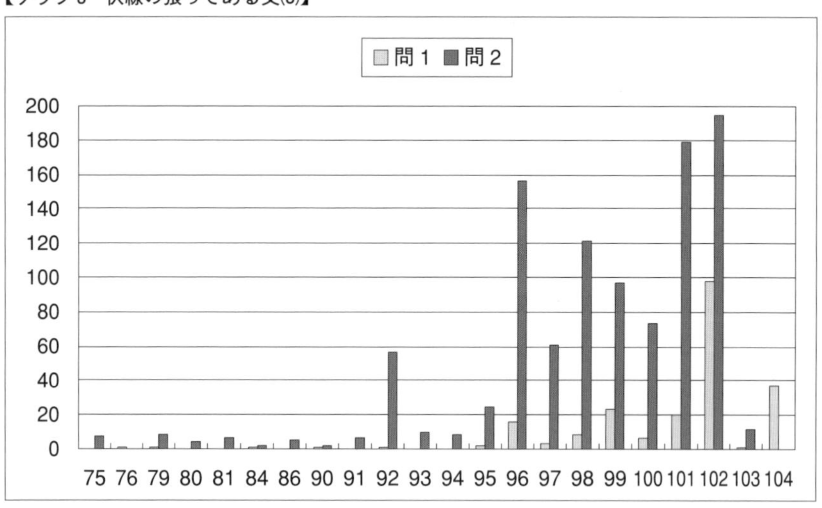

一方、問１のグラフの数値をつねに上回っている、色の濃いほうのグラフが問２のグラフです。これは、キャサリンが死刑を執行されるという新しい文脈で読んだときに気づく伏線の文を示しています。つまり、この文

章をすでに読んだという文脈で有標になる文だということです。

なお、文番号で抜けている文はいずれも指摘がなかった文になります。

問 1 の結果を見ると、(38)や(51)で小さな山があり、勘の鋭い一部の人はこの段階でこの文章の行く末を予見しています。しかし、本格的にこの文章の結末が予測されはじめるのは、文章が終盤にさしかかる(96)あたりからです。(96)で 16 名が、(99)で 23 名が、(101)で 20 名が結末を見とおし、(102)で 3 分の 1 強にあたる 98 名が結末を見ぬき、ここでピークを迎えます。もちろん、最後まで読んで初めて気がつく人も 37 名と、少なくありません。

問 2 では、伏線となっている文を複数指摘できるので、問 1 よりも数値が多くなるのは当然なのですが、問 1 とちがい、伏線が埋めこまれている文は、終盤に集中するということはなく、全体に散らばっているのが特徴です。つまり、筆者は、伏線を読者に気づかれないように点在させていたということになります。ひじょうに巧妙な手法だと思います。

キャサリンが死刑を執行されるという結末がわかるまでは気づかれず、そのことがわかった時点で有標になる文を、冒頭から順に一つ一つ確認し、そのなかで伏線の効果的な使い方を考えていくことにしましょう。

まず、(1)「結婚して下さいッ」という唐突な文で始まる冒頭に読者はどきっとさせられます。「結婚して下さいッ」という発話が存在する以上、結婚を申しこんだ人物と、結婚を申しこまれた相手がいるということです。読者はまず、その双方の人物を特定しようという姿勢で次の文を読みすすめます。

(2)「キャサリンの悲痛な叫び声が薄暗い礼拝堂に響き渡った。」という文から、結婚を申しこんだ人物が確定します。キャサリンという人物です。しかし、どんな人物かという描写はここには存在しません。むしろ、結婚を申しこむのに、なぜ「悲痛な叫び声」なのか、なぜ「薄暗い礼拝堂」なのかに読者はとまどいを覚えます。

(6)「短髪で、まるで化粧気のない華奢な女だった。」という文でキャサリンの人物描写がなされます。ここで、キャサリンの外面の輪郭がある程度描けます。また、ここで、初めて明確な伏線が示されます。「短髪で」「化粧気のない」という表現は一見すると読みすごしてしまいそうな表現ですが、キャサリンが死刑囚であるという文脈から考えると、「短髪で」「化粧気のない」という描写は別の意味を持ってきます。つまり、髪の長い囚人や化粧の濃い囚人は考えにくいという意味で、この表現はそうした文脈では有標になるわけです。しかし、調査結果が示しているとおり、この段階でこの文脈を見ぬくことは不可能であると思われます。

(7)「キャサリンが視線を落としている所から半歩ほど前に一足の黒い靴がある。」という文で、キャサリンが結婚を申しこんだ相手がつぎに登場することが予測でき、(8)「靴は痩身のロバート・パーキンス神父の軀を支えていた。」でその相手がロバート・パーキンスという名の神父であることがわかります。(10)「正気かね」や(12)「キャサリン、あなたは自分が何を言っているのか判っているのですか」という文も示しているように、カトリックの神父は結婚できません。その点でプロテスタントの牧師とは異なります。つまり、結婚できない相手に結婚を申しこむというキャサリンの行動は異常なわけですが、それでも彼女は執拗に食いさがります。

とくに注目すべきは、(25)「私の一生のお願いを叶えてはもらえないものでしょうか」です。(25)の「一生のお願い」という表現は、一般的には子どもがする強いお願いくらいの意味で使うわけですが、死を間近に控えたキャサリンにとっては、本当に一生をかけたお願いになります。結末を知っているかどうかで読みこみが違ってくるところです。

(28)「女として生まれてきたならば、一度は結婚してみたい。」という文には違和感を覚えます。神父のことが好きだから結婚したいのではなく、「女として生まれてきた」から「一度は結婚してみたい」というのです。しかし、ここでも「一度は」が効いています。一生に一度は結婚してみたいという夢を、死を間近に控えたキャサリンは持っているのです。

(30)「だが何故わたしと」という神父の問にたいし、(31)「他にお願い出来る方を知りません」というキャサリンの返答も、刑務所に入れられ、人と面会する自由が奪われているという文脈でこそ意味を持ってきます。その文脈がわからなければ、謎は深まるばかりです。一般的には、キャサリンの交友関係の狭さを想像するくらいでその謎に一応のけりをつけ、次を読みすすめることになるでしょう。

キャサリンに執拗に食いさがられて神父が声を荒だてる場面で、神父は、(38)「わたしは君がこの教会で懺悔するものと思ったからこそ、力を尽くしてここに連れてきてあげたんだ。」と言いますが、これもキャサリンが死刑囚として移動の自由を奪われているという文脈で初めて理解できます。キャサリンの犯した罪が重かったからこそ、「教会で懺悔する」必要があったのでしょうし、また、神父が「力を尽く」さなければここまで連れてこられなかったのでしょう。

(48)「明日、三時五分前まであなたをお待ちしております。」で物語は新たな方向へと展開しはじめます。これまで、この物語の謎は「なぜキャサリンは神父に執拗に結婚を迫るのか」に集中していたのですが、それにくわえて、「明日、三時五分前」というタイムリミットが示されるわけです。このことは、明日の三時に何かが起こるということを暗示しています。この二つの謎にいかに整合性をつけていくかが、その謎の解決の鍵を握ることになります。

(49)「神父様は、私の一生のお願いを、純白のウェディングドレスを身にまとってみたいという願いを叶えて下さる方だと信じております」の「一生のお願い」は(25)の「一生のお願い」に、また、「純白のウェディングドレスを身にまとってみたい」は(28)「女として生まれてきたならば、一度は結婚してみたい。」に、それぞれ重なります。ここでの繰り返しは、この二つの表現に注目せよという筆者のヒントの提示のように思われます。

(51)「肩幅の広い三十前後のひげの男が、扉の外から彼女に出るよう顎で促した。」は、「結婚の謎」「三時五分前の謎」に続く三つめの謎の提示になります。この匿名の男性の正体は誰かという謎です。この(51)を伏線として指摘した人は198名おり、(102)の195名をしのいで、もっとも多い数となっています。同時に、この人物が刑の執行に携わる刑務官であるということに、初めて読んだときにここでピンと来たという人が18名いるということが、問1の調査結果からわかります。言われてみればなるほどですが、この段階で気づくことは困難でしょう。反対に、ここまでで気づくことができた人はかなり鋭い人であると言えます。

(54)「そして戸口の所まで来ると歩みを止め、『女は一度は……』」は３度めの提示です。これが伏線になっているということを繰り返し示しています。しかし、読んでいるほうはなかなか気がつかないものです。

(62)「三時五分前まであなたをお待ちしております」、(68)「三時五分前までか」という時間の文は、(48)「明日、三時五分前まであなたをお待ちしております。」を受けて、(71)「三時五分前……三時……三時五分過ぎ」へとつながっていきます。いずれも、タイムリミットが三時五分前である、すなわち、三時に何かがおきるということを暗示しています。とくに、(71)は、キャサリンの生を表す「三時五分前」、死刑執行を表す「三時」キャサリンの死を表す「三時五分過ぎ」を並べて示しており、印象的です。直後の(72)「このまま時が過ぎ去って行ったとしたら、自分はここにいて果たして後悔しないのだろうか。」はそれを強化する働きをしています。また、(56)「一夜が明けた。」に始まり、(60)「二時を回った。」、(75)「二時十七分。」、(81)「二時二十九分。」、(86)「二時四十五分。」、(93)「二時五十分。」、(95)「三時五分前。」、(103)「三時。」と切迫感が増していくカウントダウンも、同様の効果を上げていると考えられます。

(67)「確かに彼女にとって結婚を申し込む相手は私をおいて他にいなかったのかもしれない。」という神父の回想は、(31)「他にお願い出来る方を知りません」というキャサリンのことばの反復です。キャサリンの自由を奪われた生活が背後に暗示されています。

(74)以降、伏線としてはさして目立つものはないのですが、(92)「神父は彼女に箱を手渡すと、しみのついた灰色の壁のほうに顔を向けた。」に来て、はっきりと有標なものが現れます。それは「しみのついた灰色の壁」です。これは刑務所の壁を示していると考えられます。

(96)「鉄の重い扉が開き、ひげの男が入って来た。」も同様です。「鉄の重い扉」が刑務所の扉を暗示しています。「鉄の重い扉」が刑務所の扉であれば、「ひげの男」が刑務官であることは容易に想像がつきます。このあたりから、結末がわかると考える人が急速に増えはじめます。

(97)「私の一生の願いを聞き入れて下すって感謝しております」の「一生

の願い」は、(25)、(49)についで3度めになります。このあたりまで来ると、結末への確信がかなり深まってきます。

(98)「ひげの男は神父と顔を見合わせ頷くと、キャサリンに顎で外に出るよう促した。」から、ひげの男と神父は敵対関係にあるわけではなく、仕事上の仲間であることが暗示され、ひげの男の正体がようやく多くの読者の目に明らかになってきます。

(99)「ロバート、私、とても幸せでした」においては、キャサリンが夫となった神父を「ロバート」とファーストネームで呼ぶのが印象的ですが、同時に「幸せでした」と過去形で語られるのも悲しみを誘います。この「た」は、キャサリンが間もなく死を迎えるという文脈にあって、はっきりと有標なものとして働いています。

(100)「彼女はほんのひと時の間、神父と眼を合わせるとひげの男と共に外に出て行った。」では、「ひげの男と共に外に出て行った」先に読者の関心が向けられます。言うまでもなく、そこには処刑室が待っています。

(101)「神父は彼女の後ろ姿を無言で見送り、やがて静かに両眼を閉じ、胸の前で十字を切って両手を結んだ。」では、「静かに両眼を閉じ、胸の前で十字を切って両手を結」ぶ神父の姿が印象的です。当然この姿勢は祈る姿勢なわけですが、そこで祈っていたことは、言うまでもなく新妻キャサリンの魂の平安でしょう。

(102)「純白のウェディングドレスに身を包んだキャサリンは別室に入ると、目を輝かせながら、一歩一歩十三階段を上って行った。」はとどめの文です。「別室」というぼかした表現もここまで来れば、具体的な意味を持つ有標な表現になっています。また、「十三階段」は「十三段ある階段」とはせず、ここで結末をはっきりと読みとってほしいとする筆者の意図がうかがえます。

(104)「殺人罪により、パーキンス夫人の死刑が執行された。」は、わかっていても何とも悲しい結末です。「パーキンス夫人」という表現がやりきれなさを誘います。

以上、冒頭から順に伏線を一通り確認してきました。早くにこの文章の行く末に気づいた人もいるでしょうし、文章が閉じられる直前までこの文章がどんな終わり方をするのか気がつかなかった人もいるでしょう。もちろん読者によって相当の個人差はあると思うのですが、読者が誰であっても変わらない部分というのもあると思います。それは、結末を読むまでは、結末はあくまでも読者の頭のなかに作られた仮説にすぎないということと、結末を見たとき、それまで隠されていた伏線が一貫性を持ってつながって見えてくるということです。文章が一目で鳥瞰できない１次元的な構造であることをうまく活かしています。

早くにこの文章の終着点に気がついた人は、その終着点が正しいかどうか、それ以降の文脈で確かめながら読んでいくことになります。もし、その仮説が正しければ、読み進めば進むほどその仮説への確信が深まっていくでしょうし、反対に、その仮説が誤りであれば、後続の文章を読みすすめていくなかで修正を余儀なくされるでしょう。しかし、いずれにしても、結末を見るまでは仮説は仮説であり、読むという行為は、仮説の検証とその修正によって進められることになります。

また、最終的に結末を読むことで、冒頭から読みすすめるさいに用いてきた文脈とは異なる新しい文脈が形成されます。課題の文章のように、キャサリンが死刑囚であるという、それまでわからなかった重要な情報が文脈として付加される場合もあるでしょうし、このあとに見る練習の文章のように、ある誤解が修正されることによって新しい文脈が形成される場合もあるでしょう。いずれの場合においても、新しい文脈がわかって初めて、今まで無標であった伏線が有標なものとしてつながって見えてくるのです。

課題の文章でいえば、(6)「短髪で、まるで化粧気のない」、(25)「私の一生のお願い」、(28)「一度は結婚してみたい」、(31)「他にお願い出来る方を知りません」、(38)「懺悔」「力を尽くして」、(48)「明日、三時五分前まで」、(51)「肩幅の広い三十前後のひげの男」、(54)「女は一度は……」、(71)「三時五分前……三時……三時五分過ぎ」、(92)「しみのついた灰色の壁」、(96)「鉄の重い扉」、(99)「幸せでした」、(101)「胸の前で十字を切って両手を結んだ」、(102)「別室」「十三階段」などといった、当初の文脈では見すごしてしまいそうな無標な表現が、キャサリンが執行を間近に控える死刑囚であるという新しい文脈では、有標な表現として意味を持ってきます。そのように、新しい文脈において活きてくる表現を、文章のなかに有機的にちりばめられたとしたら、読者に与える印象の強い説得力のある文章にすることができるでしょう。

10.4　伏線のまとめ

【伏線のポイント】

i）　前講の謎解き型の文章とはことなり、**読者の予測能力を発揮させないようにして謎を深め、それを結末で明らかにするタイプの文章があるが**、そうしたタイプの文章では**伏線というものが重要**になる。

ii）　伏線は、**冒頭から順に読んでいったときの文脈では、無標**、つまり特別な意味を持つものとしては読者に意識されないものでなければならないが、**結末を知ったあとに形成される新しい文脈では、有標**、つまり特別な意味を付加されたものとして読者に強く意識されるものとして見えてくるものでなければならない。

iii）　優れた伏線とは、**結末を簡単に予測させない一方、結末を読んだとき、それまで隠されてきた伏線が一連のつながりのあるものとして見えてくるようなもの**である。

練習 10

以下の文章を読み、そのあとにある問に答えなさい（問はかならず文章を読みおえてから見ること）。

(1)毎朝、朝食前にゴンちゃんを散歩につれていくのが僕の仕事だ。(2)ゴンちゃんは年だから、一日中家の中でゴロゴロしていると、足腰がよけいに弱ってしまうと家族みんなで心配してるんだ。

(3)僕が散歩に出かけようとすると、ゴンちゃんはその気配を感じて、とてもうれしそうな表情をする。

(4)家を出ると、今朝もいい天気だ。(5)生まれたての朝の大気が大地から漂ってきて気持がいい。(6)家の前から公園までのゆるい坂道を上っていく。(7)しっとりと朝露に濡れた石畳とケヤキの木々の匂い。(8)僕は、この坂道がとても好きさ。

(9)早出のサラリーマンや女子高生たちが、バス停めざして急ぎ足で下りてくる。(10)彼らの靴音だけが朝の静けさの中に響いて、やがて消えていく。

(11)公園の入口の前の道路には、僕が生まれた時にはなかったけど、今は陸橋がかかっている。(12)きっと車が増えたせいだ。(13)でもこの時間はまだ少ないので、あの嫌な排気ガスの臭いをかがなくてすむ。

(14)公園は、毎朝同じコースをたどる。(15)公園の外周に沿って右回りの道を、ゴンちゃんのペースにあわせて歩いていく。

(16)公園の一番奥にある藤棚の下の木製のベンチで一休みする。(17)ゴンちゃんはまだ眠いのか、大きな欠伸（あくび）を何回もやっていた。

(18)僕たちが休んでいるところへ、時々出会う色白の美少女が散歩にやってきた。

(19)僕があいさつしても、向うは知らんぷりしている。

(20)「大人になりかけの身体のラインが、とてもセクシーだよ」
と声をかけたら、

「あんたって、不良ね」
といったきり、プイと横を向いてさっさと行ってしまった。

(21)白状すると、僕がゴンちゃんをつれて散歩に出かけるのは、あの彼女に会える楽しみがあるからなんだ。

(22)今度会ったら、名前を訊（き）いてみようっと。

(23)再び歩き出して、ブランコのあるところまできたら、ゴンちゃんがソワソワしだした。

(24)オシッコだなと思ったら、案の定だ。(25)僕もつられて立ち小便をしちゃった。こういうのを、「つれしょん」っていうんだってね。

(26)公園をひとまわりしたら、後は来た道を帰るだけだ。

(27)やっと起き出したのか、帰り道ではあちこちの家々から小さな物音がし始めていた。

(28)家に着くと、お母さんが玄関のところに立って、僕たちを迎えてくれた。

(29)お母さんは、リードを受け取ると、僕の頭をなぜながらこういった。

「権兵衛おじいちゃんを散歩につれていってくれて、おりこうね。おなかがすいたでしょう、牛乳をたっぷりかけたドッグフードをたくさんあげるからね」

僕はうれしくて、シッポを振った。

（古賀準二「犬の散歩」星新一編
『ショートショートの広場 6』講談社文庫より）

問 1　上記の文章で下線を引いた結尾を読めばわかるように、「僕」は犬であり、「ゴンちゃん」はおじいちゃんであるが、「僕」が人間であり、「ゴンちゃん」が犬であるとなぜ誤解させられてしまうのか。誤解させる表現を含む文番号を選び（いくつ選んでもよい）、その文番号に続いて当該の表現を抜きだし、さらにそのような誤解を生んだ理由を簡単に書きなさい。

問 2　上記の文章のなかで、「僕」が人間であり、「ゴンちゃん」が犬であるという誤った先入観がなければ、「僕」が犬であり、「ゴンちゃん」はおじいちゃんであると考えたほうが自然に理解できる表現がいくつかある。そうした表現を含む文番号を選び（いくつ選んでもよい）、その文番号に続いて当該の表現を抜きだし、さらにそう考えられる理由を簡単に書きなさい。

参考文献

石黒圭（1996）「予測の読み－連文論への一試論－」『表現研究』64 表現学会

石黒圭（2001 a）「予測と笑い－予測を外すレトリック－」『表現研究』73 表現学会

石黒圭（2001 b）「ショートショートに見る予測の読み－文章全体の構成を視野に入れた予測－」『国語学 研究と資料』24 国語学 研究と資料の会（早稲田大学）

関綾子（2003）「おかしみの生成における誤解誘導の言語操作－漫才を資料として－」『早稲田大学大学院文学研究科紀要』48-3

中島河太郎（1973）「推理小説における言語の効用」『言語生活』259 筑摩書房

中村明（1991）『日本語レトリックの体系』岩波書店

中村明（2002）『文章読本 笑いのセンス』岩波書店

野浪正隆（1994）「文学的文章の読みにおける推測と検証」『表現研究』59 表現学会

Bransford, J. D., and M. K. Johnson. (1972). Contextual prerequisites for understanding: some investigations of comprehension and recall. *Journal of Verbal Learning and Verbal Behavior*, 11, 717-26.

第 11 講　譲歩による説得

課題 11

問 1　以下の文章を、返り読みすることなく冒頭から順に読んでいき、その結果、筆者の主張が明確にわかったと感じられた最初の文番号を書きなさい。

問 2　以下の文章の構成上の特徴を、文番号を示しつつ指摘しなさい。

問 3　以下の文章は読みやすいか、それとも読みにくいか。また、そう感じた理由は何か。説明しなさい。

(1)空港は地方にあって地域振興の有効なバネとして歓迎される。(2)だが首都東京にあっては迷惑施設以外の何物でもなかった。(3)だから羽田空港の運用に当たっては騒音を出す航空機は千葉県側上空を使って発着することが求められているのである。

(4)大規模な国際空港を東京から遠い成田市に立地したのはこうした感覚と無縁ではなかったはずである。

(5)だが時代は変わった。(6)旅客機の騒音も以前ほどではなくなった。(7)世界有数のロンドン・ヒースロー空港も都心上空を飛行して多数発着を繰り返しているほどだ。

(8)かくて東京都は成田の空港では乗り降りに遠隔地で不便なので、羽田空港にも国際線乗り入れを認めるべきだと主張し始めたのである。

(9)もちろん成田開港から今日まで、国際空港の完成とそのより効率的な運用に努力してきた地元の成田市や千葉県はこの構想に強く反対してきた。(10)長年堅持されてきた「国際線は成田、国内線は羽田」という空港政策そのものが崩れてしまうという原則論もあった。

(11)しかしここにきて千葉県は運輸省が検討していた深夜・早朝の国際チャーター便に限ってその就航を容認することにした。(12)その条件は新規の国際便は

「千葉県上空を飛ばない」という千葉県民の感情に配慮したものとなっている。

⒀ここまでは現実的で実際的な処理と言えるかもしれない。

⒁一部にはこれで2002年のサッカーのワールドカップをにらんでの羽田ーソウル間を結ぶシャトル便構想が前進したと受け止める向きもないわけではない。⒂だがこれで羽田空港の国際化に風穴が開いたと考えるのは早計というものだ。⒃基本的な部分で両者の考えが一致しているわけでもなんでもないからだ。

⒄そもそもこの議論の発端は「成田は遠すぎて不便だ」という都民の素朴なエゴから始まった。⒅これを受けて東京の各種選挙の公約に取り入れる候補者が出てきて、政治問題にまで“高められた”のである。⒆石原慎太郎知事もこの問題を政治化した一人だ。⒇驚いたことに自民党など国政レベルでも、羽田の国際化を声高に叫ぶ国会議員が増えてきたのである。

(21)事の当否を別にすれば、住民エゴこそ政治の原点ということに異論を差しはさむものではない。(22)しかし東京にエゴがあるように、千葉県民や埼玉県民にもエゴがあろう。(23)成田市民が羽田では遠いと言って、成田に国内便の就航を要求することも立派なエゴとして成り立つのだ。

(24)だがそうした住民の「便利さ」と「不便さ」という座標軸だけで、空港運用の基本である国際線、国内線の原則を転換していいものか。

(25)残念ながら首都圏にはハブ（拠点）空港と言えるような空港は存在しない。(26)そもそもハブ空港の基本要件は国際線と国内線の効率的な相互乗り入れにある。(27)羽田をそうした部分的な国際空港にしてハブに近づけるのだ、との議論はある。(28)しかし現状でも羽田空港の容量は満杯だということを制約条件として知るべきだ。

(29)例えば来春にはソウル郊外に2本の滑走路を持った仁川国際空港が韓国のハブ空港としてデビューする。

(30)首都圏でも国際的に通用する空港整備が議論の前提になろう。(31)空港政策の不在を政治のテクニックで補おうとするやり方には同意できない。

（「羽田空港　政治偏重の国際化騒動だ」『毎日新聞』2000.12.8朝刊社説より）

11.1　説得文の発想

第9講で、文章の種類について考えました。その内容を簡単に復習しておきますと、文章には、ある場面を誰かの視点をとおして描写する描写文と、場面や視点をともなわず、筆者の考え方や立場を論理的に示す論説文がある。さらに、論説文は、読者が知らない概念をわかりやすく説明する説明文と、筆者が自身の意見を根拠とともに表明する説得文に分かれる、というものでした。第 9 講では、論説文のうち、説明文のみを扱いましたので、この第 11 講では、説得文を扱うことにします。

第 9 講で扱った説明文と、この第 11 講で扱う説得文の根本的な相違点は、下敷きにしている発想の違いにあると考えられます。もしそれぞれの文章に、文章全体の主題をまとめて示す問題提起文が存在するとしたら、説明文では「なぜ五重塔は倒れないのか」のような Wh 疑問（疑問語疑問）文で表されるのにたいし、説得文では「夫婦別姓制度に賛成か反対か」のような Yes-No 疑問（肯否疑問）文で表されることになります。つまり、Wh 疑問を前提にしているのか、Yes-No 疑問を前提にしているのかによって、発想が基本的に異なっているのです。

Wh 疑問にまとめられる説明文については、謎解き型という文章が一つの有力な書き方であることをすでに示しました。それにたいし、Yes-No 疑問に集約される説得文については、譲歩型というやはり有力な文章構成法があります。今回の講義では、この譲歩型の文章を紹介していきます。

11.2　反対の立場の説得

説得文というものは、とくに新たな概念を導入するわけではないため、読者の常識の範囲で理解できる部分が多く、読者の背景知識の多寡について説明文のときほど配慮する必要はありません。しかし、読者の知識にさほど配慮しなくてよいかわりに、読者の感情には充分に配慮する必要があります。というのは、ある主張について、筆者が賛成しているからといって、読者がつねに賛成するとはかぎらないからです。

もし読者が、筆者と同じ賛成の立場であれば、説得することにほとんど困難は生じないはずなのですが、もし読者が、筆者とは反対の立場だったら、その説得には相当骨が折れると考えるべきでしょう。読者には、それぞれ育ってきた文化的、社会的な背景があり、そのなかで時間をかけて育んできた価値観や信念があります。そうした価値観や信念が、一つの文章を読んだくらいで急に変わるとは思えません。一つの文章を読んで、その読者の価値観や信念が180度変わるのは、自他共に認める熱烈な阪神ファンが一夜にして巨人ファンに変わるのと同じくらい可能性が低いことであると考えてよいでしょう。

そう考えると、説得文は、異なる立場の読者に読まれた場合、まったく無力だということになりそうですが、そこまで悲観することはないと思います。筆者と正反対の立場にある読者が、筆者の立場にすぐに同調する可能性はゼロに等しいとしても、筆者の説得力のある論理構成の文章を読み、筆者の意見に賛成はできないが、その主張は筋が通っており、その論旨には一理あるということを認めてくれる可能性はあるからです。そうした柔軟な姿勢を持つ読者なら、筆者が論理的な説得を繰り返してゆけば、いつかはその信念を変えるかもしれないのです。

自分と同じ立場にある人にむけて書く文章は、内輪で盛りあがるぶんにはよいかもしれませんが、そこに発展性はありません。説得文は、自分と反対の立場の人に読んでもらって初めてその価値を持つのです。ですから、不特定多数の人が読むことを前提とした文章の場合、自分と反対の立場にある読者のことをまず念頭に置き、その読者の感情的な反発を招かないように慎重に書く工夫が必要となります。そのためには、自分と反対の立場にある読者の立場をできるかぎり尊重して書く、譲歩の姿勢が重要になります。

11.3　内容面での譲歩

たとえば、夫婦別姓をテーマに文章を書こうとする場合、夫婦別姓に賛成か反対かということで分けてしまうと、立場が二極分化してその対立が先鋭化してしまいます。

夫婦同姓が基本であるという固い信念を持っている人に、夫婦別姓論を振りかざして説得を試みたとしても反発を招くだけでしょう。しかし、そこに部分的に賛成、反対という視点を導入すると、両者が歩みよれる可能性が高くなります。たとえば、夫婦別姓、同姓のいずれかを当事者の意思で選べるようにする選択的夫婦別姓制度というものがそれに相当するでしょう。

【賛成、反対、部分的賛成】

夫婦別姓に賛成：全面的夫婦別姓制度を支持
夫婦別姓に反対：全面的夫婦同姓制度を支持
夫婦別姓に部分的に賛成：選択的夫婦別姓制度を支持

夫婦別姓論者は夫婦同姓論者にたいして夫婦別姓論の正しさを一方的に主張しても説得できる見込みは薄いでしょうが、「あなたの信念は理解できるし、あなたの立場は尊重する。しかし、夫婦同姓を強制されることによって苦しんでいる女性は世の中に数多く存在するのだから、そうした女性が自らの信念にもとづいて自らの姓を選べるよう、夫婦別姓の選択肢を用意してほしい」と言えば、夫婦同姓論者を説得できる見込みが高まるでしょう。このように、反対の立場を尊重し、譲れるところは譲ることで相手との溝を浅くし、妥協点を探る努力をすれば、反対の立場にある読者の賛同を得られる可能性が高くなるはずです。

11.4　表現面での譲歩

以上は、内容面での譲歩ですが、もう一つ、表現面での譲歩もあります。内容面での譲歩では、反対の立場の賛同を得るため、相手の立場に実質的にかなり歩みよるわけですが、現実にはそこまで歩みよれないこともあります。しかし、そうした場合でも、自身の立場の問題点を指摘したり、相手の立場の優れた点を認めたりすることで、自分と反対の立場にある読者の態度を硬化させずに済むことがあります。

こうした譲歩をおこなうさいには、まず自身の立場を支える根拠、自身と反対の立場を支える根拠の明確化が必要です。たとえば、「夫婦別姓制度に賛成」「夫婦別姓制度に反対」には以下のような根拠が考えられます。

【賛成に賛成、反対に反対】

夫婦別姓制度に賛成

夫婦別姓制度は女性の社会進出を促進する

夫婦別姓制度は女性のアイデンティティの喪失感を防ぐ

夫婦別姓制度は結婚・離婚など、女性がわの私的情報を公開せずに済む

夫婦別姓制度に反対

夫婦同姓制度は家族の一体感を保つのに役立つ

夫婦同姓制度は日本の伝統的制度である

夫婦同姓制度は子どもに姓の選択を迫らずに済む

ここで重要なのは、自分と反対の立場の読者を論理的に説得しようとする場合、自身の立場の正当性を主張する方法と、相手の立場の非正当性を主張する方法とがあるということです。論理的に夫婦別姓制度を支持しようと思えば、「夫婦別姓制度は女性の社会進出を促進する」ことが事実だと主張しても「夫婦同姓制度は家族の一体感を保つのに役立つ」ことが事実に反すると主張してもよいのです。後者の「反対の反対は賛成」の論理は忘れられがちですが、この考え方はぜひ頭に入れておいてください。

さて、この場合の譲歩ですが、すでに述べたように、譲歩は自身の立場の問題点を指摘すること、または、反対の立場の優れた点を認めることによって可能になります。「夫婦別姓制度が女性の社会進出に直接つながるわけではないが、女性が結婚後も同じ姓で働き続けられることで女性のキャリアを守ることになる」というのが前者の例、「夫婦同姓制度が意識のうえで家族の一体感をかもしだすのは事実だが、夫婦別姓制度を採る中国のほうが日本よりも離婚率は低いことから夫婦別姓制度そのものに何ら問題はない」というのが後者の例になるでしょう。

大切なことは、自身の立場の問題点を指摘したり、反対の立場の優れた点を認めたりしたあとで、自説の正当性をかならず示しておくことです。譲歩というのは「譲れるところは譲るが、譲れないところは譲らない」ことを示す表現だからです。

11.5　弱い譲歩

表現面での譲歩において、反対の立場の主張を認めるというところまでいかず、そうした主張が存在するという主張の紹介にとどまるものがあります。「夫婦同姓制度は家族の一体感を保つのに役立つという意見があるが、それを裏づける統計的なデータはない」のように、自説の正当性を主張するためにそれとは反対の意見を引き合いに出したという感じの強いものです。「夫婦同姓制度は日本の伝統的制度であると思われているが、実際は明治時代に作られた近代的な制度で、その歴史は浅い」のように、一般に信じられている考え方を否定する方法もよく使われます。反対の立場の主張の正当性を認めているのではなく、反対の立場の主張の存在を認めているにすぎないので、厳密には譲歩といえるかどうかあやしいところもありますが、ここでは弱い譲歩として、譲歩に準ずるものとして考えておきます。

11.6　譲歩の指標

以上見てきたように、譲歩は、筆者が自身の主張の正当性を声高に叫ぶのではなく、自身と対立する立場に配慮し、理解を示すことで、その対立する立場にある読者に、筆者の主張を抵抗なく受けいれてもらうことを目指したものです。

同時に、譲歩の表現をうまく使うと、筆者の主張が何であるのか、誤りなく理解させるのにも役立ちますし、筆者の立場と、それに対立する立場の論点を整理することにもつながります。

よく、逆接の接続詞「しかし」の多い文章は、文脈が曲がりくねって理解しにくいなどと言われます。しかし、現実の文章を見てみると、「しかし」の多用が理解のしにくさに直結しているわけではないことがわかります。「しかし」が多い文章でも理解しやすい文章はあるのです。たとえば、筆者の立場の主張をA1、A2、A3といったA系列で表し、それとは反対の立場の主張をB1、B2、B3といったB系列で表すとしましょう。

その場合、

- B1である。しかし、A1である。

B2である。しかし、A2である。

B3である。しかし、A3である。

のように、「しかし」の使い方が一貫している文章はわかりやすいのですが、

- B1である。しかし、A1である。

  A2である。しかし、B2である。

  B3である。しかし、A3である。

のように、「しかし」の使い方が途中で逆になるような文章はわかりにくくなります。つまり、「しかし」が多く使われ、しかもその使い方が一貫していない文章がわかりにくいのです。

こうした論理展開に譲歩を使うと、譲歩の指標はかならずB系列のほうにつきますので、

- なるほどB1かもしれない。しかし、A1である。

  もちろんB2という見方もある。しかし、A2である。

  一般にB3という意見も多い。しかし、A3である。

のように譲歩の指標を示すことによって、「しかし」の使い方に一貫性を持たせることも可能になります。

では、譲歩の指標にはどのようなものがあるのでしょうか。まず、典型的には、譲歩を表す副詞的表現「たしかに」「なるほど」「もちろん」「むろん」や、控えめな判断を表す文末表現「だろう」「かもしれない」、そして、その二つの組み合わせによって表されます。

(1)「確かに政党をコロコロ変わっていると、悪く取られるかもしれない。しかし、2大政党制を実現するという信念に基づいた行動だと信じて下さい」(『毎日新聞』2000.6.8朝刊)

もちろん、譲歩の意味を直接表す表現を使って譲歩を表すこともできます。筆者と反対の立場を、「わかる」「理解できる」「認める」といった述語を用いて承認する方法や、筆者自身の立場を、「わからない」「判断できない」「言いきれない」といった述語を用いて留保する方法があります。

(2) 審議会を巧妙に利用する霞が関官僚の手法に反発するのはわかる。しかし、その反発が共感を得られるのは、自らの利益擁護からでは

なく、国民多数の考えを代弁する時であろう。(『毎日新聞』2000. 6. 8朝刊)

(3) 日本の現在のゆたかさがいつまで続くのかはわからない。しかし、現在もなお、日本が世界の中でゆたかな領域にあるとすれば、ゆたかな社会のルールについても考える必要があるのではないだろうか。(『毎日新聞』2000. 10. 31朝刊)

否定表現を用いたものも多く見られます。とくに、「かならずしも」「すべて」「全部」「まったく」といった陳述副詞が、「わけではない」のような否定の述語と結びついて部分否定を表すようなものがよく見られます。以下の例では「頭から」が効いています。

(4) もちろん私は、コミュニケーションの理論やその広範な応用について頭から反対するわけではない。ただ、人間は「コミュニケーション」を拒否することにおいて人間そのものである場合もある、という事実に関心を寄せずにはいられないだけである。(大岡信『言葉の力』)

反対の立場の主張が存在することを示す、いわゆる弱い譲歩も広く用いられます。文型としては、「〜という意見」「〜という声」「〜という批判」など、「〜という」がつきうる伝達名詞に係助詞「は」「も」が下接し、さらにそれに存在を表す述語「ある」「いる」「多い」などがつくパターンで表されることが多いようです。

(5) 色々意見はある。だが、現時点で最適な人を選んだというより答えようがない。(『毎日新聞』2000. 4. 26朝刊)

ほかにも、逆接を導くものを広く挙げれば、多様な指標が存在することがわかります。たとえば、思いこみや誤認を表すものとしては、「見える」「思える」などの思考動詞にモダリティ形式「ようだ」「そうだ」が前接する「ように見える」「そうに見える」、「はずだ」「べきだ」などのモダリティ形式に「た」のついた「はずだった」「べきだった」、「思われる」「考えられる」などの思考動詞に「ている」のついた「ように思われている」「と考えられている」などがあります。また、(6)のように、これらの表現が「一見」「表面上は」などの副詞的表現と共起することで、逆接を導くこともあります。

(6)　阪神大震災から17日でまる5年たった。被災地では仮設住宅がなくなり、人口の回復も進み、町並みは一見、旧に復したように見える。しかし、真の復興が成ったわけではない。(『毎日新聞』2000.1.17朝刊)

過去には存在したことを示すことで時間的な対比を表す副詞的表現「かつて（は）」「以前（は）」「これまで（は）」「当初」、いつもの状況を示すことで一般的な状況と特殊な状況の対比を表す副詞的表現「通常（は）」「普通（は）」「たいてい（は）」、あるべき姿を示すことで本来的な状況とそこから逸れた現状の対比を表す副詞的表現「本来（は）」「元来（は）」「もともと（は）」なども、逆接を導くことが多いものです。

(7)　脳こうそくの場合、以前は発作直後は安静にし、医師の往診を求めるのが原則だった。しかし、最近は一刻も早く救急車を呼び、きちんとした処置をするように変わってきているという。(『毎日新聞』2000.5.2朝刊)

(8)　脳死になった大人は、通常は1週間ほどで心臓が停止する。しかし、子供の場合、茉実ちゃんのように数カ月も心臓が動くケースが報告されている。(『毎日新聞』2000.3.22朝刊)

(9)　「本来はおかしいと思う。しかし、やらざるを得ない苦渋の選択だった」(『毎日新聞』2000.7.1朝刊)

以上のように、逆接を導く譲歩の指標にはさまざまなものがありますが、実際の文章では、これらを組み合わせながら、筆者と対立する立場と筆者自身の立場を整理しつつ議論を展開していくことになります。読者はこうした指標をたよりして文章を読みすすめることによって、筆者の主張を的確に、また抵抗感なく理解できるようになると考えられます。

11.7　譲歩の調査結果

今回課題として出した文章は、譲歩を多用した文章です。実際の文章では譲歩がどのように使われているか、1文1文冒頭から順を追って見ていきたいと思います。

283名を対象にした今回の調査によれば、この文章を読みやすいと感じた人が65名であるのにたいし、読みにくいと感じた人が214名と圧倒的に多かったというデータが出ています（問3の結果によります。なお、残りの4名は読みやすい部分と読みにくい部分の両側面あると答えています）。この文章がわかりにくいと受けとられた理由についても同時に探っていきたいと思います。その意味で、問1の調査結果、すなわち筆者の主張が明確にわかった最初の文は参考になると思いますので、以下にグラフの形で掲げておきます。

まず、課題の文章を、譲歩の構造を意識しつつ、冒頭から順に返り読みをせずに読みすすむ「たどり読み」を用いて内容を丹念に追っていくことにしましょう。

(1)空港は地方にあって地域振興の有効なバネとして歓迎される。(2)だが首都東京にあっては迷惑施設以外の何物でもなかった。(3)だから羽田空港の運用に当たっては騒音を出す航空機は千葉県側上空を使って発着することが求められているのである。

【グラフ　筆者の主張が明確にわかる最初の文】

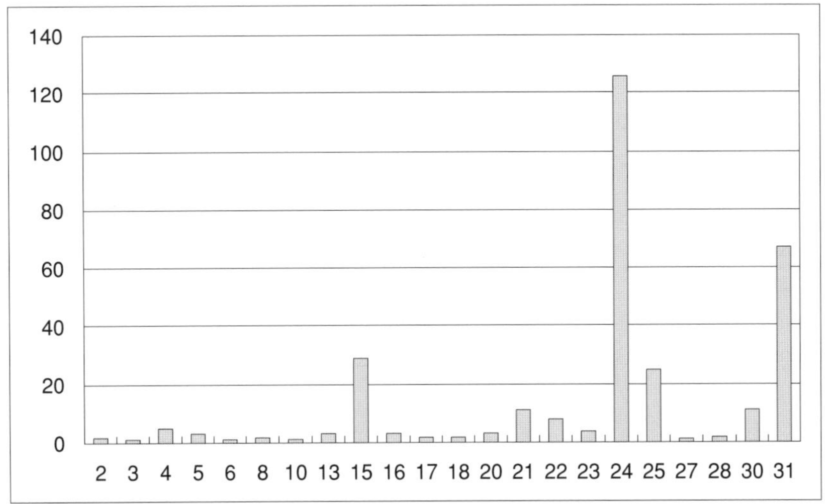

(4)大規模な国際空港を東京から遠い成田市に立地したのはこうした感覚と無縁ではなかったはずである。

この社説は、(1)「空港は地方にあって地域振興の有効なバネとして歓迎される」という文で始まります。この文で読者がひっかかりを覚える表現は「地方にあって」でしょう。なぜわざわざこの表現を入れたのか、その意図を考えたくなります。考えられる可能性は、「地方にあって」と「都市にあって」という語彙的な対立です。かりに「地方にあっては」と取り立て助詞「は」があれば、地方と都市の対比であることがはっきりとわかるのですが、「は」がないため、(2)のような内容の逆接が来ることを予測するのはやや困難に感じられます。

(2)「だが首都東京にあっては迷惑施設以外の何物でもなかった」からは、迷惑施設にたいする何らかの対応が考えられます。逆接の接続詞「だが」によって(1)との対立が示唆されているため、後続文脈におけるその対立の解消がなおさら求めらます。その結果、(3)の「だから」で始まる文で対応策が示され、その対立が解消されます。

(4)は、「のである」で終わっている文(3)に付加されるような内容です。「なかったはずである」という「た」と「はず」の組み合わせが反事実の含みをもっているため、つぎに逆接が来そうな気配は感じますが、筆者の表現意図が見えにくいこの段階では微弱な気配でしょう。ただ、(1)と同様、ここでも後続文脈は逆接で展開しています。

(5)だが時代は変わった。(6)旅客機の騒音も以前ほどではなくなった。(7)世界有数のロンドン・ヒースロー空港も都心上空を飛行して多数発着を繰り返しているほどだ。

(8)かくて東京都は成田の空港では乗り降りに遠隔地で不便なので、羽田空港にも国際線乗り入れを認めるべきだと主張し始めたのである。

(5)「だが時代は変わった」というのは具体性に乏しい表現です。そのため、読者としては時代がどう変わったのかという説明がほしくなるところです。その説明は(6)と(7)で示されます。また、「時代は変わった」のであれば、(1)から(4)までの文脈の流れとは異なり、首都に空港を、という動きが出てくるはずです。その内容は(8)で示されます。

(8)はそれまでの文脈をひとまとまりにする力を持った文であると同時に、新たな文脈の展開が予感されるところです。また、「主張し始めた」のですから、その「主張」にたいする各界の反応が予想されるところです。

> (9)もちろん成田開港から今日まで、国際空港の完成とそのより効率的な運用に努力してきた地元の成田市や千葉県はこの構想に強く反対してきた。(10)長年堅持されてきた「国際線は成田、国内線は羽田」という空港政策そのものが崩れてしまうという原則論もあった。

(9)「もちろん」という副詞は譲歩の表現です。ただ、筆者の立場がまだはっきりしないこの段階では、つぎに逆接の展開が来るかどうかは微妙です。(10)に「原則論もあった」という表現が来ることで、つぎに逆接が来ることがはっきりします。伝達名詞「原則論」＋取り立て助詞「も」＋存在述語「ある」という三つの組み合わせによってできている文末が、(9)の「もちろん」とあいまって、つぎに逆接が来ることを予感させるのです。

> (11)しかしここにきて千葉県は運輸省が検討していた深夜・早朝の国際チャーター便に限ってその就航を容認することにした。(12)その条件は新規の国際便は「千葉県上空を飛ばない」という千葉県民の感情に配慮したものとなっている。
> (13)ここまでは現実的で実際的な処理と言えるかもしれない。

(11)は、(9)と(10)に見られた譲歩の表現を承け、「しかし」で始まっています。

(13)の「ここまでは現実的で実際的な処理と言えるかもしれない」は、「これ以上は現実的で実際的な処理と言えない」を含意しているため、譲歩の表現になっていると考えられます。「ここまでは」と「かもしれない」いう二つの表現が譲歩に効いています。

⒁一部にはこれで2002年のサッカーのワールドカップをにらんでの羽田ーソウル間を結ぶシャトル便構想が前進したと受け止める向きもないわけではない。⒂だがこれで羽田空港の国際化に風穴が開いたと考えるのは早計というものだ。⒃基本的な部分で両者の考えが一致しているわけでもなんでもないからだ。

⒁もまた、⒀とはかなり違った表現ではありますが、つぎに逆接が来ることを示しています。「一部には」という部分を表す表現は「残りの大半は」との対比を感じさせますし、「受け止める向きも」という伝達名詞につく取り立て助詞「も」にくわえ、「ある」と言わずに「ないわけではない」という二重否定を使った文末もまた譲歩を構成し、逆接を導くのに効果的に働いていると見ることができます。

⒂では、「だが」のあとに筆者の考えがはっきりと示されています。ここで、ようやく筆者の主張の一端が見えてきます。この段階で、初めて筆者の主張がわかったと考えた人が29名と初めて二桁に達します。譲歩を用いて筆者と異なる立場の表現を示し、そのうえで筆者自身の考えを示したことによって、ここが筆者の主張であると理解されたものと思われます。

ただし、⒂だけでは、筆者の判断はわかるにしても、そうした判断を下したその根拠がわかりません。判断の根拠を示す文⒃とセットになることで、筆者の主張はより明確になります。

⒄そもそもこの議論の発端は「成田は遠すぎて不便だ」という都民の素朴なエゴから始まった。⒅これを受けて東京の各種選挙の公約に取り入れる候補者が出てきて、政治問題にまで“高められた”のである。⒆石原慎太郎知事もこの問題を政治化した一人だ。⒇驚いたことに自民党など国政レベルでも、羽田の国際化を声高に叫ぶ国会議員が増えてきたのである。

⒂で鮮明になった「羽田空港の国際化には基本的に反対」という筆者の姿勢は、そのあとのことばづかいに散見されるようになります。⒄の「都民の素朴なエゴ」、⒅の引用符号つきの「“高められた”」、⒆の「政治化」、⒇の「驚いたことに」「声高に叫ぶ」がそれに当たります。しかし、こう

した表現はあくまで筆者の直接的な立場の表明であるため、反対意見を部分的に肯定する譲歩はこの段落からは生まれにくいと考えられます。

(21)事の当否を別にすれば、住民エゴこそ政治の原点ということに異論を差しはさむものではない。(22)しかし東京にエゴがあるように、千葉県民や埼玉県民にもエゴがあろう。(23)成田市民が羽田では遠いと言って、成田に国内便の就航を要求することも立派なエゴとして成り立つのだ。

(24)だがそうした住民の「便利さ」と「不便さ」という座標軸だけで、空港運用の基本である国際線、国内線の原則を転換していいものか。

(21)には譲歩らしい表現が見られます。「事の当否を別にすれば」「異論を差しはさむものではない」がそれに当たります。「事の当否を別にすれば」という留保をともなう表現と、「異論を差しはさむものではない」という自らと異なる立場を容認する表現が重なることで、つぎに逆接が来ることを予感させます。事実、(22)には逆接の関係の内容が来ており、(23)では、そうした「エゴ」の論理をつきつめたさいの限界が述べられています。

(24)は「だが」という逆接の接続詞を文頭に持つ、筆者の立場が凝縮された文です。この文を見て初めて筆者の主張が明確にわかったと考えた人は 126 名ともっとも多い数になっています。「いいものか」→「よくない」という推論を働かせる修辞疑問の文末が効いているのでしょう。

(25)残念ながら首都圏にはハブ（拠点）空港と言えるような空港は存在しない。(26)そもそもハブ空港の基本要件は国際線と国内線の効率的な相互乗り入れにある。(27)羽田をそうした部分的な国際空港にしてハブに近づけるのだ、との議論はある。(28)しかし現状でも羽田空港の容量は満杯だということを制約条件として知るべきだ。

(29)例えば来春にはソウル郊外に 2 本の滑走路を持った仁川国際空港が韓国のハブ空港としてデビューする。

(30)首都圏でも国際的に通用する空港整備が議論の前提になろう。(31)空港政策の不在を政治のテクニックで補おうとするやり方には同意できない。

(24)で筆者の主張が明示されて一区切りついたため、(25)からは新しい話題、「ハブ空港」の議論が始まっています。(25)では「ハブ空港」という用語が難しいため、(26)で「ハブ空港」の基本要件が説明され、(27)から「羽田空港がハブ空港になりうるか」という議論が始められています。

(27)において「議論がある」ではなく「議論はある」と対比の「は」が用いられていることから、つぎに逆接が来るという予測が成り立ちます。同時に、この予測は、羽田空港を安易に国際空港にすべきではないとする筆者の立場と合致します。したがって、この(27)も、「議論はあるが、実現は困難だ」という譲歩の姿勢を持った文と考えることができるでしょう。事実、(27)では「しかし」で始まる逆接の文が来ています。

文章も終わりに近づく(29)では、韓国の「仁川国際空港」を引き合いに出しながら、(30)でハブ空港の本格的な議論が必要な旨が述べられ、文章の結尾の文(31)で安易な空港政策の政治的議論が戒められ、文章は閉じられます。この(31)の文は文章全体の主張でもあり、この最後の文まで読まないと筆者の主張は明確にわからないと考えた人は 67 名と、(24)についで多くなっています。

以上のように、複数の意見が対立する、逆接の多い入り組んだ文章も、譲歩を示す表現に着目して読みすすめていけば、理解の見通しがかなりよくなることがわかります。この文章でいえば、(4)の「なかったはずである」、(9)の「もちろん」、(10)の「原則論もあった」、(13)の「ここまでは」「かもしれない」、(14)の「一部には」「向きもないわけではない」、(21)の「事の当否を別にすれば」「異論をさしはさむものではない」、(27)の「議論はある」などの譲歩の表現を手がかりにすれば、筆者の立場を読み誤る可能性はかなり低くなるものと思われます。

しかし、この文章を読みにくいと感じた人が 283 名中 214 名と 4 分の 3 以上を占めたという事実も抑えておく必要があるでしょう。問 1 で見たように、筆者の主張が明確にわかったと感じられる最初の文は、文章の終わりから 4 分の 1 あたりに位置する(24)が 126 名、まさに文章の最後の文である(31)が 67 名と、この二つだけで 3 分の 2 を超えています。つまり、読者は筆者の主張がはっきりとはわからないまま、全体の 4 分の 3 を読まされているわけです。もし、もっと早い段階で筆者の主張がわかるような文章構成であれば、ここまで読みにくいと感じる人の数が増えることはなかったでしょう。

また、この文章を読みにくくしているもう一つの原因は逆接の接続詞の使い方にあります。この文章で逆接の接続詞が出てくるのは、(2)の「だが」、(5)の「だが」、(11)の「しかし」、(15)の「だが」、(22)の「しかし」、(24)の「だが」、(28)の「しかし」と 7 箇所あります。11.6「譲歩の指標」で述べたように、逆接の接続詞が多いからといって、ただちに読みにくくなるわけではありません。逆接の接続詞が多用されていても、その使い方に一貫性があれば読みにくくなることはないのです。逆接の接続詞の読みやすい使い方は、逆接の接続詞のまえに筆者と反対の立場の意見を置き、逆接の接続詞のあとに筆者自身の立場の意見を置くようにすることです。つまり、「しかし」「だが」のまえは筆者が譲歩した内容、「しかし」「だが」のあとは筆者自身の主張というパターンで一貫させれば、読者が筆者の立場を読み誤ることはないのです。

ところが、この文章でそうしたパターンにはまっているのは、(15)の「だが」、(22)の「しかし」、(24)の「だが」、(28)の「しかし」のうしろ四つであって、(2)の「だが」、(5)の「だが」、(11)の「しかし」のまえ三つはそれとは異なる使い方をされているわけです。ここにも、早い段階で筆者の立場が不明瞭なことによる弊害が見られます。

11.8　譲歩のまとめ

【譲歩のポイント】

i）　筆者が自身の意見を根拠とともに表明する説得文においては、**筆者と異なる立場の読者に抵抗なく読んでもらえるかどうかが説得の鍵**になる。そのさい、立場の異なる読者に配慮して、筆者が自らの立場の問題点を指摘したり、対立する立場に理解を示したりする**譲歩と呼ばれる姿勢が重要**になる。

ii）　譲歩には、自らの主張に条件を付けたり部分的に制限したりする

内容面での譲歩と、筆者が自らの立場の限界を指摘したり、対立する立場を部分的に認めたりする**表現面での譲歩**とがある。また、反対の立場の存在を認め、それを紹介するにとどめる**弱い譲歩**もある。

iii） 譲歩の表現には、異なる立場の読者に筆者の主張を抵抗なく受けいれてもらえるという以前に、**何が筆者の立場で、何が筆者と対立する立場なのかを、読者に整理して理解させたり予告したりする理解上の効果**もある。

iv） 逆接の接続詞の多い文章は文脈が曲がりくねって理解しにくいと一般に言われるが、逆接の接続詞の多い文章が理解しにくいのではなく、**逆接の接続詞の使い方に一貫性のない文章が理解しにくいのである。**逆接の接続詞のまえは筆者と対立する立場の内容（筆者が譲歩した内容）、逆接の接続詞のあとは筆者自身の主張という**「譲歩一主張」のパターンで一貫させれば読みにくくなることはない。**

練習 11

問 1　以下の文章を、返り読みすることなく冒頭から順に読んでいき、その結果、筆者の主張が明確にわかったと感じられた最初の文番号を書きなさい。

問 2　筆者の意見が直接述べられていると考えられる文をすべて選び、その文番号を書きなさい。

問 3　筆者の意見が次の文で述べられるのでは、と感じさせる文をすべて選び、その文番号を書きなさい。

問 4　以下の文章は読みやすいか、それとも読みにくいか。また、そう感じた理由は何か。説明しなさい。

(1)女性専用車両は、日本では、明治時代の婦人専用電車が導入されたのがそのルーツだとされる。(2)婦人専用電車は、女性と男性が同じ車両に乗るのは好ましくないという当時の時代性を反映したものだった。(3)現在の女性専用車両は、それとは違い、痴漢防止や、女性にたいするサービス向上の一環として設けられている。(4)2000年に、京王電鉄が平日の遅い時間帯に導入したのが最初である。(5)女性専用車両の導入・普及には賛否両論があるが、私自身は男性として違和感を抱いている。

(6)たとえば、女性専用車両は、女性が安心して乗れるメリットがあると言われることがある。(7)なるほど、女性にとっては切実な問題であろう。(8)しかし、その論理を広げると、老人には老人が安心して乗れるバリアフリーの老人専用車両が必要だろうし、幼い子連れの親は、ベビーカーが固定でき、赤ちゃんが泣いても大丈夫な赤ちゃん専用車両がほしいのではないだろうか。(9)ラッシュの時間に移動する必要のある車イスの人や、通勤途上で突然気分が悪くなる男性もいるだろう。(10)もし特別車両を設けるのなら、女性だけを優遇するのではなく、広く交通弱者のための車両を設けたほうがよいように思う。

(11)女性専用車両は、女性にとって、男性の汗臭いにおいや深夜の酒臭いにおいを避けられ、不快な思いをしなくてすむのでよいという意見もある。(12)だが、汗は男女をとわずかくものだし、居酒屋でお酒を飲んで帰宅する女性もいる。(13)女性の化粧や香水が気になるという男性もいるわけで、それならば、男性専用車両を設けたほうが性差別にならず、よいだろう。

(14)比較的空いた車両で快適に移動できるのはありがたいという女性の声も根強い。(15)だが、女性専用車両のとなりは男性専用車両と化し、ひどく混雑していることが多い。(16)また、女性専用車両が階段のまえに停車する構造になっている駅の男性利用者には、とくに不評である。

(17)痴漢対策に有効であるということもいわれる。(18)たしかに、女性専用車両は、痴漢やストーカーをされたときのある種のシェルターとしての意味はある。(19)だが、女性による女性にたいする痴漢もあるし、男性にたいする痴漢もないわけではない。(20)痴漢根絶を考えるなら、車両を区別するのとは異なる対策が必要なのではないか。

(21)けれども、上記のような発想は、私が男性だから出てくるのかもしれない。(22)痴漢というのは深刻な問題である。(23)女性専用車両が設けられることで、女性の心理的安定が得られるのはもちろん、痴漢の冤罪が減れば、男性にもメリットはあるだろう。(24)また、日本社会の国際化のなかで、女性専用車両は、イスラム教徒やヒンズー教徒の女性にとってありがたい存在であろう。(25)さらに、自分の恋人や妻、娘などが、男性ばかりの満員電車のなかでもみくちゃにされて毎日通勤・通学をしている図を想像すると、女性専用車両に価値があるようにも思えてくる。(26)しかし、だからといって、女性専用車両の設置が、窮余の策とはいえ、鉄道各社のある種の免罪符として機能している現状には問題がある。(27)ラッシュ時の混雑緩和対策がその根本にあるべきで、そのための社会的議論が早急に求められているように思う。

参考文献

石黒圭（1998）「逆接の予測―予測の読みの一側面―」『早稲田日本語研究』6 早稲田国語学会

石黒圭（1999）「逆接の基本的性格と表現価値」『国語学』198 国語学会

大熊五郎（1976）「論証文の書き方」林大・林四郎・森岡健二編『現代作文講座4 作文の過程』明治書院

小泉保（1987）「譲歩文について」『言語研究』91 日本言語学会

坂原茂（1985）『日常言語の推論』東京大学出版会

佐竹久仁子（1986）「『逆接』の接続詞の意味と用法」宮地裕編『論集日本語研究（一）現代編』明治書院

西原鈴子（1985）「逆接的表現における三つのパターン」『日本語教育』56 日本語教育学会

野矢茂樹（1997）『論理トレーニング』産業図書

樋口裕一（2000）『ホンモノの文章力』集英社新書

宮地裕（1983）「二文の順接・逆接」『日本語学』2-12 明治書院

森田良行（1969）「文章論のめざすもの―その効用」『月刊文法』1-3 明治書院

第 12 講　要約の方法

課題 12

問　Ⅰを 200 字以内で、Ⅱを 50 字以内でそれぞれ要約しなさい。

Ⅰ　泪橋（なみだばし）の朝はなかなか明けない。東京の台東区と荒川区にまたがる「山谷（さんや）」の中心ともいえるここは、午前 4 時ごろになると、周辺の「ドヤ」と呼ばれる簡易宿泊所から男たちが出てきて、路上でたむろする。建築現場などでの日雇い仕事を待っているのだ▼手配師が男たちをミニバスに誘導する光景は昔のままだが仕事はこのところの不況で激減している。数百人もいるのに、バスは数台という日が続く。「月に 7 日も仕事があれば、いいほうだ」と 63 歳の男がうめいた▼あぶれた男たちは山谷労働センターに回る。午前 6 時、センターの門が開くと、数十人が窓口めざして全力疾走をする。ここでも仕事はごくわずかだ。さらに玉姫と河原町にあるハローワークに回るころには空が明るくなり、この日の「あぶれ」が決まる▼日本経済を底辺で支えてきた山谷は、著しい求人不足で機能不全になっている。ドヤ街は、労働者よりも生活保護受給者の宿泊施設となり、仕事のない人は、周辺の隅田川堤や上野公園で路上生活を強いられている▼「日雇いの人たちを需要のある福祉分野などに移さないと、状況はますます悪くなる」。ドヤ街や路上の人たちの生活を助ける「自立支援センターふるさとの会」の水田恵理事長は語る▼仕事がなくなり、路上生活も経験した菅鏡男（かんきょうお）さん（54）は、水田さんの助けもあってホームヘルパー 2 級の資格を取り、いまは台東区の福祉施設で働いている。菅さんを発奮させたのは、「日雇いがヘルパーになれるわけがない」という役所の人の言葉だった。

（「天声人語」『朝日新聞』2002. 12. 7 朝刊より）

Ⅱ　「大地からの手紙」を読んでみた。文化審議会が文化芸術振興の基本方針を答申した。その冒頭である。散文詩ふうの文章。お役所の審議会の答申としては異色だろう。さすが「文化」を語るだけに、味なことをする。まずは、素直にそう思ったのだが▲「日本は疲れています。日本は自信をなくしています。日本人は彷徨(さまよ)い続けています」で始まる23行。委員の一人で作詞家の岡田冨美子さんが他の委員の要望をふまえて作ったという。「さまよい」に「彷徨」なんて難しい漢字を当ててルビをふっていることにいきなり違和感を持った。「無国籍風の若者たちが集う街では、崩れた日本語が氾濫(はんらん)し、乱れた性が行き交い、刹那(せつな)主義的なにぎやかさが日常の風景と化しています」。硬い。それにすごくナショナリスティックな感じ（こんなふうに書くと「崩れた日本語」としかられるかしら）▲日本人は高度成長で物質的な豊かさを手に入れたが、精神の支えを失ってしまった。この「散文詩」のココロは、こういうことだろう。「衣食足りたあとの富は、時として人間を豹変(ひょうへん)させ、礼節を忘れさせ、国の生命力さえも萎(な)えさせます」▲異色「散文詩」の後は、お役所言葉の文章が延々と続く。その中では「国語」の役割の強調が目に付いた。「……国の文化の基盤を成すものであり、また、文化そのもの」だとある▲この「国語」に方言はどのように位置づけられるのかは分からない。方言も「文化そのもの」だ。「ぼちぼちや言うてた頃(ころ)がなつかしい」。大阪ミナミの地下街にある、なんなんタウン商店街振興組合の大阪弁川柳コンテストの今年の入選作の一つである。庄田幹夫さんの作品。「大地からの手紙」と違って、こちらはすんなりと心に届いた。

（「余録」『毎日新聞』2002. 12. 7 朝刊より）

12.1　何のための要約か

今回のテーマは要約です。要約ということばを聞くと、大学の入試問題を思い浮かべる人が多いかと思います。最近の私立大学の入試問題の多くはマークシート試験ですし、文章を書かせる試験の場合でも小論文という形式をとることが多いのですが、国公立大学の2次試験ではいまだに要約を課すところが少なくないようです。

要約というのは、採点するがわからすれば、記号の問題とくらべて手間がかかりますし、同じような文章を何度も読まされるぶん、小論文とくらべて採点作業がおもしろみに欠けます。それでも出題されるということは、要約には出題するだけの意味があるということです。出題者は要約という試験問題をとおして、受験生のどのような力を測ろうとしているのでしょうか。

おそらく、出題者は受験生の二つの能力を測ろうとしていると考えられます。一つは、出題された文章のなかで、重要な情報とそうでない情報を選別し、話の要点を見ぬく能力です。ここからは受験生の理解力を測ることができます。もう一つは、取りだした情報を再構成し、書かれている内容が読者に正確に伝わる、簡潔な文章を書く能力です。ここからは受験生の表現力を測ることができます。つまり、要約を書かせれば、大学生として必要な素養である文章理解力・文章表現力を同時に、しかも、かなり正確に測ることができるということなのです。

要約を入試問題に出すということは、受験をするまえに要約の練習を繰り返しおこない、文章力をつけてきなさいという出題者の暗黙のメッセージです。事実、要約は、文章理解力・文章表現力を向上させる優れたトレーニング方法です。文学教育を重視する日本の国語教育のなかではこれまであまりおこなわれてきませんでしたが、イギリスやアメリカなどの英語圏の国語教育では、要約は、文章理解力・文章表現力を鍛えるトレーニング法として積極的に取りいれられ、成果を上げています。

したがって、要約というものに何の意味があるのかを、表現者がわから考えると、文章力を向上させる効果的なトレーニングの方法ということになります。

一方、要約というものを理解者がわから考えると、まったく違う意味を持ってきます。それは、情報過多の時代に、忙しい読者が必要な情報に素早くアクセスするための手段としての要約です。

現在、研究論文を掲載している学術雑誌には、ほとんどの場合要約がついています。なぜ要約がついているかというと、長い本文が読者にとって時間をかけて読むに値する内容かどうかあらかじめ判断させるためです。

ここ数十年、大学などの研究機関に勤める研究者の数が増え、また、研究が世界規模で同時に進められるようになったことによって、目にすることができる論文の数が急速にふくれあがり、自分の分野の論文でさえ、すべての文献に目を通していると時間がないという状況に研究者は陥っています。そのため、要約をつけ、その論文が読む価値があるかどうか、短い時間で読者に判断させるような工夫がなされているのです。

こうした状況は何も研究の世界だけにかぎりません。たとえば、みなさんが毎日目にする新聞でも、比較的長い記事には、大小さまざまな見出しのほかに、本文のまえにリードと呼ばれる要約がついているはずです。あれも、その記事の概要を前もって示し、本文が読む必要がある内容かどうか、忙しい読者が判断するための材料になっています。つまり、要約は、この情報過多の時代、忙しい現代人が情報の海に溺れることなく必要な情報にアクセスするための一つの有用なツールになっているのです。

12.2　要約とその周辺

要約は、本文の内容を簡潔にまとめたもので、読者が本文を読まずに本文の内容を手早く知るときに使うものですが、要約にもいくつかの種類が考えられます。

まず、要旨です。要旨は、本文のまえ、またはあとにつき、本文の概要を読者に短い時間で把握させ、長い本文が読む価値があるかどうかを判断させるために使われるものです。12.1で挙げた研究論文の要約や新聞のリードがこの要旨に当たります。

要旨とならんでよく用いられるのが、あらすじと呼ばれるものです。あらすじは、物語文など、ストーリー性のある文章の要約に使われます。とくに、新聞小説や雑誌マンガなどによく見られます。あらすじは、連載ものや複数の巻に分かれている作品を、途中から読みはじめた読者でも違和感なく読めるようにするためのもので、作品の間口を広げる機能をもっています。

あらすじは、要旨とはちがい、本文を読まずに済ませるためのものではありません。むしろ、本文にスムーズに入っていけるようにするための序論のようなものです。もちろん、文学史の教科書などで、作品全体のあらすじを確認し、読んだつもりになってテストに臨むというように、いわばテスト対策としてあらすじが使われることもあるでしょうが、それはあらすじを要旨に近い形で用いたものであり、あらすじ本来の機能とはズレるでしょう。

要旨のもとになる本文は論説文であり、書いてある情報が伝わればよい文章です。論説文は、私たちが実際的な必要にかられて読む文章で、楽しみのために読む文章ではありません。ですから、情報が読者に簡潔に伝われば伝わるほどよいわけです。一方、あらすじのもとになる本文は、小説などの物語文であり、文章を読むことそれ自体が楽しみとなる文章です。ですから、あらすじを見るだけでは、書かれてある内容を知ることはできますが、作品世界を味わうことはできません。実際に本文を読み、その作品世界のなかに入りこんでこそ意味のある文章であるといえるのです。

要約を考えるとき、タイトルとキーワードもまた、外すことはできません。タイトルはすでに第 4 講で述べたように「究極の要約」と見ることができます。私たちが本を選ぶときのことを考えてみればすぐにわかりますが、手に取ってみるかどうかを決めるのは表紙や背表紙に書いてあるタイトルです。必要だ、または、おもしろそうだと思うから手を伸ばしてみるのです。

タイトルには、いわゆる本のタイトルだけでなく、論文の題目、メールの件名、新聞の見出しなど、多様なものが含まれます。要旨と異なる点は、タイトルは長さの制約があるので、その文章をとおして筆者が何を伝えたいのかという主題まで含まれることは少なく、その文章が何について述べているかという話題にとどまることが多いという点です。逆にいえば、何の話かが端的にわかるようにしておくことがタイトルをつける場合に重要ということになります。また、先ほど述べた論説文と物語文とのちがいでいえば、前者は文章の内容を凝縮した直接的なタイトルを表すものになるのにたいし、後者は、読者の想像力を喚起するような間接的なタイトルを表すものになります。夏目漱石の『こころ』や森鷗外の『舞姫』といった小説のタイトルを見れば、そのことは容易に理解できるでしょう。

キーワードは、コンピューター時代、インターネット時代の検索のために添えられるようになったものです。読者が、自分にとって必要な情報が含まれる文章を大量のデータベースのなかから探しだすときに使われます。キーワードは当該の文書がどのようなジャンルや分野に位置するかを示す一種のサブタイトルです。学術論文では、論文の掲載にさいし、キーワードを五つ程度示すことが常識になっています。このキーワードのつけ方一つで自分の書いた文章にアクセスしてくれる人の数が違ってきますので、キーワード選びには慎重になりたいものです。

なお、キーワードのつけ方については第4講で詳しく説明しましたので、そちらを参照してください。

12.3　縮約法

要約の役割と要約の種類がわかったところで、実際の要約作業の方法について考えてみましょう。要約の考え方は、人によってさまざまだと思いますが、私が考える要約の方法は、大きく分けて二つです。長い本文の無駄な部分を省き、表現を短くして要約文を構成する縮約法（大野 1999：114-115）と、長い本文のなかから筆者の主張を取りだし、それに必要な情報を加えて要約文を組み立てる肉付け法です。まず、一般的な方法である縮約法から考えてみましょう。

縮約法とは、長い本文の不要な部分を取り除き、また表現を削り、要求されている字数まで徐々に情報を削減していく方法です。要約文がもとの文章と相似的な構造を有するところにその特徴があります。

縮約法では、以下のような手順で要約をおこないます。

【縮約法】

(a)　**情報の選別**：段落ごとに重要な情報と不要な情報を選別し、不要な情報を取り去る。

(b)　**連続性の調整**：重要な情報の対応関係が明確になり、また、論理的な一貫性が保てるよう、人称表現や指示表現、接続詞などを調整する。

(c)　**字数の短縮**：制限字数が短い場合は、命題だけが取り出されるよう、文末表現を短くする。また、字数が極端に短い場合は、漢語や漢字の多用、助詞や句読点の省略などをおこなうこともある。

まず、最初におこなうのが(a)「情報の選別」です。ここで、必要な情報と不要な情報を選別します。私がふだん原稿を書くときに使っているワープロソフトには「要約の作成」という機能が付いていますが、そのワープロソフトがおこなう要約はこの情報の選別だけです。そのワープロソフトがいったいどのようなプログラムを組んで要約をしているのかわかりませんし（コンピュータによる要約については奥村（2002）を参照）、試しに課題文の要約をさせてみたところ、技術的にはまだまだ発展途上と思われました。そこで、私自身の考えを述べますと、重要な文の条件は以下の四つになります。

【要約のさいに重要な文】

①　一般的な内容を表す文
②　ほかの文をまとめる文
③　前提となる状況を設定する文
④　評価や主張を含む文

①はたとえば課題文Ⅰの第2段落を考えてみるとよくわかるでしょう。「手配師が男たちをミニバスに誘導する光景は昔のままだが仕事はこのところの不況で激減している。数百人もいるのに、バスは数台という日が続く。「月に7日も仕事があれば、いいほうだ」と63歳の男がうめいた。」という部分ですが、このなかでもっとも一般的な内容を語っている文は第1文でしょう。第2文ではそれを具体化し、第3文では引用を加えることでそれを個別化しています。ここで大切なのは、日雇いの仕事が「このところの不況で激減している」という第1文です。

②は続く第3段落を考えてみればわかると思います。「あぶれた男たちは山谷労働センターに回る。午前6時、センターの門が開くと、数十人が窓口めざして全力疾走をする。ここでも仕事はごくわずかだ。さらに玉姫と河原町にあるハローワークに回るころには空が明るくなり、この日の

「あぶれ」が決まる。」という部分で、これら三つの文をまとめるのは「この日の「あぶれ」が決まる」という第3文の文末です。今回課題文として取りあげた文章は、新聞のコラムなのでやや特殊なのですが、典型的な論説文では、「つまり」「したがって」などの接続詞や「のだ」「わけだ」などのモダリティ表現にほかの文をまとめる機能が託されており、これらの形式を手がかりにすれば重要な文を探せると考えられます。

③は文章の冒頭付近にあることが多いもので、その文がないと、その文章自体が何の話なのかがわからず、要約文が理解できなくなる情報を含むものです。課題文Ⅰの第1段落の第2文と第3文「東京の台東区と荒川区にまたがる「山谷」の中心ともいえるここは、午前4時ごろになると、周辺の「ドヤ」と呼ばれる簡易宿泊所から男たちが出てきて、路上でたむろする。建築現場などでの日雇い仕事を待っているのだ。」がそれに当たります。この2文がないと、山谷の日雇い労働者の話であることがわからないわけです。一般に、裏に評価や主張を含まない事実の提示は、情報としては不要の情報であることが多いのですが、このように文章の冒頭に出現し、話に枠をはめるような情報は例外的に重要な情報になります。

④は筆者の評価や主張を表す文で、文章の結末付近にあれば、文章の全体の結論を表す文になります。典型的には「おもしろい」「必要だ」などの形容詞や「すべきだ」「と思う」などのモダリティ表現で表されます。もちろん、課題文Ⅰの第5段落の「日雇いの人たちを需要のある福祉分野などに移さないと、状況はますます悪くなる。」のように、事態を客観的にとらえているように見せながら、「だから、日雇いの人たちを需要のある福祉分野などに移すべきだ」という主張が読みこめる文や、課題文Ⅱの最終段落の「方言も『文化そのもの』だ。」のように断定によって表せる文も、この④に含めて考えることができます。

(a)「情報の選別」が終わったあと、(b)「連続性の調整」をします。情報の選別によって抜きだされた情報はそれぞれが断片的なものなので、要約文を一つの文章として独立したものにするためには、本文を読まなくても文脈の流れがスムーズに理解できるように表現の調整をしなければなりません。

このとき注意しなければならないのは、それぞれの情報に含まれる要素同士の対応関係と、取りだされた情報のつながりによって生まれる論理的な一貫性です。前者は、人称表現や指示表現、反復語句や言い換え語句を中心に調整し、後者は接続詞や文末表現を中心に調整する必要があります。

(a)「情報の選別」、(b)「連続性の調整」が終わったあと、要約を書こうとした場合、字数が多すぎることに気づくことがしばしばあります。そのような場合、(c)「字数の短縮」という操作を施してやる必要があります。

まず、字数を減らすために余剰表現を削ります。余剰表現は「という」「のような」というぼかし表現や、「と思われる」「だろう」などの文末表現に隠れていることが多いので、多少断定口調になることは覚悟して、客観的事態のみを表現する命題部だけが取りだされるようにする必要があります。

それでも、制限字数を超えている場合は、新聞の見出しに見られるような漢語の多用、ふだん使わない表記も含めた漢字の多用、助詞や読点の省略などをおこなうことになります。しかし、ここまで表現の調整をおこなうと、要約文自体が読みにくいものとなってしまいます。その場合は、内容の盛りこみすぎと考え、情報を一つ減らすことを検討したほうがよいと思います。

以上、三つの手順を踏んで、長い本文を徐々に短くしていくのが縮約法です。縮約法は比較的わかりやすい方法なので、広く用いられています。また、本文を刈りこむ方法を採るため、本文の構成をそのまま受け継ぎます。つまり、要約文が本文と相似形を保つところにその特徴があります。

しかし、そのことは本文の構造から自由になれないという縮約法の限界を表しているともいえます。要約文の構造が、本文の構造に引きずられてしまうため、要約文の文章としての完成度が低下してしまうのです。その結果、要約文を単体として見た場合、文章としてのまとまりに乏しい文章という評価や、要約文だけを読んでも何が言いたいのかわからないという評価を受ける可能性があることは否めません。そこで、そうした問題点を克服するために、長い本文を徐々に短くするのではなく、筆者の言いたいことを取りだし、それをふくらませるという肉付け法を紹介したいと思います。

12.4　肉付け法

肉付け法は、本文の内容の中核的な部分を取りだし、要求されている制限字数になるように、必要に応じて内容を付け加えるという要約法です。以下のような手順で要約を作成します。

【肉付け法】

(a)　**中核情報の抽出**：本文全体のなかから、筆者が読者にもっとも伝えたいことである中核的な情報を抽出する。

(b)　**重要情報の付加**：制限字数に合うように、中核的な情報を支える重要な情報を付加する。

(c)　**要約文の再構成**：中核的な情報と、それを支える重要な情報が一つのまとまった文章になるように、要約文を再構成する。

この方法のもっとも難しいところは、本文の内容の中核を構成する情報をどうやって取りだすかという点です。

一般に、中核的な情報は、何について述べられているかという話題と、筆者の言いたいことは何かという主張の二つから構成されます。話題は多くの場合冒頭付近に、主張は多くの場合結末付近に存在しますが、文章の構成によってはそうでない場合もあります。また、主張が明示されず、要約者自身が創出する必要がある場合もあります。

今回の二つの課題文は、じつはいずれも要約者自身が創出しなければならないタイプのものです。主張が簡単に抜きだせるような文章では練習にならないと思い、あえて中核となる情報を抜きだしにくい新聞のコラムを課題文にしたのです。

しかし、主張を創出するさいにヒントとなる表現は本文に含まれています。課題文Ｉでいえば、第５段落の「日雇いの人たちを需要のある福祉分野などに移さないと、状況はますます悪くなる。」という水田恵理事長の発言、課題文Ⅱでいえば、最終段落の「方言も『文化そのもの』だ。」という筆者の断定がそうです。つまり、筆者の意見を代弁する人物の発言や筆者自身の意見が中核となる情報を構成しているのです。

この中核となる情報が抽出できれば、肉付け法はさほど難しくありません。肉付け法の場合、中核的な情報を中心にして重要な情報を制限字数におうじて加えていくという方法を採るため、原文の提示順序にはこだわらず、自由な順序で内容を加えていくことができます。そのため、原文とは相似形の構成にはかならずしもなりませんが、再構成の利を活かせれば、原文に縛られず、要約者が作文をするときに普通に用いる自然な順序で言いたいことを整理し、提示していくことができます。そのため、要約文の原文への依存度が低くなり、縮約法による要約にくらべて、本文をあわせて読まなくても内容がよくわかる要約文になりやすい点が特長です。

一方、肉付け法の場合、本文の内容をかなり読みこみ、解釈を加えることになるので、本文の内容から離れてしまい、言いすぎになってしまう危険性はあります。とくに、要約者による脚色が過ぎ、要約者の評価を加えてしまいがちであるという難点が生じがちです。そのため、要約者は要約者自身の評価を加えないように注意する必要があります。

現実の要約では縮約法と肉付け法を併用しておこなうことが多いと思います。しかし、課題文Ⅰの200字要約をさきに、課題文Ⅱの50字要約をあとにおこなったとすれば、200字要約は縮約法の色合いが濃いものになるでしょう。一方、課題文Ⅱの50字要約をさきに、課題文Ⅰの200字要約をあとにした場合は、肉付け法の色合いが濃いものになるでしょう。この程度の長さの原文では、400字要約をすれば縮約法が、50字要約をすれば肉付け法が優先されると考えられるため、その中間の200字要約では、50字要約の実践をとおして肉付け法を体感しているかどうかが、200字の要約方法でどちらの方法を採るかの岐路になるのです。

12.5　要約の調査結果

実際の講義のなかでは、約半数の人に課題文Ⅰの要約を200字で、課題文Ⅱの要約を50字でやってもらい、残り半数の人に課題文Ⅰの要約を50字で、課題文Ⅱの要約を200字でやってもらいました。いずれも課題文Ⅰからさきにやってもらうように指示しました。

作業をやってもらった印象としては、先に200字要約をしたグループの課題文Ⅰの200字要約は文章構成が比較的ばらつきが少ないものであったのにたいし、先に50字要約をしたグループの課題文Ⅱの200字要約では文章構成が個性豊かなものであったという印象を受けました。もちろん、課題文そのものの内容や構成の違いにもよると思うのですが、この結果は興味深いものです。

課題文Ⅰの200字要約も、課題文Ⅱの200字要約も、いずれも要約としては出来のよいものが多かったように感じました。要約者の文章理解力・文章表現力がともに高かったというのがもっとも大きな要因だと思いますが、課題文Ⅰのほうが縮約法に向く文章であるのにたいし、課題文Ⅱのほうが肉付け法に向く文章であったということもあるでしょう。というのは、課題文Ⅰの場合、重要な情報が冒頭と結末を中心にして文章全体にバランスよく配置されているのですが、課題文Ⅱの場合、重要な情報が最終段落に集中している感があるからです。

課題文Ⅰと課題文Ⅱについて、50字要約と200字要約の実例を見るなかで、要約の実践的な方法について考えてみたいと思います。まずは、50字要約から見てみましょう。

課題文Ⅰの50字要約には66名のデータがあるのですが、そのなかで20名以上が使っている実質語のランキングは以下のとおりです。

- 1位：日雇い43名（第1、第5、第6段落）
- 2位：福祉分野36名（第5段落）
- 3位：山谷35名（第1、第3、第4段落）
- 4位：不況28名（第2段落）
- 4位：求人28名（第4段落）
- 4位：需要28名（第5段落）

1位の「日雇い」と3位の「山谷」は複数の段落に出現していますが、初出の段落のものを基準に考えると、第1段落の「山谷」「日雇い」、第2段落の「不況」、第4段落の「求人」、第5段落の「福祉分野」「需要」から要約の骨組みができていることがわかります。先ほど課題文Ⅰを「重要な情報が冒頭と結末を中心にして文章全体にバランスよく配置されている」と述べたゆえんです。

この66名のデータのなかから優れたものを四つ選んで見てみます。

(1)　山谷は著しい求人不足で機能不全になっている。状況打開のために日雇いの人を福祉分野等に移す必要がある。

(2)　日本経済を底辺で支えてきた日雇いの人々の求人が激減した今、需要のある福祉分野などへの移行が必要だ。

(3)　不況の中、職のない人々を、人手のいる福祉分野に移すなどしないといわゆる「あぶれ」の状況は悪化する。

(4)　役所は、日雇い労働者を需要のある福祉分野などに移し、求人不足で苦しむ山谷の現状の改善を図るべきだ。

(1)はこの50字要約の基本形と呼べるような要約です。現状の問題点とその解決策という二つの大切なポイントを2文で表しています。(2)は、(1)とはことなり、全体が1文で表されていますが、問題点と解決策をセットで提示するという構成が(1)と似ています。また、重要な語をバランスよく含んでいることも両者に共通しています。

(1)も(2)も、ともに前半に第1段落から第4段落の内容をまとめたものを置き、後半に第5段落の「日雇いの人たちを需要のある福祉分野などに移さないと、状況はますます悪くなる。」の内容を持ってきています。前半は縮約法的に要約をし、後半は肉付け法的に要約をした様子が見てとれます。

(3)と(4)は、(1)と(2)にくらべてより肉付け法の色彩が強い要約文です。(3)も(4)も問題の解決策の提案で1文が構成されるいわばワンピースの構造であり、問題点の提示とその解決策の提案という(1)や(2)で見られたツーピースの構造とは異なります。(3)の文の構造は、この本文の中核的な情報である「日雇いの人たちを需要のある福祉分野などに移さないと、状況はますます悪くなる。」をまさに引き継いでいます。また、(4)も、この中核的な情報を、本文のような条件文ではなく、当為文として表示しているだけで、実質的な内容は同じであると考えられます。

(4)は重要な語を比較的バランスよく含んでいますが、(3)はさきほどのランキングで見た語のうち「不況」「福祉分野」しか含んでいません。しかし、(3)は「日雇い労働者」を「職のない人々」と、「需要のある」を「人手のいる」と言い換えているだけであり、意味で見れば重要な語はきちんと含まれています。みなさんの要約を見ていて気づくことは、本文のことばを自分のことばに置きかえて使っている人は、本文の核心をしっかりつかまえている場合が多いということです。本文の内容がきちんと理解できているからこそ、それを自分のことばで言い換えられるのでしょう。

以上、(1)と(2)のような要約、(3)と(4)のような要約、二つの要約のスタイルを見てきました。どちらがよいとは一概には言えないと思います。むしろ、どの要約も重要な語をバランスよく含んでおり、「日雇いの人たちを需要のある福祉分野などに移さないと、状況はますます悪くなる。」という核心部分を外さずにとらえている点に注目してもらえればと思います。

つぎに、課題文Ⅰの 200 字要約を見てみます。課題文Ⅰの 200 字要約には 62 名のデータがあるのですが、そのなかで 20 名以上が使っている実質語のランキングは以下のようになります。

- 1 位：日雇い 59 名（第 1、第 5、第 6 段落）
- 2 位：山谷 50 名（第 1、第 3、第 4 段落）
- 3 位：需要 48 名（第 5 段落）
- 3 位：福祉分野 48 名（第 5 段落）
- 5 位：路上生活 46 名（第 6 段落）
- 6 位：不況 41 名（第 2 段落）
- 7 位：泪橋 33 名（第 1 段落）
- 7 位：求人 33 名（第 4 段落）

- 9位：機能30名（第4段落）
- 10位：あぶれ29名（第3段落）
- 11位：荒川区27名（第1段落）
- 12位：労働センター25名（第3段落）
- 13位：ドヤ22名（第1、第4、第5段落）
- 14位：ヘルパー21名（第6段落）

200字要約になると、さらに本文全体からまんべんなく語が選ばれている様子がわかります。50字要約では見られなかった第3段落、第6段落由来の語も用いられています。50字のときよりも縮約法が主流になっていると考えられます。

200字要約のなかから優れていると考えられる要約例を四つ挙げておきましょう。

(5) 東京の台東区と荒川区にまたがる泪橋は、建築現場などでの日雇い仕事を待つ男たちが集まる「山谷」の中心地である。このところの不況で仕事は激減し、月に7日も仕事があればいいほうである。著しい求人不足により山谷は機能不全に陥り、「ドヤ」と呼ばれる簡易宿泊所は生活保護受給者の宿泊施設となり、仕事のない人は路上生活を強いられている。日雇い労働者を需要のある福祉分野等に移すことが急務である。

(6) 生活保護受給者や路上生活者にとって、求人不足は非常に深刻な問題である。彼らは日雇いの仕事を得るため、夜も明けぬ早朝から走り回るも、月に7日仕事があればいいほうだという。日本経済を底辺から支えていた山谷も今では求人不足で機能不全になっている。「自立支援センターふるさとの会」によれば、彼らを需要ある福祉分野に移すことが問題の改善につながると示唆している。

(7) 日本経済を底辺で支えてきた山谷は、著しい求人不足で機能不全になっている。日雇い仕事は不況のため激減しており、労働センターやハローワークを回ってもその日の仕事にありつけない労働者もいる。山谷の周辺の宿泊所は労働者よりも生活保護受給者のために使われ、仕事がない人は路上生活を強いられている。現状悪化を防ぐためにも、需要ある福祉分野などに日雇い労働者の活躍の場を創出することが早急に求められている。

(8)　日本経済を底辺で支えてきた山谷は、不況による著しい求人不足で機能不全になっている。月に7日も仕事があればいいという状況だ。ドヤ街は、労働者よりも生活保護受給者の宿泊施設となり、仕事のない人は周辺の隅田川堤や上野公園で路上生活を強いられている。行政は頼りにならない。民間によるヘルパー資格取得の支援を進めるなどして、日雇いの人たちが、需要のある福祉分野で就職出来るように努める必要があるだろう。

(5)は典型的な縮約法です。第1文が本文の第1段落の内容、第2文が第2段落の内容、第3文が第4段落の内容、第4文が第5段落の内容です。第3段落、第6段落の内容は相対的に重要でないと判断され、選択されていません。縮約法としてはとてもよい出来の要約です。

(6)はやや肉付け法に傾いています。第1文の「生活保護受給者や路上生活者にとって、求人不足は非常に深刻な問題である。」は本文のどこにも対応箇所がありませんが、本文の前半において筆者が言おうとしていることはまさにこのことで、肉付け法特有の抽象化が見られます。このように、具体的な事実の描写に入るまえに、まず話に枠をはめてもらえると、読むほうとしても読みやすく感じられます。また、この(6)は、最後の文「問題の改善につながると示唆している」に現れているように、筆者の主張を前面に出さない抑えた筆致で書かれており、そのあたりにも原文の雰囲気を活かそうという姿勢が見られます。

(7)と(8)は、いずれも第1文が第4段落の内容で始まっています。(6)と同様にまず話に枠をはめる書き方です。原文の順序を変えて再構成している点で、肉付け法と見られます。また、この第1文を支える事実として選んでいる事柄は、(7)は第3段落と第4段落の内容、(8)は第2段落と第4段落の内容でやや異なりますが、最後に第5段落の内容を用いて筆者の主張を構成しているという点では同じです。とくに、(8)は「行政は頼りにならない」と述べているように、より踏みこんだ解釈が見られます。これもまた、縮約法には見られない特徴です。

以上の要約例は、それぞれその要約方法に違いは見られますが、要約文の最後に本文の第5段落の「日雇いの人たちを需要のある福祉分野などに移さないと、状況はますます悪くなる。」に相当する内容を持ってきている点が共通しています。縮約法であれ、肉付け法であれ、本文の中核的な情報を外さないことが何よりも重要であることがわかります。

さて、課題文Ⅱの文章構成を見てみましょう。課題文Ⅱの50字要約の要約者は課題文Ⅰの200字要約の要約者と同じなので、62名のデータがあるのですが、そのなかで20名以上が使っている実質語のランキングを見てみましょう。

- 1位：国語30名（第4、第5段落）
- 1位：方言30名（第5段落）
- 3位：心28名（第5段落）
- 4位：文化27名（第1、第4、第5段落）
- 5位：届く24名（第5段落）
- 6位：硬い22名（第2段落）
- 7位：文化審議会21名（第1段落）
- 8位：役所20名（第1、第4段落）

もっとも多い「国語」や「方言」でも半数に達していません。お役所ことばで構成される「国語」ではなく、日常生活のことばである「方言」こそがまさに文化そのものだというのがこの文章のテーマでしょうから、「国語」や「方言」が選ばれるのは自然なことだと思います。しかし、それが半数に達していなかったということは、中核的な情報が何か、つかみにくい文章であったといえるでしょう。また、選ばれたことばは、冒頭と結末、とくに第4、第5段落に集中しています。その意味でこの課題文Ⅱの要約は縮約法では対応しにくいと思われます。

課題文Ⅱの50字要約の優秀作品を四つ取りあげて見てみましょう。

(9)　硬いお役所言葉より、素直な方言のほうが「国語は文化そのもの」ということの本質をずっとうまく表している。

⑽　役所の硬い文章よりも生活の中で使われる方言の方が「文化そのもの」と定義される「国語」にふさわしい。

⑾　役人が語る固苦しい文化芸術振興の詩よりも地域文化に根ざす人物の懐旧の川柳が私の心にすんなりと届いた。

⑿　文化審議会は、ナショナリスティックな「国語」ではなく、方言のような生活に根ざした文化を重視すべきだ。

⑼と⑽は、この文章のポイントをうまくつかんでいます。この50字要約のお手本とでもいえる要約です。この⑼と⑽に共通していることは、課題文Ⅱの中核的な情報を間接的に示している最終段落の「方言も『文化そのもの』だ。」という文を下地にして組み立てているという点です。もちろん、この文の背後にあるのは第4段落の「……国の文化の基盤を成すものであり、また、文化そのもの」という「国語」の定義です。そのことを踏まえつつ、お役所ことばとの対比のなかで、「方言」「国語」「文化」の関係がうまくとらえられていると思います。

⑾は、本文全体の最後の文「『大地からの手紙』と違って、こちらはすんなりと心に届いた。」をアレンジしたものです。先ほど、「国語」や「方言」などの重要な用語でも50字要約のなかで半数も使われていないと述べました。その理由の一つには、この最後の文を軸に要約した人が多かったことがあります。ここでは「方言」や「国語」は直接には表現されていません。

この最後の文は、「方言も『文化そのもの』だ。」にくらべれば、中核的な情報を担う力は弱く、要約としては不充分に思われるのですが、それでも⑾のように自分のことばで解釈しなおして提示されると、なるほどと思わされます。この⑾を一つの文章として見た場合、筆者が何を言いたいのかは今一つはっきりしない部分もあるのですが、婉曲的に筆者が主張を述べているこのエッセイの雰囲気をもっともよく伝えている要約であるといえます。

⑿は反対にこのエッセイの雰囲気を伝えてはいません。主張がきわめて直接的に語られています。「すべきだ」とまで断言しているのかどうかも

あやしく、読みこみすぎのきらいがあるかもしれません。しかし、本文から離れて見た場合、この文章が独立した文章としては筆者の主張がもっとも明確にわかる要約であると見ることもできます。表ににじみ出る雰囲気を重視するか、裏にある筆者の意図を積極的に引きだすか、要約者の要約態度によって、要約は変わってきます。大切なのは、要約では正解が一つに決まるわけではないということです。

一方、課題文Ⅱの200字要約ですが、使われている語に偏りが見られ、ほかのデータと同様に20以上で区切ると、かなりの数の語を挙げなければならなくなります。そこで、66名のデータのうち、30名以上が使っている実質語にしぼって、ランキングを見てみることにしましょう。

- 1位：文化審議会58名（第1段落）
- 2位：国語57名（第4、第5段落）
- 3位：文化芸術振興54名（第1段落）
- 3位：基本方針54名（第1段落）
- 3位：方言54名（第5段落）
- 6位：散文詩52名（第1、第3、第4段落）
- 7位：文章48名（第1、第4段落）
- 8位：答申47名（第1段落）
- 8位：役所47名（第1、第4段落）
- 10位：硬い45名（第2段落）
- 11位：強調44名（第4段落）
- 11位：心44名（第5段落）
- 13位：文化41名（第1、第4、第5段落）
- 14位：役割39名（第4段落）
- 15位：届く28名（第5段落）
- 16位：言葉34名（第4段落）
- 17位：精神32名（第3段落）
- 18位：失う31名（第3段落）

50字要約にくらべて、第1段落の用語がよく用いられています。字数にゆとりがあり、内容の核心だけでなく、話の枠組について言及することができたためでしょう。しかし、全体的には、第1、第4、第5段落に集中しており、第2、第3段落はかぎられた部分のみ要約に利用されているようです。

課題文Ⅱの200字要約の優れた要約例を四つ挙げておきましょう。

(13) 文化審議会の文化芸術振興方針を答申した。その冒頭には、日本人が物質的豊かさとひきかえに精神の支えを失ったと書かれている。散文詩ふうだが、文章は硬く、ルビをふった難しい漢字が使われていたりする。また散文詩の後の文章ではお役所言葉で国の文化としての国語が強調されている。この文章では方言は明確に位置付けがされていないが、方言も「文化そのもの」であるし、硬い文章よりもよほど心に届くものである。

(14) 文化審議会が文化芸術振興の基本方針を答申した「大地からの手紙」は、散文詩の形をとりながらも硬くナショナリスティックで、言いたいことも「物質的な豊かさは得たが精神的な豊かさは失った」とありきたりだ。お役所言葉の文章が続き、「国語」の役割を強調している。文化そのものにも関わらずここでは無視されている方言による川柳の方が時代を的確に反映しており、心にすんなりと届くというのはなんとも皮肉な話である。

(15) 文化審議会が、役所の審議会としては異色の散文詩ふうの文章で答申を出した。内容は文化芸術振興の基本方針なのだが、せっかく散文詩ふうというスタイルをとっているのに、その中身が硬く、目に付くほど国語の役割が強調されていて、素直に共感できない。反対に国語にどう位置づけられるか分からない方言を使った庶民の作った文章のほうが共感しやすかった。方言というものも、正しい日本語と同等に価値ある文化の一つであるのだ。

(16) 文化審議会が文化芸術振興の基本方針を答申した。その冒頭文は散文詩調という画期的な形式であったが、内容は硬く、愛国主義的印象さえ与えるものであった。その中で「国語」は文化そのものとして位置づけられていたが、方言のように人々と密接に関係している文化こそが人の心に響くのであり、文化を語る上でもそのことを頭に入れねばならない。文化審議会の文章も心に響くような、卑近な言葉で語るべきだったのではないだろうか。

⒀と⒁は縮約法が用いられた要約です。⒀はすべての段落の重要な内容に一通り言及しているのが特徴です。ただし、情報が盛りだくさんなぶん、やや前後の文のつながりになめらかさを欠くきらいがあります。⒁も⒀と同様、重要な内容を網羅しており、⒀よりも前後の文のつながりは自然です。一方、「何とも皮肉な話である。」という終わり方は若干主観がまさってしまった感じがします。いずれもよい要約ですが、一長一短でしょう。

⒂と⒃は肉付け法的色合いの濃い要約です。肉付け法が用いられているとき、要約文にはいくつかの特徴が見られます。結論が明確に述べられること、前後の文のつながりが自然であること、表現の言い換えが多く用いられることです。いずれも要約者自身が要約文をゼロから組み立てていることに由来するものです。

たとえば、⒂の最後の文「方言というものも、正しい日本語と同等に価値ある文化の一つであるのだ。」、⒃の最後の文「文化審議会の文章も心に響くような、卑近な言葉で語るべきだったのではないだろうか。」はいずれも明確な主張であり、文脈はこの最後の文に収斂するように自然に流れていきます。しかもそこには、「正しい日本語と同等に価値ある文化の一つ」や「心に響くような、卑近な言葉で語るべき」といった本文には見られないオリジナリティのある表現が見られます。肉付け法の場合、この結論部分が本文の筆者の主張といかに整合性をつけるかが腕の見せどころで、失敗すると目も当てられなくなることもあるのですが、⒂や⒃ではじつに的確に筆者の主張がとらえられていると思います。

12.6　要約のまとめ

【要約のポイント】

i）　要約は、表現者のがわでは、**文章のポイントを的確に理解し、それを簡潔に表現するという文章トレーニングの方法**として使える。一方、理解者のがわでは、**本文を読むまえに本文が読む価値のあるものかどうか判断する材料**として使える。

ii）　要約には、論説文のポイントをまとめ、読者に短い時間で内容を理解させる**要旨**、ストーリー性のある物語文において、話の続きを読むための情報を与える**あらすじ**がある。そのほか、**タイトル**や**キーワード**も要約に似た働きをする。

iii） 要約には、長い本文の無駄な部分を省き、表現を刈りこんで要約文を構成する**縮約法**と、長い本文のなかから筆者の主張を取りだし、それに必要な情報を加えて要約文を組み立てる**肉付け法**がある。

iv） 縮約法は**「情報の選別」→「連続性の調整」→「字数の短縮」**という手順を踏んでおこなう。情報の選別では「一般的な内容を表す文」「ほかの文をまとめる文」「前提となる状況を設定する文」「評価や主張を含む文」を優先する。縮約法は**要約文が原文の構造や表現に沿ったものになるため、堅実である**という利点はあるが、原文に引きずられてしまい、要約文だけで読んだ場合、理解しにくい文章になる可能性がある。

v） 肉付け法は**「中核情報の抽出」→「重要情報の付加」→「要約文の再構成」**という手順を踏む。肉付け法の場合、中核情報の抽出が難しいのが難点であるが、**原文に縛られず、要約者本来の文章に近い構造や表現で要約文が作成できるので、要約文だけで充分理解できる文章が書ける。**ただし、肉付け法では要約者の解釈が強く入りがちなため、要約者自身の評価を加えないように注意する必要がある。

練習 12

問　Ⅰを 50 字以内で、Ⅱを 200 字以内でそれぞれ要約しなさい。

Ⅰ 「最も身近な生物の一つで、動物でも植物でもないものは何でしょう？」。答えは、カビ。同じ仲間のキノコと答えてもいいのだが、良くも悪くもカビの方が身近な存在だろう▼正式には真菌類といわれるカビの仲間は、キノコも含めて 6、7 万種といわれる。適度な高温と多湿を好むから、日本の梅雨時は暮らしやすい。人間にとっては除去に忙しいうっとうしい季節である▼カビの仕事はひたすら有機物を分解することだ。分解して栄養分として取り入れる。生命力は旺盛で、現代という時代への適応力も優れている。プラスチックにも生えるし、コンピューターにも忍び込む▼超一級の国宝、奈良県明日香村の高松塚古墳の壁画がカビに脅かされていることがわかったのが 2 年前だった。政府は専門家を集めて対策に乗り出した。水分の多いところに繁殖しやすいというカビの習性は国宝相手でも変わりはない。きのう発表された緊急処置は、雨水などが浸入するのを防ぐという常識的なものだった。抜本策をさらに検討していくそうだ▼世の中にはすぐ善悪二元論を振りかざす人がいるが、カビ一族を悪とは決めつけられない。国宝に取りついたり病気の原因になったりするカビもあれば、パンづくりや日本酒、ビール、ワイン、ウイスキーづくりには酵母というカビが欠かせない。しょうゆやみそもまたそうだ▼専門家はいう。日本人ほどカビをうまく利用し、カビと共存してきた民族はない、と（宮治誠『カビ博士奮闘記』講談社)。〈美しき麴の黴の薄みどり〉（須藤菊子）

（「天声人語」『朝日新聞』2003. 6. 20 朝刊より）

Ⅱ　JR 東海が山梨県の実験線で試験運転を続けているリニアモーターカーに乗った。5 年前から市民にも開放されている試乗はひそかなブームになっていて、試乗会には全国から定員の 80 倍もの申し込みがあるという▲新幹線より一回り小ぶりな車両は、騒音や揺れも少なくて快適だ。加速のすばらしさには驚く。スタートしたと思ったら、たちまち時速 200 キロ、300 キロ。ふだんは 552 キロの最速記録までは出さないが、わずか 80 秒で 500 キロだ。世界一速い電車である▲不思議なことに速さの実感がわかない。車窓の景色は目にとまらないから、他との比較ができない。デジタル速度計が 500 キロを超した時、数十人の試乗者はわずかにどよめいたが、降車した時はキツネにつままれたような顔つきだった▲思い出すのは 39 年前、東海道新幹線が開業した直後の「ひかり」の車内だ。当時の最高速度は 210 キロ。乗客は車内の速度計の針が徐々に上がっていくのを食い入るように見つめた。そして、190 キロ台でじらすように震えていた針が 200 キロを指した途端、歓声を上げ、手をたたいて喜んだ▲リニアの方がはるかに速く、画期的な技術なのに、素直に感動できないのはなぜだろう。進歩に体感が追いつかないのか、事前に時速 800 キロも実現可能と聞いた影響なのか。技術革新の洪水の中で、人々の感情の沸点が上がっているせいならばさびしい▲東海大地震対策や東海道新幹線の老朽化を考えれば、リニア新幹線への期待は大きい。もちろん諸般の情勢は厳しいが、将来を展望する議論が生まれないのもさびしい。すでに約５万人を試乗させて十分に“営業”しているのに、実験線を往復するだけのリニアモーターカーの雄姿もまたさびしい。

（「余録」『毎日新聞』2003. 6. 14 朝刊より）

参考文献

石黒圭（2010）「要約する言語活動」『指導と評価』56-6、図書文化
大野晋（1999）『日本語練習帳』岩波新書
小田中章浩（2002）『文章の設計図を用いた「読ませる」小論文の作成技法』丸善
奥村学（2002）「要約するコンピュータ」『月刊言語』31-3 大修館書店
佐久間まゆみ（1985）「文章理解の方法ー読解と要約ー」『応用言語学講座第１巻 日本語の教育』明治書院
佐久間まゆみ（1989）『文章構造と要約文の諸相』くろしお出版
佐久間まゆみ編（1994）『要約文の表現類型ー日本語教育と国語教育のためにー』ひつじ書房
澤田深雪（1993）「学術論文の要旨の表現特性」『表現研究』57 表現学会
中沢政雄（1980）「要約」国語学会編『国語学大辞典』東京堂出版
嶋島甫（1992）「要約文の表現原理についての一考察」『表現研究』56 表現学会

おわりに

本書のなかで繰り返し述べたことの一つに「誰に」書くのかを意識せよというのがありました。私自身もそれにしたがい、おわりに二つの読者層を念頭に置いて一言述べ、一連の講義を終えたいと思います。一つは文章を書くことが苦手な読者層、もう一つは文章の書き方を考えるのが好きな読者層です。

私には、小学校2年のときから30年近くつきあっている友人がいます。彼はおいしいものを食べるのが何よりも好きで、文章を書くのが何よりも苦手です。しかし、経済的な事情で、レポートの厳しい通信制の大学に入学したために、レポートの執筆に日々追われる生活をしています。

そんな彼に私が「いま文章表現の教科書を書いている」と話したときのことです。彼は目を輝かせて「完成したらぜひ読ませてほしい」と言うのです。当然のことだと思います。彼にとって文章を書けるかどうかは切実な問題だからです。ところが、そこで私はハタと考えこんでしまいました。「彼のように本当に文章を書くのが苦手な人に、はたして本書の記述がすぐに役に立つのだろうか」という疑問が湧いてきたからです。

本書は、文章がある程度書ける人がさらにその技術をみがくことを想定して書きました。その意味で本書は、文章をゼロから書く人を助ける本ではありません。しかし、少しでも書くという体験をし、そこに行き詰まりや限界を感じた人の手助けはできます。ですから、文章を書くのが苦手な人は、携帯電話でメールを書くように、箇条書きでもよいので少しずつ書いてみてください。どんなに短いものでもかまいません。まず書くことから始め、それを継続してください。そうして、書いたものがある程度たまった段階で、その文章の手直しの指針に本書の各項目を使っていただければ、文章を書くのが苦手な人にも本書はきっと役に立つと思います。

一方、本書の読者のなかには、文章を書くのが好きな人や文章の書き方を実際に教えている人、文章について研究している人もあると思います。そのような人にぜひ注目してもらいたいのが参考文献です。前巻と本巻をあわせて300近い文献が挙げられているはずです。

私は、文章を書くことは技術、すなわち勉強さえすれば誰でも修得できるものだと考えています。逆にいえば、文章を書くためには、日々の勉強が大切だと思うのです。しかし、残念なことに、一部の良書をのぞき、あまり勉強をせずに書かれたと思われる文章作法書がじつに多く出回っており、それが文章作法書全体の質も評価も下げてしまっているのが現実です。

私自身は本書を文章表現の教科書としてだけでなく、日本語学の入門書のつもりで書きました。不幸なことに、日本語学では、意味・文法などの理論的、記述的研究にくらべ、文章表現などの実用的研究はさほど進んでいません。きっと本書のなかには、学部生の卒業論文や大学院生の修士論文のテーマになるアイデアが詰まっているはずです。文章表現という営みに興味のある人は本書だけでなく、本書に貴重な知見を提供してくれた参考文献に当たっていろいろと調べてみてください。きっとおもしろい研究テーマが見つかるでしょう。そして、文章表現の研究に取り組んでくれる人が増えれば、文章作法書自体の水準が上がり、さらには日本の作文教育のレベルも上がっていくと思います。

最後に、本書執筆にさいし、お世話になりながらも前巻で謝辞を述べられなかった方々にお礼のことばを述べさせていただきます。日本語学や作文教育に出会うきっかけを作ってくださった恩師、松岡弘教授（一橋大学）、本書の作成をお手伝いくださった安部達雄氏、金井勇人氏、木村寛子氏（いずれも早稲田大学大学院生）、そして、執筆にかかわる雑用を一手に引き受けてくれた妻に深く感謝申しあげます。また、本書の出版を快諾してくださった明治書院、とくに編集部の佐伯正美氏のご支援に深くお礼申しあげる次第です。

また、本書は、私の講義に出席してくれた早稲田大学第一文学部「日本語をみがくⅠB・ⅡB」および一橋大学「現代日本語論Ⅰ」受講者各位の協力がなければ成立しませんでした。受講者の皆様、本当にありがとうございました。

本書が文章を書く人に、また、作文を研究、指導する人に、ささやかでも何らかの貢献ができることを願いつつ、稿を閉じることにします。

2004年3月
SDG　石黒 圭

【著者紹介】
石黒　圭（いしぐろ・けい）
横浜市出身。1993年一橋大学社会学部卒業。1999年早稲田大学文学研究科博士後期課程修了。博士（文学）。現在、国立国語研究所　日本語教育研究・情報センター教授、一橋大学大学院　言語社会研究科連携教授。
主要著書に、『よくわかる文章表現の技術』（本シリーズ）全5巻（明治書院）、『日本語の文章理解過程における予測の型と機能』（ひつじ書房）、『文章は接続詞で決まる』（光文社新書）がある。

よくわかる 文章表現の技術Ⅱ ―文章構成編― ［新版］

2009年11月20日　初版発行
2023年 1 月10日　初版第8刷発行

著　者　石　黒　　圭
発行者　株式会社 明治書院
　　　　代表者　三樹　蘭
印刷者　大日本法令印刷株式会社
　　　　代表者　山上哲生
製本者　大日本法令印刷株式会社
　　　　代表者　山上哲生

発行所　株式会社 明治書院
〒169-0072　東京都新宿区大久保 1-1-7
TEL 03-5292-0117(代)　FAX 03-5292-6182
振替口座　00130-7-4991

ISBN978-4-625-70413-0
カバー表紙デザイン　市村繁和(i-Media)